KB182342

82
human
therapy

한국무용치료의
이해와 적용

한국무용치료의
이해와 적용

이정숙 지음

머리말

왜 춤은 치료일 수 있는가?

어릴 적 나는 잦은 병치레로 체육시간엔 늘 전나무 아래서 주전 자를 지키는 유약한 소녀여야 했다. 그런 병약한 소녀가 운동장에 선 단 10분도 버거웠던 것과는 달리 춤은 한 시간이고 두 시간이고 지치지 않고 출 수 있었고 더 놀라운 것은 추고 나면 힘이 났다. 춤의 무엇이 힘을 나게 하고 살게 했을까?

춤은 삶의 이야기다. '춤을 이해하기 위해서는 춤을 추어봐야 한 다'고 말한다. 춤에 대한 이론을 이야기함에 있어 춤을 추어봄이 이해하기 쉬운 지름길이라는 뜻에서일 것이다. 춤을 추는 이들은 그것을 위해 그 본질에 열중한다. 이는 일반인에겐 다소 생소할 수 있는 움직임이고, 접근하기 어려우며 이해하기도 쉽지 않을 수 있 다. 물론 춤은 예술로서 전문가에 의해 그 깊이가 드러나야 위상이 있다. 그러므로 전문가는 춤판을 발전시키기 위해 그들의 춤에 열 중해야 한다. 그러나 춤이 현실에서 외면당하지 않기 위해서는, 그 리고 현실과 호흡을 함께하는 춤이 되기 위해서는 무대의 춤뿐만 아니라 현실에서 이루어지는 춤에 관련된 문화에 대해서도 관심과 노력을 필요로 한다.

그중에 하나가 춤이 어떻게 치료일 수 있는가이다. 사람은 건강

할 때 비로소 존재가치가 드러난다. 그리고 질병은 삶의 질을 저하시킨다. 그러므로 춤의 치료성은 증거 되어야 함이 마땅하다.

현대는 과학으로 대변되는 세상으로 이성적이고 논리적이어야 하며 근거가 있어야 사람들은 고개를 끄덕인다. 그러하기에 우리는 늘 선진이란 이름의 과학성을 기반으로 하는 서구에 스스로를 닦달하는 문화를 만들었고 열등함에 허덕여야 했으며 그로 인한 피로감 가득한 세상을 살아야 했다. 그러나 우리는 시시포스의 돌과 같이 또 다른 새로움이 삶을 원점으로 돌려놓는 것을 경험한다. 사람의 얼굴이 모두 다르듯 어떻게 세상을 획일화하고 과학이라는 이름으로만 설명할 수 있겠는가? 그런 의미에서 춤이 어떻게 치료의 한 방편일 수 있는지 우리 춤 문화에서 그러한 근거를 찾아봄은 의의가 있다. 무용치료 역시 서구의 연구가 유입된 것으로 그 전개 또한 서구 중심의 사고 속에 이루어져 왔기 때문이다.

우리 민족은 예로부터 몸과 마음을 낫게 하는 치유를 약물과 처치에 의지하기보다 스스로의 움직임으로 있게 했다. 노동의 현장에서, 축제와 같은 명절 마당에서, 삶의 현장 곳곳에서 춤이라는 움직임으로 삶의 고통을 이겨내 온 것이다. 그러므로 나는 유구히 내려오는 자랑스러운 우리 문화 속에 춤에 내재한 치유의 근거를 찾고자 했다.

이에 한국의 무용치료가 언제 어떻게 시작되고 전개되었는가와 무엇을 근거로 시도되었는가를 살펴보고 한국 전통무용에 내재된 치료성을 고찰하였다.

무용치료가 예술치료에서 파생되었으므로 예술치료란 무엇인가를 살펴보고자 예술치료의 특징 및 양태에서 정의와 유래 그리고 위치 등을 알아보았다. 이후 무용치료란 무엇이며 그에 따른 독창성을 알고자 타 예술치료인 미술치료(Art therapy)와 음악치료(Music therapy)를 고찰하여 그들의 근접성을 이야기하고 예술치료의 한 분야로서의 무용치료라는 항목을 따로 분류하여 보다 무게감 있게 이야기하였다.

이는 무용이 시공간이 활용되는 보다 복합적인 신체의 움직임이며 다른 신체 운동과는 달리 리듬을 중요하게 사용하는 특징을 지니고 있기 때문이다. 미술활동은 시각적 특징이, 음악치료는 청각적 특징이 대표적이다. 리듬을 사용하고 몸으로 표현하는 것은 이 두 가지, 즉 시각과 청각 모두에 관련이 있다. 그러므로 근접해 있는 이 두 분야의 특성을 알아보는 것은 예술치료의 공통성과 상이성을 이야기할 수 있게 하며 무용치료의 독창성을 드러나게 한다. 더불어 무용치료 행위뿐만 아니라 치료로 이르게 하는 조력자인 무용치료자가 미술치료자나 음악치료자와는 어떻게 다른가를 드러내어 독창성을 파악하는 데 보다 용이하게 한다.

무용치료의 형성과정을 이야기함에 있어서는 무용치료에 대한 기초, 구체적 접근으로 서술하였다. 더불어 무용의 치료적 요소를 그동안의 문헌 및 임상 연구 등을 통해 추출할 수 있었던 신체 움직임과 호흡 그리고 춤의 특성에 따른 정신작용인 몰입과 신명, 놀이, 공감 등의 관점으로 분류하였다.

신체적 움직임에서 구체적으로 치료적 의의를 무용이라는 춤사위에서 치료성과 형식화된 훈련도구로써의 움직임, 그리고 예술작품으로써의 움직임으로 나누어 알아보았고 호흡에 의한 치료적 의의로는 즉흥 움직임과 예술작품으로 분류하여 알아보았다.

무용치료의 독창성에서는 치료의 양상에 따른 무용치료자의 독창성 그리고 치유단계를 설명하여 무용이 치료일 수 있음을 이야기하였다. 더불어 신체 움직임으로 발현되는 정서인 몰입과 신명, 놀이 그리고 공감 등 무용의 치료적 요소가 각각 개별적으로 전개되거나 발현되지 않고 서로 유기적 관계로 상응하며 발현됨을 이야기하였다.

끝으로 치료관점에서 한국무용을 조명하고자 한국 전통무용의 역사적 흐름과 양태, 근대 이후 한국무용치료를 고찰하고 앞에서 추출된 무용치료의 요소에 입각하여 그 특징을 열거하였으며 대표적 사례인 굿춤과 살풀이, 강강술래 등에 내재된 치료요소를 이야기하였다.

춤이란 광범위하게 인식되고 접할 수 있으나 학술적 접근을 하려할 땐 보다 전문적 기반을 필요로 한다. 그런 면에서 나는 춤에 대한 열정만 가득할 뿐 미약하여 두루 춤을 이해하고 피력하기엔 역량이 많이 부족하다. 무용이 치료일 수 있음을 이야기하는 것은 매우 어려운 일이 아닐 수 없다. 더불어 한국 전통 춤에서 무용치료의 요소를 고찰하고 추출하는 것은 가지 않는 길을 헤쳐나가는 것과 같았다. 이에 춤꾼들에 의해 오랜 시간 갈고, 닦고, 다듬어져 만들어온 우리의 전통 춤을 있게 한 모든 이들과 치료의 배경을 제공한 관련인들 그리고 다양한 임상사례를 제공하고 함께한 True Dance Company를 비롯한 나를 찾아준 많은 이들에게 감사하는 마음으로 집필했음을 밝힌다.

들어가는 말

무용은 인류의 움직임에서 비롯된 하나의 놀이이며 의례 행위인 제의(祭儀)를 비롯하여 수렵, 전쟁, 질병 등 다양한 목적에 맞게 추어져 왔다. 그러한 무용 중 질병 및 장애에 대한 극복과 예방을 목적으로 이루어지는 신체 움직임을 우리는 무용치료(舞踊治療)[1]라 표현한다.

그동안 건강함은 '육체 및 정신적으로 질병이나 장애가 없는 상태'로 정의되었으나 현대엔 급속도로 변화되는 복잡한 사회구조 속에서 사회적 요소가 추가되어 육체적, 정신적인 건강함뿐만 아니라 영적으로까지도 정상인 상태를 추구하기에 이르렀다. 이렇게 영적인 건강까지 건강의 영역에 포함시키는 것은 과학문명 우선주의를 바탕으로 무분별한 자연개발과 이용에 따른 물질적 풍요로움 속에서도 그에 따른 반대급부의 환경오염, 생태계 파괴, 자원고갈과 같은 문제에 대하여 사고방식의 전환이 필요하게 되었기 때문이다.

역사적으로 볼 때 질병과 장애에 대한 치료를 위해 초기엔 무속 또는 종교를 이용하였으며 현대에 들어서는 철학을 접목한 치료법이 회자되기도 한다.

이에 종교와 과학의 조화와 통합을 내세우는 신과학운동(New

---

1) 배소심, 김영아(2008), 『세계무용사』, 서울: 금광미디어, 9-20쪽.

Science Movement)의 근거로 현대의학은 질병 및 장애 극복에 있어 병원의 치료행위뿐만 아니라 동양의학, 심신의학, 자연의학 및 영양 식이요법, 생약요법, 수기요법, 에너지요법 그리고 홀론의학에 이르기까지 다양한 치료법인 통합의학(Integrative Medicine)[2]을 추구하게 되었다. 병원의 표준화된 치료 이외에 환자들이 이용하는 보조적 요법인 대체의학(Alternative Medicine) 혹은 보완의학(Complementary Medicine)은 정통의학 및 제도권 의학을 대신하고 있다. 대체보완의학(代替醫學, alternative medicine)은 인간이 가지고 있는 본래의 수행능력을 되돌려 건강하게 만드는 것이 목적으로 다양한 범위의 치료 철학, 접근 방식, 치료법들을 포괄한다.

이에 근거하여 무용치료는 현대의학의 주류인 서양의학 중심의 병원 진료체계로 볼 때 대체요법(代替療法, alternative therapy)의 하나인 예술치료다.

한국에서의 무용치료는 제정일치시대에 이루어진 제 의식에서 찾을 수 있다. 무속에서의 무당은 제정일치사회의 무당에서 유래된 것으로서 "무당을 일러 단군 또는 천군이라 하였고 무당의 역할은 '춤'으로써 재복을 기양하는 것"[3]이라 하였다. 이처럼 무속에서의 춤은 역사 속에서 질병에 대한 치료나 예방을 목적으로 추어져 왔으며 인간 스스로 제어할 수 없는 불가항력적인 상황에 대한 하나의 해결책으로 자리해왔다.

기존의 한국 문화에서는 자기 스스로 병을 판단하고 민간요법에 의지하는 경우가 많았다. 그것은 의료혜택이 갖추어진 현대사회와

---

2) 대한임상노인의학회(2011), 『최신노인의학』, 서울: 한국의학, 168쪽.
3) 정병호(1999), 『한국의 전통춤』, 서울: 집문당, 61쪽.

는 다른 의료의 미분화적 형태로서 무속을 통한 굿의 연행으로 질병이나 장애에 대해 정신 및 심리적 위안을 취해온 것으로 보인다. 즉 굿이라는 의례를 통하여 질병의 위기에서 혹은 죽음을 대하는 두려움에서 벗어남을 추구하는 것이며 이렇게 볼 때 무용의 치료적 역할은 민중4) 생활 속에서 이루어져 왔다고 할 수 있다.

치료(治療)는 어떠한 질병과 장애 그리고 문제 등을 낫게 하거나 완화하기 위해 계획된 체계적 과정과 활동을 의미한다. 치료라는 범주는 두 가지로 해석될 수 있다.

첫째는 의료 면허취득에 따른 의사의 환자에 대한 의료 시술로서 우리는 보통 이러한 상태를 treatment라 한다. treatment는 실험의 제 요건에 따라 실험재료에 가해지는 물질, 자극을 가하는 과정 또는 행위를 일괄하여 처리하는 것을 뜻하는 것으로서 의료행위에서의 treatment는 환자의 상태에 따라 직접적 처치로 이루어지게 하는 것뿐만 아니라 보다 폭넓게는 치료에 이르게 하는 제반의 행위를 지칭한다.

또 다른 치료에 대한 표현인 Therapy는 어원적 근원을 'Latin: therapīa; Greek: θεραπεία'로서 therapy는 curing, healing의 의미를 가지고 있다. "이 용어는 심리치료(psychotherapy), 심리사회치료(psychosocial therapy), 집단치료(group therapy)와 동의어로" 사용하며 작업치료, 물리치료, 오락치료, 약물치료, 화학치료(chemotherapy) 등과 같은 특정한 용어로 다른 형태의 치료를 논할

---

4) 역사를 창조해온 직접적인 주체이면서도 역사의 주인이 되지 못한 사회적 실체를 지칭하는 말인 민중이란 단어는 일반서민 혹은 인민, 백성이란 단어와 맥락을 같이한다. 그럼에도 불구하고 민중이란 단어를 선택한 것은 사회보장적 지위인 지배계층보다는 의료혜택이 상대적으로 용이치 않은 피지배계층에서 필요한 대체치료요법에 무용치료가 속해 있고 본 책자는 그러한 무용치료에 대한 탐색을 목적으로 하기 때문이다. 더불어 민중뿐만 아니라 서민, 대중 그리고 백성이라는 단어를 민중과 함께 문맥의 성격에 따라 혼용 사용하고자 한다.

때 사용한다.[5] 즉 사람을 낫게 하는 보조해주는 care 형태를 말하는 것으로 질병의 완화, 치료를 목적으로 이루어지는 모든 의학적 수법으로 병을 잘 돌보아서 낫게 함, 또는 치병(治病) 의식으로서 보다 포괄적 의미를 내포한다.

한국어사전에서는 '치료'란 병을 잘 다스려 낫게 함이라 서술되어 있다. 병을 다스린다는 것은 어떠한 행위, 즉 처치가 행해진다는 것을 의미하며 병에 대한 세부적 치료과정이 함축되어 치료로 이루어지게 하는 보다 포괄적인 전반의 과정을 이야기한다.

무용치료는 질병에 대하여 일차적이고 직접적으로 이루어지는 진료와 같이 치료 행위 자체를 일차적 목적으로 삼지 않는다. 병이 발현되면 정도에 따라 정확한 진단을 하고 처치가 이루어져 낫게 될 경우 병에 대한 치료는 이루어진 것이기 때문이다. 문제는 과학에 입각한 의학적 치료로써도 해결되지 않는 통증이나 질환이 계속될 때 대체적 치료를 찾는 것에서 무용치료는 시작된다.

무용치료는 필요로 하는 대상자의 고통스러운 현실 상황이나 고통의 실체를 춤이라는 신체 움직임을 통해 대상자 스스로 자기 문제를 발견하고 해결할 수 있도록 돕는 '자율성'에 초점이 맞추어져 있다. 그러므로 무용치료에서의 치료 개념은 보다 포괄적 의미의 care 형태이다. 또한 무용치료에 있어 그러한 처치를 필요로 하는 자에 대한 보살피는 자를 무용치료자라 한다.

우리가 일반적으로 무용치료자 또는 댄스테라피스트라고 부르는 것은 엄밀한 의미에서 무용치료 도우미 혹은 무용치료의 조력자라 할 수 있다. 무용치료는 필요로 하는 자 스스로 행함으로써 이루어

---

5) 이철수(2013), 『사회복지학사전』, 파주: 혜민출판사, 참조 정리의 글.

지는 능동적 행위를 바탕으로 이루어지는 것으로서 투약이나 처치와 같은 타자의 지시에 따른 수동 형태의 치료와는 다른 양상으로 진행되기 때문이다.

무용치료자에게 있어 무용이라는 움직임을 메소드로 아픈 자를 호전되게 하는 무용치료는 행하는 자와 그 행위에 대해 받아들이고 바라봐 주는 자의 형태로 치료과정이 진행되며 치료를 필요로 하는 자의 움직임을 읽어내고 해석하는 단순한 관찰자가 아닌 함께 어우러지는 신체행위가 포함되어 이루어진다.

차례

제1장

무용치료의
이론적 고찰

1. 예술치료의 개념과 양태

1) 예술치료의 정의

예술치료(Arts therapy)는 예술 활동을 통해 질병 및 장애를 극복하는 치료의 한 형태이다. 예술치료에서 이루어지는 창조적인 활동은 개인의 신체 및 정서적 통합을 이루게 하고 자신의 감정이나 내면세계를 자발적으로 표현하게 하여 사고나 감정 행동의 제한점을 개선, 유지시키는 것에 활용되고 있다. 즉, 심신이 아픈 이를 낫게 하거나 예방하는 데 도움이 되는 일체의 표현예술 활동이다.

예술치료의 근본이 되는 예술은 표현될 때 비로소 의의를 갖는다. 문자 이전의 문화에서 음악, 무용, 미술, 영성은 치유와 질병 및 예방 의식들의 핵심적 부분이었다. 표현예술은 다양한 수단을 통해, 예를 들어 시각예술, 소리, 글쓰기, 움직임 등에서 이루어지는데 인간의 내적 영역으로 들어간다는 의미로서 우리의 정서적, 직관적인 면을 활용하는 것을 말한다.

예술을 표현적 재료로 이용하는 표현예술치료는 성장과 치유를 촉진하는 지지환경을 만들어내기 위해 다양한 예술의 장르, 즉 동작(움직임), 드로잉, 회화, 조소, 음악, 글쓰기, 소리, 즉흥극 등을 이용하며 여러 형태의 예술을 통해 깊은 내적 정서로부터 올라오는 자신을 발견해나가는 과정이다.

예술치료는 전통적인 방법에 있어 다양한 예술의 형태에서 그 흔적을 찾아볼 수 있다. 먼저 독서치료의 경우 고대 테베도서관을 영혼을 치유하는 곳이라 하여 책 읽기를 통한 테라피로서 그리스어인 Biblion(책, 문학)과 Oepatteid(therapeia: 치료하다, 돕다)의 합성어에서 유래되었다. 또한 그리스의 연극, 특히 비극적 연극을 통한 카타르시스(catharsis)에서도 볼 수 있듯이 연극과 마임 등에서 이루어진 연극치료(Drama therapy), 시를 통한 시치료(Poetry therapy), 그림을 그리거나 작품을 이용한 미술치료(Art therapy), 그리고 음악치료(Music therapy)와 무용치료(Dance therapy) 등을 들 수 있다.

* 그림 설명
모든 예술적 표현은 치료의 재료적 역할을 할 수 있다. 그러므로 예술치료는 치료적 도구로 사용되는 모든 예술적 표현에 대하여 다양하게 분류될 수 있으며 표에 예시된 예술치료의 종류 외에도 다양한 예술 활동에 의한 예술치료가 있을 수 있다.

그림 1. 예술치료의 분류

보다 넓게 보면 예술이란 인간의 제반 활동을 통칭하는 것으로 정치기술, 직조기술, 말하는 기술 따위를 이르며 이러한 활동들을 통해 인간은 스스로를 돌보아왔고, 돌봄(soin: 혹은 치료)이라는 말은 인간의 안녕을 도모하는 활동을 의미한다.[1]

2) 예술치료의 유래

고대 그리스에서부터 예술이라는 말과 치료라는 말이 서로 의미를 공유하게 됨은 치료에 대하여 창조적인 표현을 이용하는 것으로 회화, 연극, 음악 등의 예술 그 자체가 지니고 있는 효과를 통해 행해져 왔으며 이는 '미메시스(Mimesis)' 이론[2]과 교감의 원칙을 바탕으로 한 하나의 치료적 역할로 전래되어 왔다. 기원전 5세기에 그리스의 순회 신앙 치료자 집단은 대체로 Ring dance의 형태로 환자 주위에서 춤을 추었으며, 14세기 문헌에 따르면 중세에 나타난 Ring dance는 악의 영혼으로부터 신생아를 보호하기 위해 추어졌다고 한다. 또한 스칸디나비아에서 행해지고 있는 Midsummer dance는 10세기 이전에는 이교도의 춤으로 시작되었는데 질병뿐 아니라 건강 그리고 면역을 가져오는 예방약 역할을 했다.[3]

앙브와즈 파레는 중세 이탈리아 의술을 소개하면서 이탈리아의 타렌트 지방에서는 독거미에 물렸을 때 치료 방법으로 "독이 사라

---

1) 리샤르 포레스티에 저, 김익진 역(2012), 『예술치료의 모든 것』, 춘천: 강원대학교출판부, 23-25쪽, 29-30쪽.

2) 미메시스(Mimesis)는 서사 행위를 일컫는 용어로서 '외부 대상의 모방 내지 재현'을 의미하는 것으로 상황을 마치 그대로 보여주는 것처럼 전달하는 것을 말한다.

3) Eugene Louis Backman(1977), *Religious Dances in the Christian Church and in Popular Medicine*. Westport, CT: Greenwood Press. 김인숙(2012), 『무용 동작 심리치료의 이론과 실제』, 29쪽 재인용.

질 때까지" 타렌텔이라는 음악에 맞추어 흥겨운 춤을 출 것을 처방했다는 사실을 언급하고 있으며 중세를 거쳐 17, 18세기 프랑스의 경우 작곡가 마랑 마래가 전립선 수술을 위한 모음곡을 작곡했고 천식과 위장병 치료를 위한 노래와 북연주가 존재했으며 에스키롱의 경우 샤랑통 지방 연보에 정신병자들이 공연한 연극을 관람한 후 치료효과를 이야기하였다.4)

독일의 경우 여의사 마가레데 하우쉬카(1896-1980) 박사에 의해 1962년 바트 볼에 예술치료학교가 창설되면서 인지학(anthroposophy)5)의 의학적 관점과 예술적 관점을 연결한 예술치료사 직업을 최초로 탄생시켰다. 이후 미술, 음악, 춤, 연극 등 예술기법 전체를 아우르는 독립된 분야로서 예술치료(art-thérapie)가 출현하게 된 것은 1960년대 들어서면서부터이며 세계 여러 나라에서 시도되어 성행하고 있다.

그동안 예술치료는 집단 사회사업(social group work) 또는 집단 심리치료(group psycho-therapy) 등에서 사용되었으며, 그뿐만 아니라 개인의 성장과 발전의 수단으로 생각하는 건강한 사람들에게도 효과적인 하나의 치료법으로 사용되어 왔다. 또한 예술치료는 다양한 영역의 전문성을 최대한 발휘하되 치료의 효과를 높이기 위해 이들 중 두 개 장르 이상 또는 여러 개 장르를 종합적으로 활용하는 경향으로 통합예술치료로 변모했다.6)

---

4) 리샤르 포레스티에 저, 김익진 역(2012), 앞의 책, 26쪽.
5) 인지학은 인류학과 신지학 또는 과학과 영계인식을 중개함으로써 잠재되고 있는 고차원적인 인식능력을 개발, 개인의 자기실현과 사회의 진보를 위해서 도움이 되는 방법을 제시하고자 하는 학문으로서 예술치료의 사회적 역할에 대하여 이야기할 수 있는 바탕을 제공한다.
6) 이근매, 정광조(2005), 『미술치료개론』, 서울: 학지사.

3) 예술치료의 양태

서양의 중세 예술의 활용 면에서 예술치료의 양태를 보면 예술가의 작업과 장인의 작업, 두 가지로 분류됨을 볼 수 있다. 하나는 예술가 artiste의 입장에서 진행하는 예술치료(art-thérapie)이며 또 다른 하나는 장인의 입장에서 진행하는 작업치료(ergothérapie)가 그것이다.

이 두 가지 치료행위는 같은 뿌리에서 시작되었지만 그 목적과 치료과정에서 활용되는 방법은 서로 다르다.[7] 예술치료의 경우 예술 활동에 대한 감상적 역할을 말하는 것이며 작업치료에서 이루어지는 예술작품[8]이 목적이 아닌 예술 활동의 주가 되는 실행자로서의 치료를 말하는 것이다.

예술가의 입장에서 진행되는 예술치료는 환자들이 만들어낸 작품을 단순히 감상하는 것뿐만 아니라 기존의 예술작품을 감상하는 것만으로도 치료적 차원에서 유익한 효과를 기대할 수 있다는 입장이다. 그러나 음악을 듣거나 미술작품을 감상하고 공연을 관람함으로써 얻어지는 치유는 다분히 수동적 형태를 나타낸다.

반면, 장인의 작업적 측면으로서의 예술치료는 작품을 만들고 악기나 노래로 작품을 실행하며 춤을 춤으로써 직접 작품이 되는 실행적인 측면으로서 보다 능동적 치유의 실행이라 할 수 있다.

예술에 심리적인 요소가 포함되었다고 해서 예술치료를 심리학적 관점으로만 국한시키는 것은 예술을 구성하고 있는 다른 주요 요소들을 간과하는 행위가 된다.[9] 예술 활동은 신체활동과 의지 그

---

7) 리샤르 포레스티에 저, 김익진 역(2012), 앞의 책, 31쪽.
8) 여기서의 예술작품은 예술행위로 이루어지는 유형, 무형의 모든 산물을 말한다.
9) 앞의 책, 27쪽.

리고 미적 초월성 및 감각, 감성, 취향 등과 같은 중요한 요소들로 이루어져 있기 때문이다.

심리 치료적 인식은 이원론적 사고방식에 기인된 것으로 예술행위를 통하여 인식하고 극복해 생활의 원활함을 목적으로 하는 활동인 예술치료를 제대로 설명하기엔 취약함을 드러낸다. 단순히 정서의 문제뿐만 아니라 잘못된 자세 및 습관에서 유발되는 질병은 정신적 자각 이외에도 훈련을 통한 신체교정이 필요하기 때문이다. 이렇게 볼 때 예술치료에 있어 두 가지의 양태는 어느 한쪽에 치우쳐 성립되는 것은 아니고 두 가지의 성향을 고루 갖추었을 때 보다 효과적 예술치료라 할 수 있다.

4) 예술치료의 발현과정

예술치료의 발현과정은 마음의 구조를 통해 설명할 수 있다. (그림 2)에서 보는 것과 같이 자아는 의식과 무의식 그리고 심연의 자아로 이루어져 있다. 자세히 살펴보자면 우리의 마음에는 타자의 인지가 용이한 걸 표면에 드러나는 의식이 자리하고 그 너머에 무의식이 있으며 콤플렉스는 의식과 무의식 안에 공통적으로 자리한다. 무의식의 단계를 넘어서면 집단적 무의식이 자리하고 있으며 마치 양파의 껍질과

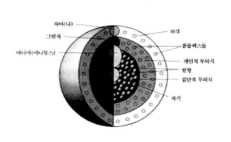

그림 2. 마음의 구조[10]

---

10) 그림 출처: 이부영(2012), 한국의 샤머니즘과 준석 심리학-고통과 치유의 상징을 찾아서, 파주: 한길사, 40쪽.

도 같은 형태의 심연 속에는 자신의 주체인 존재자로서의 자기가 있으며 남성성과 여성성인 아니마와 아니무스 등이 내포되어 형성되어 있다.[11]

우리가 외상(trauma)으로 베이거나 자상을 입었을 때 일차적으로 이루어지는 치료는 상처의 겉을 아물게 한다. 그러나 상처가 깊을수록 겉은 아물어도 흉터로 자리함을 볼 수 있다. 깊은 흉터는 다시 새롭게 성형의 과정으로 복원되기도 하지만 방치의 경우 그대로 안고 살아가는 경우도 있다.

이처럼 삶에서 겪어야 했던 상처들이 매 순간 완벽하게 치료로 이르지 못하거나 상처를 인지하지 못하고 스스로 아문다 하여도 무의식 뒤편에 상처의 기억은 그대로 남게 되는 것, 즉 정신적(trauma) 외상 역시 자리하게 된다.

질병의 치료에 있어 순항구조는 겉 표면을 형성하는 의식이나 의식 아래의 개인적 무의식만이 아닌 집단적 무의식을 넘어 자기에 이를 때 신체와 정신은 자유로워진다고 볼 수 있다. 또한 그것은 질병과 장애 한계의 극복에 모티브로 작용할 것이 기대된다.

예컨대 춤의 경우 일상에서 의식에 의해 이루어지는 움직임과는 달리 리듬과 함께 이루어진다. 즉 리듬은 동작이라는 표현으로 자기표현을 돕는 것이다. 춤사위라는 움직임의 연행은 자신의 깊숙한 내부에 다다를 수 있게 한다. 그것은 시간의 흐름에 따라 오는 몰입으로 오롯하게 의식의 상태를 넘어선 무의식으로의 진입이라 할 수 있으며 종국엔 내면의 자기에 이르게 함을 돕는다.

이는 신체뿐만 아니라 정신까지도 변화하게 한다. 그러한 변화과

---

11) 앞의 책 40쪽.

정에서 춤의 조력적인 역할에 따라 신체는 근육의 갑옷을 벗고 자유로움을 획득할 수 있으며 정신의 자유 역시 갖게 하여 치유에 다다르게 되는 것이다.

5) 예술치료의 위치

모든 예술치료는 치료에 목적을 두고 있으나 처음부터 직업적 전문성을 추구하지는 않았다. 역사적 격동기, 즉 전쟁이나 기타 사회적 어려움에 대한 건강과 안녕을 모색으로 이루어졌으며 우리나라의 예술치료 역시 한국전쟁의 피폐한 사회에서 예술의 사회적 역할로서 시작되었다.

이처럼 예술치료의 시작은 예술의 사회 참여라는 공공성에서 비롯됨을 볼 수 있다. 미국의 경우를 예로 보면 1970년대와 80년대 미술치료사들은 신프로이트, 인간주의, 심리교육 그리고 체계성 등을 포함한 광범위한 이론을 이용하여 학교, 외래환자 임상, 주간치료, 의료 환경에서 외상 피해자들과 노숙자 쉼터, 보호시설에서의 양육, 호스피스 그리고 다른 많은 곳에서 실습했다. 실습이라는 개념은 완전한 프로패셔널한 자격을 이야기하는 것이 아니므로 일종의 예술의 사회적 환원 차원이라 할 수 있다.

이러한 활동은 오히려 새로운 직업인 예술치료사라는 전문적 영역이 개발되는 기폭제 역할을 하게 된다. 복합성이 내재된 실습환경의 다양성으로 미국 미술치료협회는 미술치료사들의 훈련을 새로운 직업을 개발하는 데 있어서 중요한 단계로 석사 이상의 수준 및 특별한 자격요건을 요구하게 되었다. 이는 미술치료사들을 위한 교육훈련에 대한 관심의 증가를 필요로 하게 만들었으며 미술치료사의 주 면허제는 훈련을 표준화하는 데 기준으로 작용하였다. 책임성이라는 개념으로 미술치료의 그 효율성을 증명할 것을 요구한 것이다. 이처럼 미술치료의 예에서도 볼 수 있듯이 처음에 사회에 대한 공공적 참여에서 점차 전문적인 자격을 요하게 되고 이는 곧 하나의 제도화로 이루어짐을 볼 수 있다.

문화예술의 사회학적 가치는 정서순화, 사회통합, 소외극복의 수단 그리고 교육적 기능을 들 수 있으며 감정들을 순화시켜서 '이 감정들을 고결한 기질로 변형'[12]시킬 수 있다고 한다. 의학계에서 예술과 의학적 치료 간의 관련성에 대해 점차 관심을 갖게 되면서 문화예술 부문의 정서순화 기능은 현대사회의 병리치료 분야에 효과적이고도 폭넓게 나타나게 되었다. 이로써 '예술치료'라는 분야가 더욱 발달하게 되었으며 시각적인 의사소통과 자아표현을 통하여 삶의 질을 추구하는 예술치료는 의료전문가와 미술, 음악, 무용 등의 예술 분야가 합쳐진 학제적 전문 분야로 구축해가고 있다.

한국의 경우 특히 최근에는 독자적 예술 분야를 통한 치료보다는 각 분야들의 상호관련을 통해 통합적인 예술치료로 나타나고 있으며 이를 '표현예술치료'라 한다. 예술치료 중에서 가장 대표적인 분야는 음악치료, 미술치료, 연극치료 그리고 무용치료 등을 들 수 있다.[13]

---

12) Samuel Henry Butcher(1951), *Aristotle Poetics*, Aristotle's Theory of Poetry and Fine Art: With a Critical Text and Translation of the Poetics. With a Prefatory Essay, Aristotelian Literary Criticism. Dover, DE, Courier Corporation, 243-244쪽.

13) 한국문화정책개발원(2002), 『문화진흥기금의 지원효과분석』, 서울: 한국문화정책개발원.

2. 무용치료와 근접한 타 예술치료

1) 무용치료와 미술·음악치료의 근접성

무용은 음악을 배경으로 이루어진다. 그것이 단순한 타악기의 두드림 같은 리듬일지라도 신체는 반응하고 표현된다. 그러한 무용과 음악의 협응 작용은 무용치료에 있어 중요한 역할을 한다.

또한 무용은 보이는 것이 주된 시각적 예술이라고 말할 수 있다. 아무리 높은 가치를 지닌 무용일지라도 보이지 않을 경우 무의미하기 때문이다. 눈을 볼 수 없는 상태에서 춤을 출 경우 춤에 의한 해소 및 향상성을 경험한다고 해도 그러한 행위를 보고 그에 따른 반응이 주어졌을 때 행위자는 자신의 행위에 더더욱 의의를 가지게 되며 설령 혼자만의 만족스러운 감정을 갖는다 해도 그것은 지엽적이기 때문이다.

이처럼 음악적 재료와 시각적 재료로써의 미술은 무용표현에 있어 주된 연계성을 지니고 있다. 무용수행에 따른 발산작용은 음악치료에서의 카타르시스를 통한 미적 체험과 근접성을 가지며 더불어 무용의 조형적 표현은 하나의 미술행위이기 때문이다.

2) 미술치료(Art therapy)

(1) 미술치료의 기초

미술치료는 인간의 조형 활동을 통해 개인의 갈등을 조정하고 자기표현과 이에 따른 승화작용으로 자아성장을 촉진시키는 예술치료법이다. 또한 자발적 미술 활동인 그림이나 조소, 디자인기법 및 다양한 미술활동 등을 통해 개인의 내적 세계와 외적 세계 간의 조화를 잘 이룰 수 있도록 도와주어 심신의 어려움을 겪고 있는 사람을 치료하는 데 목적이 있다.14)

미술치료의 시작은 19세기 초반 독일의 정신병원에서의 환자치료에 미술활동인 칠하고 조각하는 것들에 대해 장려하고 받아들이게 되면서부터이다. 퇴행 미술이라고 언급되는 그들의 미술활동은 환자에 대한 진단 수단으로써 주목을 얻었으며 19세기 말에 이르러서는 아동연구 운동으로서 아동들의 그림에 관심을 가졌고 1900년대 초의 과학 운동으로 말미암아 이러한 아동들의 그림은 아동의 지적 상태를 측정하는 데 쓰일 수 있게 포함되었다.

미술치료는 무의식을 이끌어내는 도구로써 프로이트(Sigmund Freud)의 자유연상 방법과 보편적 원형, 그리고 집단 무의식에 관한 융(Carl Gustav Jung)의 이론들의 영향 아래 그 모양을 갖추기 시작했으며 둘 다 내담자의 꿈에서의 시각적 이미지에 의존했다. 인성과 병의 기원에 접근하는 것에 대해 또 다른 근원으로 새로운 이해를 도운 미술치료는 1922년 독일 정신치료사 한스 프란츠호온(Hans Prinzhom)에 의해 독일의 정신병원에서 미술활동을 격려하고 작품에 대해 심리적 중재를 했다.15)

이후 나움버그(Naumburg)와 크레머(Krammer) 같은 미술치료의 선구자에 의해 공식적으로 소개되어 정신병원과 진료소 정서장애아들을 위한 특수학교에 정착되었다. 1930년대 마가렛 나움버그(Margaret Naumburg)에 의해 고안된 미술치료적 접근은 심리치료에서의 미

---

14) 이근매, 정광조(2005), 앞의 책.

15) 이근매(2013), 『미술치료 이론과 실제』, 파주: 양서원, 25쪽.

술이라고 명명한 실습에서 전이 관계 내에서 내담자들이 미술작품에 대한 자유연상을 하도록 고취시켜 무의식을 드러내게 하고 그들의 이미지들은 해석하는 도구로 사용했다.

나움버그는 그림을 매체로써 이용하는 방법(Art in therapy)으로 구분하여 말보다는 그림으로써 자신에게 일어나는 내적 욕망, 꿈, 환상을 표현하도록 하였다.16) 이는 무의식을 그림으로 투사하는 것으로서 이러한 과정은 언어표현보다는 검열기능을 약화시키기 때문에 치료과정이 촉진되며 그림으로 나타난 것은 영속성이 있어서 내용 자체가 망각에 의해 지워지지 않으므로 그 내용을 부정하기 힘들다고 하였다. 그것은 보다 환자가 자유롭게 내적 표현을 할 수 있음을 이야기하는 것이며 이러한 자율성은 자신의 그림을 해석할 수 있는 능력에 의해 격려 받고 고무되는 정신분석 지향적 미술치료를 말하는 것이다.

반면, 1950년대에 이디스 크레이머(Edith Kramer)에 의해 개발된 치료로써의 미술은 미술창작 과정을 치료에 이용하는 또 다른 방법을 소개했다. 크레이머는 그림의 치료적 속성은 그림에 대한 화자의 연상을 통하여 자기표현과 승화작용을 함으로써 자아가 성숙하는 데 있다고 보았다. 미술작업 과정에서 자신의 원시적 충동이나 환상에 접근하면서 갈등을 재경험하고 자기훈련과 인내를 배우는 과정 속에서 갈등을 해결하고 통합한다는 것이다.17)

나움버그의 견해와는 다르게, 치료자의 역할은 환자가 만든 작품을 해석하는 것이 아니라 승화와 통합과정을 도와주는 것이라고 하였다. 즉, 크레이머는 치료적 협력에서 미술치료사는 환자의 자아

---

16) Stephanie L. Brooke(2006), *Creative Arts Therapies Manual*, Springfield, Illinois, Charles C Thomas Publisher, LTD, 7쪽.

17) 앞의 책, 7-8쪽.

를 지지하고 고양시키는 데 능동적인 역할을 맡고 있다고 제안한 것이며 그의 견해를 가리켜 "작품을 만드는 과정 자체"를 치료라고 보고 미술치료의 주된 역할을 치료로써의 미술(Art as therapy)로 표현하였다.

다시 말하자면 나움버그는 치료를 위한 하나의 도구로써 해석의 관점으로 바라보았고 크레이머는 예술의 활동성에 더 중점을 두어 예술적 성취감을 중시했다고 볼 수 있다. 이 두 관점에서 보면 미술치료는 치료적 측면과 창조적 측면을 모두 내포하고 있다고 말할 수 있다.

미술치료에 대한 이러한 관점은 다양하게 해석되기도 하는데 엘리너 울만(Elinor Ulman)은 이러한 두 가지 방식을 통합했고[18] 해나 액사 퀴아트코우스카(H. Y. Kwiatkowska)는 분열증 환자들과의 노력으로부터 가족과 작업하는 기술을 고안해내기도 했다.

울만(Elinor Ulman)은 미술작가로 활동하면서 1950년 초반에 정신병원에서 일을 시작했을 때 미술치료사로서가 아니라 미술교사의 자세로 일했다고 술회하였다. 1961년에 이미 "미술심리치료"와 "치료로써의 미술"이란 용어를 포함하는 정의를 내리기 위해서 노력한 울만[19]은 같은 해 미술치료를 위한 잡지를 만들었고 1969년 전미 미술치료사들과 함께 미국미술치료협회(AATA)를 결성했다. 미술치료는 1970년대와 1980년대 신프로이트, 인간주의 심리교육 등 광범위한 심리학 이론들을 바탕으로 확산되었다.

영국의 미술치료의 경우 다이앤 월러(Daine Waller)에 의해 '전

---

18) 앞의 책, 8쪽.
19) 곽현주(2013), 「예술치료 효과에 대한 메타회귀분석-음악치료, 미술치료, 무용동작치료, 통합 예술치료를 중심으로」, 충북대학교대학원 미간행 박사학위 논문, 12쪽.

문화: 영국 예술치료의 역사 1940-1982'에서 영국에서의 미술치료 형성을 설명했으며 수잔 호건은 '치료 미술: 미술 치료의 역사'에서 1790년부터 1966년까지 영국 미술치료의 시작을 추적했다.

주디스 A. 루빈(Judith A. Rubin)은 "미술치료에 대한 접근법들"에서 연대기(1987-2001년)적으로 편집해 미술치료 역사에 대해 깊이 있는 제시를 해주었다. 미술치료에 대한 주류 접근법들의 책자는 실제적 실행자들에 의해 쓰였으며 정신분석적 접근에서부터 체계적이고 통합적인 접근들에 이르기까지 서술되었다.[20]

(2) 미술치료의 실제

미술치료는 치료과정에서 객관적이고 의식적인 서술만으로는 문제를 파악하기 어려울 때 미술이라는 이미지 표출 과정을 반복적으로 시행한다. 이는 지금까지 상실, 왜곡, 방어적, 억제되어 있었던 언어성과 시각적 이미지로부터 보다 명확한 자기상, 자기 자신의 세계를 재발견하여 자기 동일화, 자기실현을 꾀하는 것으로 무의식의 심리를 엿볼 수 있는 효과적인 하나의 방법이다.

미술 치료의 역사적 전개는 무용치료와 비슷한 특징을 보이며 50여 년이 넘는다. 우리나라의 경우는 정신과에서 환자들을 대상으로 미술활동을 시도하였으나 본격적으로 알려지고 치료 현장에서 이용된 것은 1990년대 이후이다.[21]

미술활동을 통한 감정이나 내면세계 표현은 언어로 표현하기 힘든 생각이나 느낌에 대하여 감정의 정화 및 안정감을 갖게 하며 자

---

20) Stephanie L. Brooke(2006), 앞의 책, 19-20쪽.
21) 김선현(2006), 『마음을 읽는 미술치료』, 서울: 넥서스북스.

아성장의 촉진을 돕는다. 학대받거나 폭력적인 사건을 경험했을 경우 미술활동을 통하여 그러한 불안을 감소시키면서 감정을 표현할 수 있게 미술치료는 우울증이나 외상 후 스트레스 증후군, 불안, 적응의 어려움을 경험하는 아동의 심리치료에 유익하다.

미술치료가 이루어지기 위해 만족시켜야 할 조건은 첫째는 이미지를 통해 통찰을 얻는 것이고, 둘째는 작품 과정에서 승화를 경험하여 궁극적으로 자아의 힘이 강해지는 것이다. 이미지를 통해 통찰을 얻는 것은 생각이나 감정, 신념 외에도 누적된 경험을 바탕으로 한 직관이 있을 때 가능하다.

생각이나 지식을 기반으로 통찰을 얻을 때 생길 수 있는 문제는 이러한 통찰이 머리로만 하는 것이 될 수 있다는 점이다. 즉 마음속 깊은 곳에서 감동이나 정서적인 체험과 달리 머리로 이해하고 주지적으로 깨닫는 데 그칠 수 있다. 정서적으로 체험하는 것이 없으면 사람은 변화하지 않는다. 머리로 이해하고 받아들인 것은 얼마 가지 못해 머리로 반박당할 수밖에 없다. 그에 비해 이미지를 통해 얻는 통찰은 훨씬 더 감각적이며 정서적인 색채가 묻어 있다. 따뜻하고 안전한 분위기에서 태어나는 이미지는 그 안에 여러 겹의 생명력을 가진 채 그 모습을 드러낸다.[22] 이처럼 미술치료는 미술이라는 창조적 활동을 통해 정서를 체험하고 스스로를 찾아가는 역할의 예술치료이다.

미술치료의 궁극적 목표는 안전하고 촉진적인 환경에서 미술재료를 사용함으로써 내담자로 하여금 각 개인의 수준에서 변화하고 성장하도록 돕는 것에 있다. 그러므로 미술치료에 있어 미술 실기

---

22) 앞의 책, 6쪽.

능력이나 이전의 미술경험이 필요한 것은 아니다. 미술치료사의 주된 관심 역시 치료를 요하는 대상자의 작품에 진단적 평가를 하거나 미적인 작품을 만드는 것에 목적을 두지 않는다. 미술활동을 통해 대상자가 자기 자신을 돌아보고 자신이 처해 있는 환경을 이해하도록 도움으로써 문제점 해결23)로 이어져 원활한 일상생활로의 복귀를 돕는 것이기 때문이다.

미술치료에서 표현의 매개가 되는 미술매체는 일반적 미술재료인 정형매체와 미술 외적 재료인 비정형매체로 나눌 수 있으며 이러한 미술재료의 역할은 매우 크다. 각각의 매체는 그 고유성과 공통성을 동시에 지니고 있어 대상을 표현하는 재료뿐만 아니라 그 자체의 물성을 그대로 나타내주며 표현 기법과 함께 모양이 갖추어져 전달력을 가진다.

치료를 요하는 자가 어떤 재료를 선택하고 선호하는가에 대한 문제는 미술치료를 하는 데 있어 중요한 단서가 되며 미술치료사는 미술활동을 적용하고 이해하려면 매체의 특성과 사용법, 매체의 장단점 등 풍부한 지식과 경험이 필요하다.24)

미술치료의 다양한 접근법들은 미술치료사의 역할 역시 다양하게 나타나게 한다. 지금까지 다양하게 이루어져 온 미술치료의 접근법을 살펴보면 다음과 같이 요약된다. 미술치료를 요하는 내담자와 미술치료사 간의 역동 관계 구성으로 이루어지는 심리역동 접근 미술치료로서 신-프로이트적25) 경향의 미술치료 접근법이 있다. 이

---

23) 주리애(2010), 『미술치료학』, 서울: 학지사, 28쪽.

24) 이근매(2013), 앞의 책, 29-36쪽.

25) 고영복(2000), 『사회학사전』, 사회문화연구소. 프로이트의 개념을 정교화하고 자신들의 분석경험에 그 개념을 발전시킴으로써 그의 이론을 수정한 학파. 인격에 대한 사회, 문화적 영향을 강조하고 생물학적 요인의 역할은 중요시하지 않으며 신경증은 문제가 있는 개인들 간의 관계

와는 달리 무의식적 이미지와의 관계에 관심을 가지고 정신분석적, 심리 역동적 접근법이 있으며 개인적 책임과 그의 삶을 모양 짓는 데 있어서의 능동적인 역할을 하는 것에 강조를 둔 융적인 접근법 그리고 인간특성과 인간조건에 대한 낙관적 시각의 접근으로 인간 중심적 접근법 등이 있다.

더불어 새로운 기술들과 부적응 행동을 대신할 행동들을 배우는 것을 강조하는 심리 교육적 접근법들, 가족과 그룹치료를 위해 고안된 체계적 접근법들, 미술치료사들이 행한 접근법을 택하지 않고 내담자의 필요에 기초해 선택하고 정하는 절충적, 통합적 접근법 등 다양한 양태의 접근법을 볼 수 있다.[26]

이러한 미술치료의 다양한 접근법들은 미술치료사의 역할 역시 다양하게 나타나게 한다. 또한 그러한 접근법에 따른 미술치료의 양태는 정신분석이론을 근거로 무의식 내용에 대한 탐색을 목적으로 하는 정신분석적 미술치료와 환자만이 아닌 폭넓은 개념의 치료적 형태인 인간 중심 미술치료, 실제적 미술행위가 어떻게 변화를 주는가에 중점적인 행동주의적 미술치료, 통합 중심의 워크숍 형태 치료인 게슈탈트 미술치료, 그리고 개인만이 아닌 가족 구성원이 함께하는 가족미술치료와 집단으로 구성되어 관계 형성과 공감능력 향상, 사회적 기술배양 및 다양한 시각에서의 이해능력이 증가하는 집단미술치료 등으로 나타난다.

결과로 본다. 건강한 인격은 사회적 산물인 것으로 보는 이 학파의 가장 영향력 있는 인물들은 에리히 프롬(Erich Fromm), 에릭 에릭슨(Erik Erikson), 칼 융(Carl Jung), 카렌 호나이(Karen Horney), 헤리 스택 설리번(Harry Stack Sullivan), 알프레드 아들러(Alfred Adler), 그리고 데이비드 라파포트(David Rapaport) 등이다. 이들의 이론은 각각 독창성을 가지고 있으며 다양한 형태 속에서 프로이트 이론을 개별적으로 각기 재조명함으로써 일반성을 뛰어넘고 있다.

26) 김선현(2006), 앞의 책, 28-35쪽.

3) 음악치료(Music therapy)

(1) 음악치료의 기초

음악을 치료방법으로 이용하는 것은 치료를 위한 샤먼의 북치기가 있었던 2만 년 전으로 거슬러 올라갈 수 있다.27) 사람들은 주술적 힘이 그들의 일상생활과 건강을 좌우한다고 믿었다. 자신을 악한 세력으로부터 보호하기 위해 부족 구성원들은 많은 의식을 개발하고 참여했으며 리듬, 노래, 중얼거림 등 형식의 음악은 초자연적 힘이 있다고 믿고 부족 치료사의 의료 행위를 돕는 데 이용되었다. 원시문화에서 음악은 치유의식의 서곡 역할을 했으며 종종 귀신 쫓는 치료의 능동적인 요소였던 것이다.

고대 이집트의 성직자 의사들은 음악을 영혼을 위한 의학으로 간주했으며 의술의 일부분으로 찬트치료(chant therapy)를 포함시켰다.28) 또한 기원전 600년경 탈레스(Thales)는 스파르타에 퍼진 전염병 치료에 사용된 음악의 힘을 인정하였는데 이처럼 고대 그리스시대에는 사고, 감정 그리고 신체적 건강에 음악이 특별한 영향력을 행사한다고 생각되었다.29) 중세 서양에서는 많은 사람들이 찬송가가 어떤 불특정한 호흡기 질병에 효과가 있다고 믿어30) 교회음악인 특별한 찬송은 감기나 질병을 치유하는 데 활용되었다.31) 르네상스시대에 음악은 우울, 절망 그리고 광기의 치료에만 사용된 것이 아니었다.

---

27) Dane Rudhyar(1982), *The magic of tone and art of music*. Boulder: Shambhala.

28) Feder E. & Feder B.(1981), *The expressive arts implementations*. Englewood Cliffs, NJ: Prentice Hall.

29) Merriam(1964), *The anthropology of music*. Evanston, IL: Northwestern University Press.

30) Strunk, D.(1965), *Source readings in music history*. New York: Norton.

31) 김관일(1985), 「음악치료의 의미와 역사적 고찰」, 『특수교육연구』, 제12집, 66쪽.

의사들은 예방의학으로써 음악을 처방하기도 하였으며 적절하게 분배된 음악은 오늘날과 마찬가지로 정신건강을 증진시키는 막강한 도구로 여겨졌다. 페더, E와 페더 B(1981)에 따르면 파시쿨로 디 메디시나(Fasciculo di Medicina: 1493)[32] 또는 의술 소책자에서 사람들이 음악을 부정적 감정들로부터 예방의술로의 사용이 권장되었고 음악이 질병에 대한 저항력을 키우는 데 도움을 준다고 믿었다. 유럽에서 파괴적 전염병이 창궐하던 시기에 매우 중요한[33] 예방약으로 음악을 이용하는 것은 이후 바로크와 고전주의시대에도 계속되었다. 바로크시대의 커쳐(Kircher, 1602-1680)는 개성이 어떤 특정한 음악 스타일과 결부된다고 믿었으며[34] 우울증 치료에 미치는 음악사용을 지지한 버튼(Burton)은 다른 많은 질병들을 몰아내는 음악의 특별한 힘 외에도 음악은 절망과 우울함에 탁월한 치료제이며, 악령을 몰아낼 수도 있다[35]고 하였다.

또한 셰익스피어나 암스트롱과 같은 작가들 또한 희곡이나 시에 치료로써의 음악에 대한 수많은 예를 싣고 있음을 볼 수 있어 음악의 치료적 역할을 유추할 수 있다.[36] 18세기 최고의 카스트라토였

---

32) 1491년 처음 인쇄된 작가의 눈을 통해 본 의료관련 책자로서 라틴어 에세이와 그림으로 구성되어 서유럽의 의학 지식에 대한 통찰력을 제공했다. 1493년에 발표된 이탈리아 판에는 네 개의 목판에 네 개 각각의 테마를 담아 출판되었으며 의학지식에 기반이 되는 실험실에서의 의학, 환자관찰, 히포크라테스 수업, 해부학 등 의학 관련 내용의 15세기 후반의 의학 상황을 엿볼 수 있는 책자이다.

33) Feder, E. & Feder, B., Tyson, F.(1981), *psychiatric music therapy, Origins and development*. New York: Creative Arts Rehabilitation Center; Stephanie L. Brooke(2006). 앞의 책, 170쪽, 재인용.

34) 우울한 사람은 우울한 음악에 반응하고 즐거운 사람은 무도 음악에 가장 많은 정서적 반응으로 보이는 것.

35) Robert Burton(1651), *The anatomy of melancholy*, Oxford, England: Henry Cripps, Printer. Carapetyan, A.(1948), *Music and medicine in the Renaissance and in the 17th and 18thcenturies. in Music and medicine,* edited by D. M. Schullian and M. Schoen, NewYork: Wolff.

36) 일리엄 데이비스, 케이트 그펠러, 마이클타트 저, 김수지 외 2인 역(2004), 『음악치료학개론 이론과 실제』, 서울: 권혜경음악치료센터.

던 카를로 브로스키 파리넬리(Carlo Broschi Farinelli)의 경우 스페인 국왕인 훼리페 5세의 악성우울증을 치료[37]한 예가 있으며 임상음악 또는 인간 신체에 대한 노래, 음악, 춤의 영향에 관한 기계적 에세이(1792)의 저자 리차드 브라우니는 노래를 예방 의학적 중재로 권장하고 특정 악기들에 특정한 치유특성이 있다고 했다.[38] 이는 음악치료의 기본 원리를 광범위하게 논의하고 설명한 최초의 영어로 된 책으로 알려져 있다.

음악치료의 과학적 발전에서 중요한 공헌자는 저명한 신경과학자, 제이스 레오나드 코닝(1855-1923)이었다. 그는 수면 이전과 수면 중에 음악에 대한 환자의 반응을 체계적으로 기록함으로써 이러한 관찰에 기초해 수면, 정서, 건강 사이의 관계에 대한 이론을 발전시켰다.[39]

현재 개념의 음악치료는 20세기 초 미국의 만성정신질환자들에 대한 자선위문활동으로 성 토마스 길드가 했던 '치료음악회'를 시초로 한다.[40] 음악치료의 목적은 정신과 신체건강의 복원(rehabilitation) 및 유지(maintenance), 향상(habilitation)[41]시키는 것으로 음악을 단계적으로 사용하여 치료한다. 자아지각을 향상시키기 위한 효율적 도구로 사용된 음악치료법은 환자로 하여금 자신과 주변의 세계를 깊이 있게 이해하게 하여 사회에 보다 잘 적응할 수 있도록 도와주며 악기를 직접 연주하거나 실제 소리를 내어 노래를 부르는 등의 직접적 활동과

---

37) 무라이 야스지(2003), 『음악요법의 기초』, 서울: 대한음악사, 38쪽.

38) Weldin, C. & Eagle, C. T.(1991), An historical overview of music medicine. In c. Maranto-Dileo (Ed.), *Applications of music Medicine*, Silver Spring, MD: The National Association for Music Therapy, 7-27쪽.

39) Davis, W. B., Gfeller, K. F. & Thaut, M.(1999), *An introduction to music therapy. Theory and practice(2nd ed)*. Boston: Mcgraw-Hill College.

40) 무라이 야스지(2003), 앞의 책, 43쪽.

41) 최병철(2011), 『음악치료학』, 서울: 학지사.

창작이나 감상 여타 음악에 관한 다양한 활동 등으로 이루어진다.

음악치료가 조직화된 직업이 된 것은 20세기에 이르러서이다. 1900년 뉴욕시 치료회의 창립자인 에바 베셀리우스(Eva Vescelius)는 조화와 부조화에 대한 고대 개념들에 기초했으며 음악치료의 목표가 불협의 진동을 조화 진동으로 대체하는 것이라고 명시했다. 또한 그녀는 특정 질병을 치료하는 음악 조제서를 개발했으며 최초의 미국 음악치료저널인 음악과 건강을 만들었다.[42] 대학에서의 음악치료 과정은 1918년에 컬럼비아 대학이 처음으로 시작했고 영국의 마가렛 앤더슨은 신경정신과학과 정형외과 문제에 대해 음악을 이용해 가르쳤다. 그녀는 제1차 세계대전의 캐나다 군인들과의 광범위한 작업으로부터 지식을 얻었다.

베셀리우스가 환자에 영향을 주는 음악 듣기를 주로 이용한 반면 앤더슨은 신체조건으로부터 고통을 받는 환자들이 바람직한 치유 효과를 얻으려면 스스로 음악을 생산해야 한다고 믿었다. 이것이 음악치료 중재 또는 환자들이 음악에 능동적으로 참여하는 교육의 시작이었다. 직업으로서 음악치료의 성장에 중요한 공헌을 한 또 한 명의 여성은 이사 마우드 일센이었다. 그녀는 제1차 세계대전 중 캐나다 참전 군인들을 치료했으며 1926년 국립 병원 음악 연구회를 창립했다. 연구의 목표는 병원에서 보조 치료로 음악 프로그램을 보유하는 것이었으며 훈련된 음악치료사들만이 음악치료 서비스를 제공해야 한다고 하여 직업으로서의 음악치료를 이야기했다.

1941년 헤리엇 에이어 시모어에 의해 세 번째 음악치료 기관이

---

42) Davis, W. B.(1993), Keeping the dream alive: Profiles of three early twentieth century music therapists. *Journal of music therapy*, 30(1), 34-45, http://jmt.oxfordjournals.org, 2015년 1월 11일.

설립되었으며 제2차 세계대전은 병원에서 음악을 사용하는 데 있어 유례없는 관심을 갖게 했다. 어떤 공식 정책에서는 음악이 신체 재조정, 교육적 재조정, 재사회화, 신경정신과적 치료를 돕기 위해 쓰여야 한다고도 했다. 미국의 음악치료가 선진국으로 성장하게 된 배경에는 제2차 세계대전과 한국전쟁 그리고 베트남전쟁이 지대한 영향을 미쳤다.[43)

음악치료가 임상으로서 자리한 열악했던 역사적, 사회적 배경을 바탕으로 미국의 음악치료는 1950년 국립음악치료협회인 NAMT(The National Association for Music Therapy)가 설립되기에 이르고 이후 1971년 AAMT(The American Association for Music Therapy) 또한 설립되었으나 이후 1998년 두 협회는 통합으로 이어졌으며 "음악치료저널"과 "음악치료전망"은 AMTA(The American Music Therapy Association)의 두 가지 공식 저널의 역할을 계속해서 하고 있다.[44)

한국에서의 고유한 영가무도(詠歌舞蹈)[45)에 대한 오래된 음악치료법으로 굿을 들 수 있는데 굿에는 음악 이외의 춤이나 다른 극적인 것이 종합되어 있지만 특히 전라도 지방의 굿은 대부분이 음악 중심인 음악치료법이라고 할 수 있다. 전라도 지방의 씻김굿에서 무녀의 장구 리듬에 맞춘 무가와 구성진 창은 깊이 있는 감성적 체험을 하게 하며 장자풀이[46) 때의 서사무가, 고풀이[47) 때의 고풀이

---

43) 무라이 야스지(2003), 앞의 책, 44쪽.
44) Stephanie L. Brooke(2006), 앞의 책, 173쪽.
45) 노래를 부르고 춤을 춤. 영가무도에 대하여는 무용치료에 대하여 직접적으로 접근한 한국의 무용치료 부분에서 자세하게 서술하였다.
46) 전라북도를 중심으로 전승되어 오는 서사 무가의 하나로서 죽을 운명에 있는 부자(富者)가 저승사자를 후하게 대접하여 수명을 연장한다는 내용이다.
47) 전라도 씻김굿 중, 고를 푸는 것으로써 죽은 사람을 저승으로 보내는 씻김굿의 하나로 죽은 이가 생전에 매듭처럼 맺힌 한을 풀고 자유로운 존재가 되어 저승으로 가기를 비는 의례다.

무가, 질 닦음48) 때의 풍악과 무녀의 노래는 민간 신앙적 차원의 객귀가 되어 사람에게 해를 끼치고 병을 주는 죽은 사람의 한 많은 영혼을 달래어 극락정토에 이르게 하고 산 사람의 병을 낫게 해주는 효험이 있다고 전해온다.

정약용은 '목민심서'에서 "음악이 없어지면 형벌이 심해지고 병란이 잦아지며 사람과 사람 사이에 원망하는 마음이 일어나고, 속임과 거짓이 성하다"고 하여 문헌에서도 음악의 중요성을 강조한 바 있다.49) 물론 어떤 굿은 음악치료적인 요소보다는 민간 신앙적인 요소와 춤이 더 중요한 역할을 하는 경우도 많지만, 남쪽 지방 특히 전라도 지방의 굿은 의상이나 춤보다는 음악적인 요소가 훨씬 많이 포함되어 구성진 사설이나 창, 판소리를 통하여 다른 굿으로는 좀처럼 풀 수 없는 한을 풀어주고 병을 치료해주어 왔다.

우리나라에서 현재 개념의 음악치료는 1960년에 들어와서 베드로의원에서의 유석진, 국립정신병원에서의 진성기 등에 의하여 레크리에이션적인 음악치료에서부터 수동적인 음악치료법인 음악 감상과 능동적인 음악치료법인 가창활동, 연주활동 등 다양하게 실시되었음을 볼 수 있다.

1968년 국립정신병원에서는 특수치료가 시작되어 음악요법, 회화요법, 문예요법 등을 담당하는 부서가 생겨나 활발한 음악치료활동을 실시하였다. 1973년 가톨릭 성모병원에서는 김종은의 지도하에 정진우가 음악요법에 관한 논문을 발표하였고 1974년 여의도 성모병원에서는 침상에 음향장치를 하여 본격적인 음악 감상 치료

---

48) 질 닦음; 진도씻김굿의 15번째 거리로서 사자(死者)의 혼을 극락(極樂)으로 보내는 의례이며 진양조·중모리·중중모리·떵떵이 장단이 연주된다.

49) 조윤용(1993), 『음악요법 백과』, 서울: 한성음악출판사, 4쪽.

를 실시하였다. 1983년에는 유석진·이우영·석재호·김유광·진성태·신상철 등이 참여한 임상학술학회가 생겨나 정신병동 안에서 실시한 음악요법에 대한 논문이 발표되고 학회지도 발간되었다.[50]

이후 1992년 '한국음악치료협회'가 결성되어 정신병원이나 지역사회 건강센터·청소년 치료센터·마약이나 알코올 재활센터, 양로원, 특수학교, 요양원, 실버타운 등에서 장애아동, 정신질환자, 치매노인, 불안증환자들과 함께하면서 음악을 통해 질병을 치료하거나 회복할 수 있도록 돕는 일을 해오고 있다.

(2) 음악치료의 실제

음악을 도구로 하는 음악치료활동으로는 듣는 것으로 감흥을 가져오게 하는 감상에서부터 직접적으로 악기를 연주한다거나 소리를 내어 노래를 부르는 등의 악기연주, 노래치료, 즉흥연주 등이 있다.[51]

음악치료 과정 중 감상적 치료 측면은 긴장감이 높은 불협화음에서 듣기 편안한 협화음으로의 전개로 불쾌한 정서를 유쾌한 정서로 전환시켜 줌을 경험하게 한다. 삶의 경험과 유사한 상태인 미묘한 긴장감과 불안, 불안정적 정서를 음악적 구조 안에 투사시킨 후, 화성적 균형과 조화로운 전개를 거쳐 정돈된 감정으로 내사(introject)시키는 과정이다.[52]

음악을 통한 치유는 우주질서인 플러스와 마이너스, 즉 음과 양의 조화가 이루어질 때 가장 안전한 상태라 할 수 있으며 인간도

---

50) 신상철(1986), 「음악요법의 역사와 전망」, 『임상예술』, 12권, 23-25쪽.
51) 정현주(2005), 음악치료학의 이해와 적용, 서울: 이화여자대학교출판부, 236-259쪽.
52) Bruscia, K.(1981), *Case studies in music therapy*. Phoenizville, Barcelona Publishers ; 정현주 (2011), 『인간행동과 음악』, 서울: 학지사.

자연의 한 창조물이므로 소리가 시간과 더불어 변하는 음악은 다양한 자극, 예컨대 음악의 장단이나 음률 등의 모습으로 안정된 상태로의 진정에 대한 욕구를 충족시킨다는 원리에 근거한다.[53]

또한 아리스토텔레스의 카타르시스 원리에 근거 균형의 상실 상태를 맛보는 자율 활동조성 및 촉진으로 해체를 통한 재구축의 회복력을 꾀하는 방법이 있다. 이는 급격한 감정 상태를 경험함으로써 새롭게 균형을 이루는 것으로 아리스토텔레스의 시학 비극론에 근거한다. 즉 그리스시대에 유행했던 사혈의 방법이나 비극적 연극을 보고 비통과 눈물을 흘림으로써 배설에 의한 안정을 꾀하는 것을 말한다.[54]

다른 시각에서 보자면 이는 동질의 원리(Iso)로서 앨트슐러(Ira M. Altshuler)는 자신의 임상적 관찰을 통해 우울한 환자들이 명랑한 음악보다 슬픈 음악에 더 빨리 자극된다는 사실에 입각, 비언어적 교류(non verbal communication)의 수단인 음악을 이용하여 환자를 생리적으로 움직이게 하는 방법을 이야기하였다. 즉 아픈 자의 감정 상태 및 정신의 속도를 파악하여 그와 동일한 음악을 사용하는 것으로서 슬플 땐 더욱 슬픈 곡을 들을 때 오히려 심신의 안정이 찾아지는 원리인 것이다.[55]

그동안 진행되어 온 음악치료 요법으로는 동독의 음악치료자 슈바베의 이완요법과 요가 및 선의 영향을 받아 고안한 조정음악치료(RMT, Regulative Music-therapie)와 학습되지 않거나 잘못 학습된 것을 일정한 훈련과정을 통하여 학습하거나 재학습하는 이미지 유도법(GIM, Guided Imagery and Music)과 같은 훈련 음악치료가 있다.

---

53) 정관호(1994), 『소리의 고향』, 서울: 이가책, 254-256쪽.
54) 무라이 야스지 외 3인 저, 대한음악저작연구회 역(1990), 『음악심리요법』, 서울: 삼호출판사, 15-16쪽.
55) 앞의 책, 47-48쪽.

또한 대상인원에 따라 개인 혹은 집단 음악치료가 있다. 성악, 기악, 즉흥연주를 치료자와 내담자가 함께하는 능동적 음악치료, 듣기가 우선인 수동적 음악치료 등으로 나누어지며 음악 외적인 것을 음악을 통해 치료자와 대상자 간의 관계 확립을 목적으로 하는 관련 음악치료, 치료과정의 음악적 경험을 중요시하는 경험적 음악치료, 행동과학 개념하에 사회적으로 중요하거나 의미 있는 행동에 대해 즉흥연주법과 같은 절차를 후행하는 행동적 음악치료 등 다양한 음악치료 요법을 볼 수 있다.

더불어 대상자의 음악적 기술과 자유로움을 표현케 하는 창조적 음악치료와 대상자의 무의식을 탐구하는 분석적 음악치료,56) 주제를 두고 즉흥연주를 하게 하는 실험적 음악치료, 즉흥연주뿐만 아니라 게임 또는 동작 등과 같은 표현을 장려하는 오르프 음악치료(Orff Music Therapy) 등이 있다.

3. 무용치료의 형성

1) 무용치료의 기초

춤은 태고부터 부족의 생존이라는 가장 중요한 목적을 달성하기 위해서 주술적인 방법으로 사용되었다. 무용에 있어서 원시인들은 그들의 승리를 축하하기 위해서거나 죽음을 슬퍼하기 위해서 그리고 그들의 병든 몸을 치료하기 위해서 자기들에게 감동적인 영향을

---

56) 메리 프리슬리 저, 권혜경 역(2006), 『분석적 음악치료』, 서울: 권혜경음악치료센터.

주는 모든 것을 춤으로 췄다.[57] 춤이 치유로 이르게 하는 황홀경은 제의식 춤의 움직임이 가지고 있는 위력으로 춤이 의식을 뛰어넘어 초탈의 경험을 얻을 수 있는 엑스터시(ecstasy, 탈혼 상태) 현상이 자리하는 데[58] 있다. 이 탈혼[59] 상태의 관점에서 춤에 참가하는 사람들은 일상규범과 정신적 금기에 갇혀 있던 몸을 자유롭게 풀어주고 원하는 대로 표현하도록 허락받게 되는 것이다. 이렇게 무용을 통한 움직임은 원시시대 제의식을 통해서 춤으로 표현되었으며 추어지는 춤(무용)은 질병치료 수단으로 사용되었다.

쿨트 작스의 『세계 무도사』에서의 무용이 문명의 여명기인 선사시대에 얼마나 고도로 발달된 정통을 지니고 정묘함으로 예배를 드렸는지를 「무도부족」을 들어 설명하고 있다. 그만큼 무용의 역사는 길고 우리의 생활과 밀접한 형태로 전승되어 왔다고 해도 과언이 아니다.[60]

고대의 주술의식 등을 통한 치병의식의 무용은 사회발달의 초기 단계를 지배하는 신들에 대한 신비의식으로부터 잠재적인 것에 대한 주관적 감정의 상징화 형태로 나타났음을 볼 수 있다.[61] 또한 그리스시대에는 코레이아 같은 연극적 복합예술의 형태로 무용이 사용되어 보는 이로 하여금 카타르시스로 감정을 해소하게 하거나 실제적 움직임을 통한 신체의 호전을 이야기하기도 했다.

중세에는 보다 구체적인 춤의 형태로 치병의 예를 볼 수 있다.

---

57) Elizabeth Rosen(1975), *Dance in Psychotherapy*, New York: Teachers College, Columbia University Publication, 43쪽.
58) 로데릭 랑게 저, 최동현 역(1994), 『춤의 본질』, 서울: 신아출판사, 142쪽.
59) 김재숙(2005), 「신체동학: 심신 조율 그리고 예술치료」, 『철학연구』, 36집, 424쪽.
60) 수잔 K. 랭거 저, 박용숙 역(1986), 『예술이란 무엇인가』, 19쪽.
61) 정병호(2004), 『한국무용의 미학』, 189쪽.

신 중심의 문화에서 제대로 조명되지 못했던 인간의 억압적인 감정들을 광란적인 죽음의 춤의 형태로 집단적으로 추어 발산하고 해소시킨 예62)가 있다. 16-17세기 이탈리아의 타란토(Taranto) 지방에서 발생한 사건에서 비롯된 도약 춤인 타란텔라만이 거미에 물린 우울증을 치료할 수 있었음이 전해져왔는데63) 현대에 이르러 연구에 따르면 여러 가지로 쌓인 욕구불만이 여름 한 시기에 폭발하여 일어나는 일종의 집단 히스테리로 밝혀졌으며 이에 대해 폭발적인 춤을 통해 사람의 목숨을 구하고 즐거움과 기쁨까지 제공한 무용치료의 사례로 해석되었다.64)

이와 비슷한 예로 프랑스 프로방스의 트리페트 춤은 간질을 치료하기 위해 만들어졌다고 전해진다. 성 마르셀이 간질을 고칠 수 있었기 때문에 잡혔으며 이태리 남부에서도 같은 방식으로 사람들이 특정한 장애를 없애기 위해 춤을 추었다. 트리패트 춤에서 반복적인 리듬으로 뛰는 것이 교회에서 채택되었고, 질병을 고치기 위해서는 때로는 한 시간 정도 걸렸으며 병의 악한 영을 사실상 고쳤다고 한다.65)

그러나 무용이 치료일 수 있는 근거의 이론적 시작은 찰스 다윈의 '인간과 동물의 감정표현에 대하여'란 연구를 통해 생존에 중요한 감정표현인 비언어적 의사소통66)에 대한 행동탐구에서 비롯되었음을 볼 수 있다. 다윈의 표현에 대한 근본원리는 감정의 보편성이

---

62) 배소심, 김영아(2008), 앞의 책, 67-68쪽.
63) 리샤르 포레스티에 저, 김익진 역(2012), 앞의 책, 26쪽.
64) 무라이 야스지(2003), 앞의 책, 36쪽.
65) Allenby Jaffé, Nigel(1990), *Folk dance of Europe*. West Yorkshire, England: Folk Dance Enterprises.
66) Osler, W.(1932), *Aequanimitas*, New York: McGraw-Hill.

인간의 다양한 상황에서 진화한 것으로 효율적인 의사전달 체계의 역할을 한다는 것이다. 이러한 연구는 이후 인간행동에 대한 사회과학적 접근을 낳았고 프로이트의 『정신분석』 및 『히스테리연구』에서 볼 수 있는 인간 행동에 대한 무의식의 이론으로 발전하였다.

무용치료와 관계된 그의 이론에 대한 신체상에서는 신체의 표명으로부터 나오는 감각의 정신적 투사로 자아발달의 근본을 이루고 있으며, 왜곡된 신체상은 자아개념의 혼동과 상실로 이어짐을 설명하고 있다. 이러한 신체에 대한 정신의 연구는 무용치료의 이론적 바탕을 제시하는 융과 아들러에 영향을 미침으로써 무용치료 이론의 바탕으로 나타나고 있다.

한편으로 무용 현장에서는 현대무용의 선구자인 이사도라 덩컨(Isadora Duncan)에 의한 새로운 춤이 시도되었다. 그동안의 도식적이고 인위적인 발레에서 벗어나 토슈즈를 벗고 맨발을 드러낸 채 자연스러운 움직임을 구사함으로써 무용의 새로운 지평을 열었다. 그녀는 지극히 자연스러운 움직임으로 춤에서뿐만 아니라 좀 더 직관적이며 영적인 무용사상을 표방하였으며 무용을 궁극적 삶의 표현으로 이어진다고 보았다. 여성해방운동을 실천한 페미니스트였던 덩컨은[67] 무용을 감정 깊은 리듬에 의해 조정되는 영혼의 표현이라고 생각했다. 그녀는 인간의 감정을 정신이나 영혼과 동일시하였으며 신체에 대해서는 영적인 존재로 조화로운 표현의 수단으로 여겼다. 또한 인간감정을 표현해내는 무용의 즉흥성이 우주에 대한 인간의 기본적 응답으로 보았으며 이러한 응답은 무용이라는 재능으로 부활하여 충만하고 자유롭게 살 수 있는 능력을 회복하게

---

67) 정숙희(1996), 「이사도라 덩컨의 무용사상에 관한 연구」, 『한국체육학회』, 제35권, 419-428쪽.

한다고 보았다. 이처럼 그녀의 자유로운 무용에 대한 관조는 무용치료에서 시도되는 즉흥과 자율성에 대한 기본바탕을 제공한다.

마리 비그만(Mary Wigman)의 경우는 좀 더 다른 측면에서 무용의 역할을 보여준 좋은 예라 할 수 있다. 그녀의 형식을 목적으로 취하지 않는 내면의 혼을 표현하는 무용은[68] 다분히 연극적 요소를 내포하고 있어 무용치료에서 경험에 대한 트라우마를 표현하고 인지함에 용이함을 볼 수 있게 한다. 긴장과 이완이 교체하는 '경련성 운동'이라는 특수한 이론을 발전시킨 비그만은 춤이라는 동작을 표현할 때 충분히 인지할 수 있도록 내부의 경험에서 느껴지는 의미와 그 의미를 전달해주는 표현방법으로 추어야 함을 절대적으로 강조했다.[69]

비그만뿐만 아니라 무용을 창작하고 무용을 묘사하는 것에 대한 패턴의 변화들을 기록하여 체계적으로 무용의 언어를 수행할 수단으로 만든 루돌프 폰 라반(Rudolf Von Laban)과 같은 교사들의 영향은 유럽에서 아주 지대했으며 이후 무용이라는 움직임 이해에 대한 하나의 근본자료가 되었다.

반면, 미국의 무용가 중에서는 데니 숀(Denis Shawn), 마사 그래함(Martha Graham), 도리스 험프리(Doris Humphrey), 머스 커닝햄(Merce Cunningham) 그리고 호세 리몽(Jose Limon)과 같은 이들이 무용치료 형성에 영향을 준 중요한 인물[70]들로 꼽힌다.

비그만과 함께 퍼포먼스를 가졌던 테드 숀(Ted Shawn)은 그의 저서를 통해 예술적 가치로서의 정신적 범위와 신체적 범위를 피력

68) 이경희, 김현남(2010), 「마리 뷔그만의 순수 무용(absolute dance)에 나타난 무용동작치료적 요소」, 『한국체육철학회지』, 제18권 4호, 229쪽.

69) 정의숙, 반주은(2007), 『몸짓의 빛 그 한순간의 자유』, 서울: 성균관대학교출판부, 39쪽.

70) Levy. F.(1988), 앞의 책 및 정의숙, 반주은의 앞의 책 참조 정리.

하며 춤은 단지 운동이나 건강을 단련하는 수단이 아닌 모든 것을 포함하는 월등함을 주장하였다.71) 루스 세인트 데니스(Ruth St. Denis)와 결혼한 숀은 1914년에서 1931년까지 뉴욕에 있었던 데니 숀 학교(Denishawn School)에서 모던 댄스로 이어져 마사 그래함 과 도리스 험프리 등에 영향을 미쳤고 이후 무용치료의 중요 인물 인 마리안 체이스(Marian Chace, 1896-1970)에게까지 영향을 미치 게 되는 것이 그 예이다. 이즈음 데니숀 학교에서의 마리안 체이스 는 연구와 퍼포먼스를 수행하였고 블랑쉐 이반(Blanche Evan)은 버드 라슨(Bird Larson)과 함께 즉흥표현무용을 연구했으며 이들은 훗날 무용치료에 중요한 인물로 자리하게 된다.72)

또한 도리스 험프리는 생리학적, 심리학적 움직임에 대해 끊임없 이 탐구73)하는 등 무용이 치료일 수 있는 근간을 마련하는 연구를 보였다. 더불어 현대무용의 축을 이룬 마사 그레이엄은 '인간의 원 기는 신경중추에서의 시작된 추진력에 의해 온몸으로 호흡에 의해 파급'됨을 이야기하였으며 호흡에서 내뿜을 때 허리는 수축되고 들 이쉴 때 허리는 들어 올려지거나 이완된다고 하여74) 춤이 호흡을 통하여 신체에 어떠한 영향을 주는지를 설명하고 있다.

이들의 사조 바탕에는 정신현상을 성욕으로만 귀착시켰던 프로 이트에 반대하여 신체적 건강은 의식과 무의식이 서로 평행적 작용 에서 이루어지며 서로 분리될 경우 심리적 장애로 이어진다는 융

---

71) 정의숙, 반주은(2007), 앞의 책, 111쪽.
72) 이정숙 외 2인(2013), 「한국의 무용치료 발전과정 및 연구동향」, 『한국체육사학회지』, 18(2).
73) 정의숙, 반주은(2007), 앞의 책, 134쪽.
74) 앞의 책, 12쪽. 본 책자의 무용이 치료일 수 있는 근거로 호흡이 신체의 바른 정렬을 유도함을 이야기하고 있다.

(C. G. Jung)의 심리학적 견해75)와 인간존재에 대한 보편적인 열등감, 무력감과 이를 보상 또는 극복하려는 권력에의 의지, 즉 열등감에 대한 보상욕구를 이야기한 알프레드 아들러(Alfred Adler)의 인본주의적 견해 등이 작용하였다.76)

아들러의 경우엔 이후 그의 연구소에서 블랑쉐 이반, 마리안 체이스, 릴리언 에스파낙(Liljian Espenak) 등이 연구하게 되는 발판이 되기도 한다. 1920년대 빌헬름 라이히는 '신경증적 성격'에서 몸의 긴장이 어떠한 감정 상태의 표현인가를 연구했으며 해리 스텍 설리번(Harry Stack Sullivan)은 사회학적 관점에서 감정과 근육의 긴장 사이의 연관성을 연구하였다. 설리번은 프리다 프롬-라이히만(F. Fromm-Reichmann)과 함께 정신 역학적 정신의학 움직임의 창시자로서 그의 이론들은 무용치료의 초기 선구자인 마리안 체이스에게 지대한 영향을 미쳤다.77)

2) 무용치료의 구체적 접근

무용치료는 철학 및 정신과학의 이론과 시대적 변화에 따른 현대무용의 출현을 바탕으로 기본적 사유의 바탕을 제공받게 된다.

현재 개념의 무용치료에 대한 기틀을 제공한 미국에서 무용/동작치료의 성장은 동부 해안 영역과 서부 해안 영역으로 나누어볼 수 있다. 동부 해안에서는 마리안 체이스, 블랑쉐 에반 그리고 릴리안 에

---

75) 칼 구스타브 융(2007), 『무의식의 분석』, 서울: 홍신; 칼 구스타브 융(2007), 『정신요법의 기본문제』, 서울: 솔. 등에서 참조. '정신은 신체에 의존하고 신체는 정신에 의존 한다' 하여 신체와 정신의 상호작용에 의한 병인을 이야기하였다.

76) 알프레드 아들러 저, 라영균 역(2009), 『인간이해』, 서울: 일빛.

77) 박현옥(1996), 「무용요법이 정신장애자의 자아개념변화에 미치는 영향-무용창작과정을 중심으로-」, 한양대학교 대학원 미간행 박사학위 논문, 20쪽.

스페낙이 있고 서부 해안에는 마리 화이트하우스(Mary Whitehouse), 투루디 스쿠프(Trudi Schoop) 그리고 알마 호킨스(Alma M. Hawkins) 가 있다.[78]

마리안 체이스의 경우 1930년 워싱턴(Washington D.C.)으로 옮겨 자신의 댄스학교를 설립했으며 1940년대 워싱턴에 있는 세인트 엘리자베스(Saint Elizabeth)병원에서 정신질환자와 작업한 최초의 무용치료자로 활동하였다. 체이스는 정신분열증환자들과 진실하고 직접적인 접촉을 시도하는 "의사소통을 위한 춤"이라는 프로그램 작업을 시도하였으며 집단무용으로 상호 간에 감정을 교류시키는 무용극(dance drama)과 같은 요법을 적용하였다.[79]

또한 1960년대 초 그녀는 터틀 베이 음악학교에 DMT(Dance Movement Therapy) 훈련프로그램을 설립했으며 1966년 73명의 회원들로 구성된 미국 무용치료협회를 창립하는 데 주축을 이루었다.

체이스와 같이 동부에서 활동한 즉흥무용을 연구했던 블랑쉐 에반은 1956년 그녀의 작업을 "치료적 창작 댄스"라 부르기 시작했으며 무용치료의 가능성에 대한 첫 번째 정의는 레크리에이션, 무용 체육교육과 건강을 위한 미국연합에 보고에서였다. 1958년 에반은 알프레드 아들러 연구소에서 연구했으며 사회연구를 위한 새로운 학교에서 학생들의 훈련을 시작하였고 1967년 그녀는 뉴욕에서 댄스테라피 센터를 설립했다. 블랑쉐 에반은 척추 교정을 중점으로 신체 회복을 목표로 하는 기본적 기술이라 불리는 움직임 작업체계를

---

78) Levy. F.(1988), *Dance/Movement Therapy; A Healing Art*, The American Alliance for Health, Physical Education, Recreation, and Dance, Association Drive Reston, Virginia.

79) 박현옥(1996), 앞의 논문.

만들었으며 그녀의 아이디어 일부는 인간들이 직립자세는 고유하며 척추가 신체의 움직임 표현 능력을 반영한다는 관찰에서 나왔다.[80]

1920년대 후기 마리 비그만과 함께 움직임을 연구한 릴리언 에스 페낙은 1950년대 아들러 연구소에서 심리를 연구함으로써 인본주의 적용이 이루어졌고 오늘날 케스텐버그(Kestenberg), 램브, 램즈덴, 도사만테스로 이어지는 정신 역동적 자아심리학의 견해 역시 무용 치료에 융해되어 나타나고 있다. 그녀는 1961년 뉴욕 의과 대학에 서 댄스테라피에 대한 첫 번째 대학원 수준의 과정을 가르쳤다.[81]

미국 서부 해안을 중심으로 대표적인 무용치료가인 메리 화이트 하우스는 마리 비그만에게 움직임의 창조성에 대한 가치를 배우고 융학파의 분석심리학을 공부하였으며 1950년대 작업을 시작하여 구조화된 형태의 표면적인 움직임을 강조하였다. 그녀는 논문에서 "인격과 신체 움직임"과 확실한 운동에 대한 기본개념인 "움직임의 실재"에서 움직임 사이를 구별하기도 하였다.

특히나 창의적 과정인 즉흥무용을 이용하는 것이 무의식의 깊은 수준과 관련된다는 개념에 관한 작업을 했다.[82] 미국 서부 무용치 료의 대표적인 트루디 스쿠프는 무용가로서 유럽의 연극적 팬터마 임뿐만 아니라 덩컨, 자크-달크로즈로부터 영향을 받아 개인관찰에 중점을 두며 어떻게 하면 그들이 주위의 더 큰 공동체를 열 수 있 는가를 알아내기 위해 탐구하였다. 다양한 표현을 통해 의사소통으 로 개인을 고립으로부터 자유롭게[83] 하고 이를 훈련하고 유머 감

---

80) Levy. F.(1988), 앞의 책, 44-60쪽.

81) 앞의 책, 61-68쪽.

82) 앞의 책, 70-83쪽.

83) Schoop. T.(2000), Motion and emotion. *America Journal of Dance Therapy*. 22. 91-101쪽.

각의 결과로 환자들과의 상호교류에 있어서 융통성과 유연성을 보였으며 1940년대 캘리포니아에 있는 카마릴로병원에서 DMT 활동을 시작하였다.[84]

1925년 루돌프 폰 라반과 움직임에 대한 연구를 함께한 엄가디 바티니예프(Irmgard Bartenieff)는 라반의 아이디어를 미국에 전파했으며 소아마비 환자들을 처치하는 혁신적인 방법 등을 개발했다. 또한 1960년대 주립병원의 치료연구에서 라반의 움직임 분석을 적용하였다.[85] 엘리자베스 로젠(Elizabeth Rosen)은 Hillside Hospital과 Manhattan State Hospital에서 무용치료 프로그램을 감독하였고 1957년 'Dance in Psychotherapy'라는 첫 번째 댄스테라피 서적을 발간하였다.[86] 알마 호킨스 역시 미국 서부인 UCLA에서 1963년 댄스 치료 교육을 시작했다.[87]

또한 마샤 쉐이드(Maja Schade)는 1969년 뉴욕에 있는 The Dance Notation Bureau의 주디스 케스텐버그(Judith Kestenberg) 박사를 만나 공동 작업하였는데 케스텐버그는 라반계열로서 그녀의 작업은 라반과 바티니에프에게서 시작되고 결합된 것이었다. 그녀의 움직임 프로파일은 라반의 개념을 일부 끌어와 발달이론, 리듬 패턴과 결합하여 발달적 패턴 작업을 하였는데 이는 무용·동작치료의 틀을 위한 기록 가능한 언어와 이론적 기초를 제공하게 될 움직임 안에서 긴장 흐름 리듬들의 체계를 만드는 것이었다.[88] 또한 프란지

---

84) Levy. F.(1988), 앞의 책, 84쪽.

85) 앞의 책, 140-147쪽.

86) 앞의 책, 120-122쪽.

87) 앞의 책, 120-125쪽.

88) 앞의 책, 99-103쪽.

스카 보아스(Franziska Boas)는 뉴욕의 벨레뷔(Bellevu)병원에서의 작업인 "창조적인 춤"과 자신의 아이디어를 다룬 게시물을 출판하기도 하였다.[89]

1966년 73인의 창립자가 모여 설립된 미국무용치료협회는 현재까지 국제 심포지엄 개최로 여러 나라의 다양한 무용치료에 대해 패널들을 통하여 발표하고 있고 활동 사례에 대한 책자를 매년 정기적으로 발간하고 있다. 무용치료는 격변의 20세기 사회적 요인에 의해 시도되었고 무용의 역사와 새로운 심리학에 대한 시도 그리고 사회적 요구에 따라 자연스럽게 하나의 치료 형태로 형성된 것이다.[90]

---

89) 앞의 책, 111-119쪽.
90) 이정숙 외 2인(2013), 앞의 논문, 27쪽.

제2장

무용치료 요소

1. 신체 움직임의 치료적 요소

1) 형식화된 훈련도구로써의 움직임

움직임을 설명할 때 두 가지의 형태로 나누어 설명할 수 있다. 하나는 의도된 움직임 그리고 다른 하나는 의도되지 않은 자연스러운 움직임이 그것이다. 전자의 경우 무엇인가를 작정하고 행해지는 움직임으로써 무용에서는 학습으로 이루어질 수 있는 '기본 동작 따라 하기' 등이며 후자의 경우 마음이 동하는 대로 내적 표현을 할 수 있는 '즉흥적 움직임'이 그것이다.

무용치료는 춤이라는 움직임을 통해 질병이나 장애로부터 신체와 정신을 보다 자유스럽게 하는 목적을 가진다. 춤은 절로 추어지는 것이지 추려고 의도해서 이루어지는 것은 아니며 의도했을 경우 신체의 부자연스러움을 야기하고 이는 곧 경직으로 이어져 치료의 순항이 여의치 않게 된다. 그러한 이유로 지금까지의 무용치료는 즉흥의 움직임에 의한 정신작용이 주되게 인정되어 왔다. 그러나 무용치료를 정신작용에 의한 심리치료의 영역으로 국한시키는 것은 무용의 가장 기본적 요소인 신체의 움직임에 대한 중요성을 간과하는 것으로서 신체와 정신의 통합으로 이루어지는 치료 작용에 대한 모순을 드러낸다.

무용은 신체의 움직임으로 의미를 전달하며 이러한 움직임을 통해 표현이 되고 그러한 표현이 타자와의 소리 없는 대화로 작용하게 된다. 이에 필요한 것은 신체의 감각 및 무용적 메소드의 구성이다. 보다 확장된 의미로서 무용의 요소 구성을 이야기한 굿맨(Nelson Goodman)은 무용 요소를 '전달도구', '의미의 전달방식', '완성된 작품'1)으로 구분해 언급하였다. 무용을 메소드로 하는 무용치료 역시 이러한 무용요소를 바탕으로 해석해볼 수 있다. 무용의 요소 중 실제 움직임을 그려내는 신체는 의미를 전달하는 매개체로서 '전달도구'라 할 수 있으며 무용치료에 있어 신체의 움직임은 인간의 외적 표현을 통해 내면 표출로 이어지게 한다. 실제적 움직임을 창조하거나 실현해내는 과정에서 무용치료의 대상자는 자신 내면의 표출로 원활한 신체 및 정신적 사고를 할 수 있게 되는 것이다. 그러므로 무용치료의 직접적 요소에 대하여 중요한 작용은 '전달도구'인 신체의 움직임이며 치료에 있어 매우 중요하다.

신체 움직임 수련에 대하여 추찰해보면 고대 그리스의 아리스토텔레스는 미덕학습론을 통하여 신체의 움직임 교육에 의한 인간형성을 주장하였으며 그에 의하면 미덕의 습관은 인간 움직임, 인간적 수련의 참가를 통해서만 습득된다고 하였다.2) 서양에서뿐만 아니라 신체 운동을 통한 인간형성의 예는 우리나라에서도 1,500년

---

1) 권윤방(2003), 『무용학개론』, 서울: 대한미디어, 21쪽.
2) 이진수(2001), 『한국체육사상사』, 서울: 한양대학교 출판부, 44쪽.

전의 신라의 화랑교육3) 등에서 볼 수 있다. 몸을 단련시킴으로써 마음을 정념하게 함은 몸과 마음의 조화로운 전인교육에 신체 운동이 이용되고 있음을 이야기한다. 역사적으로 신체 움직임에 대한 학습을 이야기하는 것은 그만큼 신체의 움직임이 중요하다는 것을 의미하며 교육을 통한 인간 형성 기여에 의도적인 신체 훈련이 얼마나 필요한가를 이야기하는 것이다.

춤은 일종의 비언어적 의사소통(non-verbal communication)의 매체이다. 그동안 신체 움직임은 사고 작용이 없는 열등한 신체가 하는 것이라는 이분법적 사고가 팽배했기 때문에 언어적 소통보다 열등한 것으로 여겨져 왔다. 사고는 언어를 통해서만 생기고, 인간의 사고는 언어와 함께 합리성이 결부되어 있다고 보는 관점이다. 이런 선입관은 언어를 합리적으로 구성해내는 능력이 정신의 우월성을 보증하는 것이라는 생각에서 비롯된 것이다.4) 그러나 움직임은 사고보다 앞서간다. 삶이란 살아 있는 상태, 즉 살아 움직여야 생각도 하고 진화도 이루어지는 것으로 삶이 형이상학에서 출발하지 않고 현존에서 출발하기 때문이다. 그러므로 춤은 일차적으로 인간 신체의 움직임(bodily movement)을 통해 이루어지며 동작을 기표로 의미를 드러내 타인과 소통한다는 점에서 넓게는 신체동학(kinesiology, kinesics)의 대상이 된다.5)

우연히 혹은 무의식적으로 얻은 영감은 움직임 연습을 통해 창조과정의 추진력을 얻는다. 그런 의미에서 무용이라는 신체적 훈련은 영감의 순간을 지속적인 활동과 연결하여 핵심적 통합을 이루게 한다.

---

3) 앞의 책, 71쪽.
4) 김재숙(2005), 앞의 논문, 431쪽.
5) 앞의 논문, 421-422쪽.

그러하기에 춤을 추는 이는 근육이 아프고 숨이 가빠도 연습을 계속하게 되는데 이러한 열정은 의무감에서 오는 것도, 죄책감에서 오는 것도 아닌 스스로의 성취에 대한 동기로서 내적인 보상을 준다.6)

무용이란 메소드를 통해 치유로 이루어짐에 있어 해부학적 구조에 따른 신체의 움직임의 훈련은 보다 자유로운 신체 활용으로 이어져 깊은 내면의 움직임을 표현하게 할 수 있으며 이렇게 이루어진 움직임일 때만 전체적 치유로 이를 수 있게 된다. 물론 지금까지의 무용치료는 환자의 감응을 나타내는 즉흥의 움직임의 중요성이 대두되어 왔다. 그러나 무용치료는 무용이라는 표현을 바탕으로 하고 있고 무용은 신체의 움직임으로 이루어지기에 정형화된 움직임의 반복적 수행 상태에 의한 신체 훈련은 꼭 필요한 필수 요소라 말할 수 있다. 움직임은 수행하는 자의 움직임에 대한 경험적 가동범위에서만 표현이 가능하기 때문이다. 그러므로 보다 심층적 치료로 이어지기 위해선 필수적으로 신체적 움직임에 대한 훈련이 필요하며7) 무용치료의 두 가지 양태에서 움직임으로 무용치료 대상자 스스로 움직이는 무용형식인 즉흥의 중요성뿐만 아니라 준비단계(warm up)와 같은 형태의 형식화된 훈련도구로써 움직임 역시 중요하다.

2) 예술작품으로써의 움직임

무용은 움직임 그 자체가 하나의 예술작품이다. 여기에서 예술작품을 매개로 생성되는 치료사와 환자의 관계형성 본질에 있어 작품을 감상하느냐 혹은 만드느냐에 따라 치료에 대한 해석이 달라질

---

6) 스티븐 나흐마노비치 저, 이상원 역(2008), 『놀이·마르지 않는 창조의 샘』, 서울: 에코의 서재, 99쪽.
7) 김재숙(2005), 앞의 논문, 425쪽.

수 있다. 작품을 감상하는 경우 감상자의 입장에서는 두 종류의 태도로 나누어지는데 하나는 감상자가 작품을 형태적 차원에서 파악하는 태도이며 또 다른 하나는 직접 예술작품을 표현하는 것으로 치료의 목적에 다다르는 것이다. 전자의 경우 감상자는 미학적 목적과는 관계없이 만들어진 작품을 예술이라고 간주할 수도 있으며 이때의 감상기준은 지극히 개인적으로 감상자가 소통의 과정까지 경험하는 것은 아니다.8) 무용공연 등에서 카타르시스를 통한 힐링(Heeling)의 상태를 맛보았다고 해서 그것이 완전한 무용치료라 할 수 없는 이유는 여기에서 기인한다.

다른 한편으로 무용을 통한 표현력은 신체의 움직임이 주가 되고 신체는 정신적 작용에 의해 이루어진다. 그것은 감상하는 것을 넘어서 직접 신체적 움직임을 실행하고 그에 따른 변화, 즉 신체 및 정신의 향상성을 가지는 것이다. 춤은 '몸'이 아니라 '몸의 움직임'을 보는 것이다. 신체로 표현되는 스스로 만들어진 움직임은 사고와 신체적 움직임의 병행적 수행이다.

그러나 직접적인 예술작품을 만든다고 해서 완전한 치료에 이른다고 하기에도 어려움이 수반된다. 그것은 무용이 가지는 근본적인 예술 지향성에서 기인하기 때문이다. 단순히 동작을 통해서만 치료로 이루어지는 것은 재활치료에서의 움직임과 다를 바 없는 해석으로 무용의 예술적 기반을 염두에 두지 않은 해석이라 할 수 있다. 모든 예술이 표현이라고 하여, 모든 표현이 예술은 아니듯이9) 예술적 지향을 내포하고 있을 때만 예술적 움직임이라 이야기할 수 있다.

---

8) 리샤르 포레스티에 저, 김익진 역(2012), 앞의 책, 46-47쪽.
9) 한병철 저, 김태환 역(2012), 『피로사회』, 서울: 문학과 지성사, 33쪽.

무용의 움직임은 예술적 표현이므로 무용치료의 포괄적 개념은 무용이라는 예술적 행위와 그 전반의 모든 것들을 포함한다. 그러므로 심신을 조율하고 몸과 마음의 통합을 경험하는 것은 단순히 움직임으로만 이루어지는 것이 아닌 무용이라는 예술적 표현과 움직임 안에 무용의 메소드가 묻어날 때만이 무용치료라 할 수 있다. 즉 표현으로 이루어지는 예술작품 감상과 스스로 이루어지는 신체 움직임인 무용이라는 예술적 표현이 보다 완전한 치료에 다다르게 하는 것이다.

3) 즉흥 움직임

춤은 신체의 움직임을 매개로 하는 예술 형태이지만 그러한 신체의 움직임을 조절하고 이루어지게 명령하는 것은 신체구조에 있어서는 뇌의 작용이며 정신적 작용이라 할 수 있다. 단순히 신체를 움직인다는 것에 그치는 것이 아닌 그러한 움직임을 일으키는 내면 세계와의 감응에 일치되어 동작으로 이루어진다.[10] 내면의 세계와 감응은 신체가 어떤 느낌을 받고, 그것에 이어 마음이 따라 움직이는 것을 말하는 것으로 이러한 움직임을 즉흥움직임이라 표현한다.

즉흥은 미리 계산된 의도 없이 처해진 상황에서 일어나는 감흥 또는 그러한 기분을 이르는 것으로서 움직임에서의 즉흥 역시 의도되지 않은 감흥에 대한 신체의 표현 및 반응인 것이다. 춤으로써 이루어지는 즉흥의 동작(dance movement)은 신체에 대한 관점을 바꾸고 잘못된 마음의 상태를 바꾸게 할 수 있는 방법들 중 하나이

---

10) 김재숙(2005), 앞의 논문, 422쪽.

다. 왜냐하면 춤은 신체의 움직임을 매개로 하는 예술 형태이지만 단순히 신체를 움직인다는 것에 그치는 것이 아니라 그러한 움직임을 일으키는 내면세계와의 교감 내지 일치에 따라 춤, 동작이 표현되어 나오는 것이기 때문이다.

우리가 무엇을 이루고자 목적을 가지고 움직임이 이루어질 때 그것은 이미 우리의 내면 안에서 의도되는 것으로 신체는 그 의도에 따라서 움직임이 이루어진다. 이때 의도는 목적에 대한 의식으로서의 움직임으로 다분히 강박을 내포할 수 있다. 그러나 즉흥의 움직임은 같은 내면에 대한 감응일지라도 의식 속의 의도가 아닌 무의식에서의 발로되는 움직임이라 할 수 있다. 춤을 통한 즉흥의 움직임은 무의식에 작용으로 이어지고 이는 일상에서 인식하지 못했던 몸에 대한 '알아차림'의 기회를 제공한다. 다시 말해 춤이라는 예술 행위는 서서히 그러나 민감하게 몸에 집중하게 하고, 자신의 느낌과 연결시킬 수 있게 하는 수단으로 작용하며 그리하여 자신의 몸과 정서, 마음에서 일어나고 있는 것들에 대한 생생한 자각을 더 의도적으로 담아낼 수 있게 된다. 그 과정을 거친 춤으로 인해 우리 몸 안 각 부분에서 일어나고 있는 것을 목격하는 능력과 자각능력을 계발할 수 있는 것이다.[11]

무용을 통한 무용극은 손짓·몸짓·얼굴짓으로 표현하는 무언극으로 여기에서 춤은 '무언의 신체적 로고(implicit bodily logos)'[12]라 할 수 있다. 빌헬름 라이히(Willhelm Reich)는 이러한 신체의 자세, 제스처, 동작은 적개심이나 성욕, 불안감 등을 막아내는 '방어적 무

---

11) 김재숙(2005), 앞의 논문, 437쪽.
12) 앞의 논문, 432쪽.

장'이라고 했다. 그는 억압된 정서와 정신적 경직성이 만성적 근육 긴장과 근육경련으로서 이어지고 신체에 축적된다는 '근육갑옷'[13] 개념을 제기했다. 근육의 갑옷과 같은 경직의 상태는 신체와 정신에 피드백(feedback)되어 더더욱 움츠리게 하는 결과를 나타나게 한다.

또한 크리스틴 콜드웰(Christine Caldwell, 2007)은 신체가 자신이 알지 못하는 어떤 기억을 간직하고 있는 것은 몸에는 자신이 스스로를 care, 즉 돌볼 수 없었던 어린 시절의 충격과 상처가 몸에 저장되어 있기 때문에 몸을 혐오하게 되고 감각을 잃어버리게 된다.[14] 이러한 의식과 신체의 경직 상태에서 무용치료의 움직임이 앞에서 말한 방어적 무장의 역할을 하는 것이다.

특히나 그러한 상태에서 표현되는 움직임은 도식적이거나 관행적이지 않은 자연적 움직임이 훨씬 더 용이하다. 그러한 면에서 대표적 무용치료자인 메리 화이트하우스는 자연발생적이고 계획 없이 일어나는 움직임의 표현들을 내적으로 깊이 경청하는 과정으로 진정한 움직임[15]이라 하여 즉흥움직임을 이야기하였다. 무용이라는 신체의 즉흥적 움직임은 의식을 배제한 진정한 움직임으로 억압된 정서와 정신적 경직성 등에 작용하여 움직임을 통한 내면의 표출로 이어진다 말할 수 있다. 이러한 진정한 움직임이 곧 콜드웰이 이야기한 유년의 내적 트라우마나 정신적 라이히의 경직 상태로 야기된 '근육갑옷'을 제거할 수 있게 하는 것이다. 즉흥은 실제 임상치료에 많이 활용되었으며 무용치료를 심리치료로 개념 되게 하는 역할을 하게 했다.

---

13) 빌헬름 라이히 저, 윤수종 역(2005), 출판사: 그린비.

14) 콜드웰 저, 김정명 역(2007), 『몸으로 떠나는 여행』, 파주: 한울.

15) 조앤 초드로우 저, 임용자 외 역(2003), 『춤동작치료와 심층심리학』, 서울: 물병자리.

2. 호흡에 의한 치료성

무용은 움직임이란 형태를 취하며 이루어지는 예술로 춤의 가장 기본적 특성은 움직임이다. 생각하는 것이 인간이 가지는 가장 큰 특징이라 할지라도 인간은 움직임을 전제로 살아 있는 존재임을 말할 수 있다. 모든 움직임의 정지 상태, 그것은 죽음을 뜻하기 때문이다. 인간 생명은 심장의 움직임에서 시작되며 춤은 이러한 심장의 움직임, 즉 살아 있는 존재에서부터의 시작이다. 살아 있는 상태를 대변하는 움직임은 심장의 팽창, 수축의 움직임을 말함이며 그러한 심장의 움직임은 호흡에 의해 가능하고 호흡은 폐를 위시한 호흡기관에서 이루어진다.

호흡(呼吸)은 숨을 들이마시고 내쉬는 연결과정을 말하는 것으로서 들이마시는 숨인 흡식과 내쉬는 숨인 호식으로 나뉜다.16) 호흡은 산소를 흡입하고 이산화탄소를 배출하는 것을 의미하며 생물학적으로는 생체에 에너지를 공급하는 산화환원반응으로 정의할 수 있다. 호흡을 들이마시면 폐포 내압이 대기압보다 낮아져서 공기가 폐로 들어가는데 폐포 내압과 대기압이 같아질 때까지 흡식을 하게 되며 기관지를 통해서 들어온 공기는 수억 개의 폐포로 들어가 산소를 흡수하고 이산화탄소를 배출하는 데까지 호식을 하게 된다. 호흡의 기능은 코, 인두, 기관, 기관지, 폐, 흉곽과 횡격막17) 등에서 수행되고 이 중에 폐는 직접적으로 호흡작용에 관여하는데, 산소를 혈액에 공급하고 이산화탄소를 내보내는 역할을 한다. 호흡은 인체에 산소를

---

16) 박인국(2004), 『생리학』, 서울: 라이프사이언스, 360쪽.

17) 횡격막(diaphragm)은 복강과 흉강을 가로막는 막상근성의 막으로 무용에 있어 호흡을 설명할 때 횡격막에 대한 사용법이 다수 회자된다.

공급하여 생명을 유지하게 하는 생존에 아주 중요한 역할을 한다.

호흡이 이루어지는 기관은 폐로서 폐는 흉강에서 가장 큰 장기이며 이러한 폐는 흉곽·늑간근·횡격막 등과 생리적으로 호흡에 관여하고 있고 복근과도 연계된다. 흉곽에서 호흡운동에 중요한 역할을 하는 것은 각 늑골 사이에 부착되어 있는 외늑간근과 내늑간근이다. 외늑간근은 늑골을 끌어올려서 흉곽용적을 크게 하여 공기를 폐 속으로 들이마시게 하는데 무용수행에 있어 횡격막을 끌어올리라는 표현은 바로 이러한 작용을 말하는 것이다. 또한 내늑간근은 늑골을 아래쪽으로 끌어내려 흉곽을 좁게 하여 폐 속에 있는 공기를 내보내도록 한다.[18)]

호흡은 외호흡과 내호흡으로 이루어진다. 외호흡은 폐(폐포)와 그를 둘러싼 모세혈관 사이에서 산소와 이산화탄소의 분압 차에 의한 기체교환으로 공기 중으로 이산화탄소를 내보내고 산소를 받아들이는 작용을 말한다. 즉 우리가 일반적으로 코나 입으로 숨 쉬는 것을 호흡으로 보는 경우이다. 그리고 이때 기체교환은 분압이 높은 곳에서 낮은 곳으로 이동하는 확산에 의해 이루어진다. 내호흡은 세포호흡이라고 하는데 폐(폐포)에서 받아들인 산소를 혈액 속의 헤모글로빈이 세포 내 미토콘드리아로 운반해주면 미토콘드리아에서 산소를 이용하여 포도당과 같은 영양분을 분해시켜서 에너지를 얻는 작용을 말한다. 이때 포도당은 물과 이산화탄소로 분해되고 세포 내 모든 활동에 필요한 에너지가 생성되어 생물체의 기능이 유지된다.

즉, 우리가 음식물을 먹는 이유는 에너지를 얻기 위함인데 이러한 에너지들은 탄수화물·지방·단백질과 같은 영양소들이 미토콘드리

---

18) http://terms.naver.com, 2013년 11월 14일, 생리학 호흡에 대한 정리의 글.

아에서 산소를 이용한 산화과정에 의해 생기게 된다. 따라서 이 내호흡을 진정한 의미의 호흡이라 할 수 있다. 그리고 여기에서 생성된 이산화탄소는 혈액을 통해 이동하다가 폐포의 모세혈관에서 기체의 분압 차에 의한 확산에 의해 폐포로 내보내지게 된다. 또한 산소를 필요로 하는 호흡을 유기호흡이라고 하고 산소 없이 일어나는 호흡을 무기호흡이라 한다. 무용이라는 움직임은 호흡에 의해 이루어진다.

무용의 호흡, 움직임, 자세 등은 신체자각을 이루게 하고 작업하는 기술들에 기반한 이런 모든 접근법은 신체와 마음을 통합하기 위해 사용되고 있다.[19] 몸의 회복은 감각 각성에서부터 시작된다. 춤을 통한 움직임은 몸의 느낌에 대하여 인식을 할 수 있도록 해주며 무용은 단계적 익힘에 따라 신체적 움직임에 대한 가동범위를 넓게 할 수 있다. 무용에서 구체적으로 호흡하게 하고 움직임을 수행하게 하여 감각을 일깨우는 심호흡의 연습은 신체를 강렬한 느낌의 수용체가 되게 하며 기계적인 하나의 구조로만 보는 것에서 벗어나 신체의 움직임에 귀 기울이게 되는 태도를 가지게 한다.

무용에서의 호흡은 막혀 있는 몸의 지점에 에너지를 채워주는 것을 의미하며 호흡작업은 움직임을 바탕으로 하는 모든 운동에서 없어서는 안 될 필수요소이다. 즉 지각과 생동감으로 움직인다는 것은 몸의 각 부분을 호흡으로 채우는 것을 의미한다.

무용은 동작에 따라 호흡을 빠르게 혹은 느리게 할 수 있는 최적의 운동이다. 무용에서 호흡을 느리게 하는 것은 느린동작 수행 시 볼 수 있는데 이는 폐의 용량을 확장시키고, 에너지를 흐르게 하기 위해 사용된다. 호흡으로 몸 안에 혈기(血氣)가 끊임없이 순환하고

---

19) Susan M. Aposhyan(2004), *Body-mind psychotherapy*, W.W Norton & Company, N.Y., 15쪽.

빠짐없이 고루 퍼짐으로써 사람의 생명이 유지되게 하는 것이다. 혈기가 '기혈(氣血)'이라고도 불리는 사실을 보면, 혈(血)과 기(氣)를 합한 호칭이나 양자가 완전히 별개의 존재는 아니다. 인체의 생리 기능을 담당하는 기혈 영위는 경락을 통해 몸 안을 빠짐없이 순행[20]하는데 호흡은 이러한 순행의 기본적 몸 치료 시스템의 주요 부분으로 신체를 에너지화(energize)한다. 이와 같은 개념은 다양한 문화에서 찾아볼 수 있으며 각기 다르게 불리지만 인간을 초월적 힘과 통과해 용기 혹은 통로로 본다는 점에서는 같다.

> 중국과 일본에서는 기(氣)로, 인도에서는 쿤달리니(kundallini)와 프라나(prana)로, 폴리네시아에서는 마나(mana)로, 이로쿼이(Iroqui)와 앨곤퀸(Algonquin) 주민에게는 오렌(orendé)과 마니투(manitu)로, 아프리카계 브라질인 콘돔블레(condomblé) 종파에서는 악세(axé), 중동의 수피교도에게는 바라카(baraka)로, 파리 시내에서는 엘랑비탈(elan vital)[21]로 이 힘은 각각의 처해진 문화에 따라 다양한 훈련과 연습에 의해 강화될 수 있으며 예술치료 그리고 종교의 기본 요소가 된다.[22]

무용과 같은 움직임의 훈련을 통해 몸의 감각 열기와 호흡이 수반되어 하나의 에너지로 생성될 때 신체는 감응하기 시작한다. '감응'이란 의식을 넘어선 무의식의 상처 주변에 자신이 세운 정교한 방어선의 일부가 소멸되는 것으로 눌려 있던 상태를 발화하게 하는 작용을 하는 것이다. 무용에서 이루어지는 호흡은 에너지의 흐름을

---

20) 마루야마 도시아끼 저, 박희준 역(1989), 『기(氣)란 무엇인가(논어에서 신과학까지)』, 서울: 정신세계사, 113-114쪽.

21) 프랑스의 철학자 베르그송의 이른바 '생의 철학'을 이루는 근본개념. '생명의 비약'이라고 번역된다. 끊임없이 유동하는 생명의 연속적인 분출을 뜻하며, 모든 생명의 다양한 진화나 변화의 밑바닥에 존재하여, 그 비약적 발전의 추진하는 근원적 힘을 말한다.

22) 스티븐 나흐마노비치 저, 이상원 역(2008), 앞의 책, 51-52쪽.

몸 중심에서부터 북돋우고 활력을 있게 하여 '몸 알아차리기'에 기여한다. 여기에서 알아차림은 스스로에게 일어나는 것으로 신체의 에너지화를 가져오는 흐름이 우리를 통과해 형성되지만 소유하지는 못하는 것으로서 나태, 나쁜 습관, 두려움 때문에 그 흐름이 막혀버리기도 한다.[23] 즉, 이러한 에너지화는 옳고 그름 혹은 좋고 나쁨의 판별개념이 아닌 선과 악 모두에 쓰일 수 있으며 스스로의 의지에 의해 만들어지기도 하고 소멸하기도 한다. 몸의 알아차림에서 호흡의 역할을 말한 바티니에프는 자신의 몸을 제대로 인식하게 할 수 있는 첫 번째 요인을 호흡이라고 강조했다.

우리가 살아가기 위해 필요한 숨쉬기로서의 일반적인 호흡과 무용에서의 호흡은 다분히 차이점을 내포한다. 생존을 위한 호흡이라는 개념에 있어서는 동일한 의미를 지니나 무용에서의 호흡지지는 단순히 호흡하는 것과 다른 개념으로 들이쉬는 들숨(inhale)과 내쉬는 날숨(exhale) 그리고 호흡을 머금고 있는 상태의 멈춤숨의 활용을 통해 자연발생적인 호흡에서 좀 더 강화된 호흡법이라 할 수 있다. 또한 보다 더 깊고 정교한 호흡인 무용에서의 호흡은 힘(weight)·흐름(flow)·시간(time)·공간(space)의 통합적 작용인 에포트로서 내적 충동을 일으킨다. 이러한 내적 충동은 의식의 지각, 즉 무의식의 세계에 대한 인식을 하게 되는 것[24]으로서 호흡으로 이루어지는 지각(awareness)은 우리 자신을 자유로운 상태로 만드는 기회를 갖게 한다. 이러한 무의식의 확장은 자신의 역량에 대한 이해로 자존감 및 자신감을 갖게 하는 하나의 역할을 한다.

---

23) 앞의 책, 52쪽.

24) 조은숙, 이경희(2009), 「신체재교육을 위한 바티니에프 기본원리」, 한국무용예술학회, 제27권, 167쪽.

몸의 '알아차림'인 '신체지각'은 우리 사회에서 무의식적인 억압에 대한 인식과 스트레스 등으로 인한 우리의 몸의 상실에 대한 알아차림으로서 자신을 파악하게 되어 건강한 정신과 신체를 도모할 수 있는 몸의 '바른 정렬'을 가져오게 한다.[25] 그리하여 무용을 통한 몸의 바른 정렬은 움직임에 있어 동작의 효율적 수행이 이루어지게 한다. 더불어 자신의 몸, 즉 정신과 신체가 분리된 것이 아닌 하나의 통합된 몸을 인식하는 데 있어서 매우 중요한 요인으로 작용한다.

3. 몰입과 신명의 치료성

몰입(沒入)은 깊이 파고들거나 빠지는 상태를 이르는 말로서 무엇인가를 탐닉하고 몰두하는 것을 뜻한다. 몰입을 미하이 칙센트미하이(Mihaly Csikszentmihalyi)는 Flow[26]로 설명하였으며 몰입했을 때의 느낌을 '물 흐르는 것처럼 편안한 느낌', '하늘을 나는 자유로운 느낌'으로 시간을 초월하게 한다고 하였다. 몰입(flow)은 심리적 엔트로피의 정반대 개념인데, 이런 까닭으로 네겐트로피(negentropy: 'neg'는 '반대의'라는 뜻)라고 불리기도 한다.

몰입 상태를 경험하는 사람은 그의 심리적 에너지가 자신이 선택한 목표의 성공적 수행을 위해 대부분 사용되기 때문에 더 강하고 자신에 찬 자아를 형성한다. 그의 최적 경험(optimal experience)과 관련된 연구 결과는 몰입이 각 개인의 삶에 어떤 영향을 주는지 알

---

25) 앞의 논문, 175쪽.
26) 미하이 칙센트미하이 저, 최인수 역(2010), 『Flow: the psychology of optimal experience』, 서울: 한울림.

게 해준다. 최적 경험이란 의식이 질서 있게 구성되고 또한 자아를 방어해야 하는 외적 위협이 없어서 우리의 주의가 목표만을 위해 자유롭게 사용될 때를 말한다.[27]

어떠한 일 혹은 문제점에 대해 계속 생각하게 되면 머릿속이 온통 그 문제로 가득 채워진다. 그리고 일상의 기억들은 잊혀 인식하지 못하게 된다. 이런 상태가 되면 사람이 품을 수 있는 최대한의 소망과 열정이 만들어지는 것이며 문제를 해결할 수 있게 되는 것이다.[28] 그러므로 몰입을 하면 몇 시간이 한순간처럼 짧게 느껴지는 시간 개념의 왜곡 현상이 일어나고 자신이 몰입하는 대상이 더 자세하고 뚜렷하게 보여 몰입의 대상과 하나가 된 듯한 일체감을 가지며 자아에 대한 의식이 사라진다.

특히나 예술가나 스포츠 선수의 경우 작업이나 운동의 수행을 할 때 다른 모든 것을 잊고 집중하는 모습을 보인다.[29] 이는 자신이 하고자 하는 일에 보상을 바라지 않고 자신의 육체적, 정신적 에너지를 자연스럽게 소모시키는 과정이다.

미하이 칙센트미하이는 그의 '록댄스(Rock Dance) 몰입 경험의 측정'에서 사람에 따라 육체적 운동, 사람들과의 만남, 이성과의 관계 등의 외적인 보상 때문에 록댄스에 매료되긴 하지만, 록댄스의 일차적 동기는 대체적으로 자기 목적이라고 하였다.[30] 또한 암벽등반의 경우의 예에서도 마찬가지로 아무런 보상도 주어지지 않음에도 목숨을 건 위험한 도전을 반복하는 이유는 그들이 암벽을 타고 오르

---

27) http://www.koreanpsychology.or.kr, 2014년 4월 16일.

28) 황농문(2011), 『몰입-두 번째 이야기』, 서울: 랜덤하우스코리아, 95쪽.

29) 권석만(2008), 『긍정심리학-행복의 과학적 탐구』, 서울: 학지사.

30) 미하이 칙센트미하이 저, 이삼출 역(2000), 『몰입의 기술』, 서울: 더불어책, 189쪽.

는 동안 느끼는 긴장감 있는 고요함 때문이며 목표를 성취했을 때 얻는 희열로서 자기 목적적이라고 하였다.[31] 이는 도전으로의 고요한 상태의 몰입, 즉 'Flow' 상태를 이야기하는 것으로 몰입에 의해 이루어지는 것은 목적을 위해서가 아닌 행위 그 자체로만으로 충분함을 가지게 하며 자연스러운 에너지를 소모하게 함을 이야기한다.

그러한 에너지의 소모는 마치 쇠를 담금질하여 강하게 만들거나 돌을 깎고 다듬어 조각 작품을 만들어내는 것으로 최적의 자연스러운 에너지의 발산이라 할 수 있다. 이와 반대의 경우, 즉 다른 사람으로부터의 보상인 타인의 평가를 의식하거나 물질적 보상을 기대하는 자연스럽지 못한 의도된 에너지와는 오히려 피로와 스트레스를 갖게 한다. 이러한 부자연스러운 에너지는 무엇인가를 이루어야 한다는 강박으로 이어져 오히려 사고를 경직되게 하고 더불어 신체마저 부자연스러운 움직임으로 이끌게 한다. 자연스러운 에너지화로 이어지는 스스로의 몰입은 자신이 하고 싶을 때 자발적으로 이루어져야만 생성 가능한 에너지인 것이다.

이와 마찬가지로 무용은 행위 자체가 목적일 뿐 그러한 행위로 여타의 산출물을 목적하지 않는다. 그러므로 몰입으로 이루어진 춤은 자연스러운 에너지의 발산이며 몰입에 의한 만족 상태로 하고자 하는 것을 성취하게 하는 효과적인 방법[32]이다.

스스로 좋아서 하는 일일 때 몰입이 가능한 것으로 우리는 기쁠 때 저절로 춤이 추어진다고 한다. 이는 무용의 자발성을 이야기하는 것으로 스스로 움직이고 싶어지게 하는 무용에서의 몰입은 그러

31) 앞의 책, 167-170쪽.
32) 황농문(2011), 앞의 책, 40쪽.

한 의미에서 질병이나 장애를 극복하거나 완화하게 한다. 움직임으로써 통증을 잊게 하고 견딜 수 있는 힘을 제공하는 것이다.

무용이란 시각 예술은 몰입의 기술을 개발시킬 수 있는 최적의 훈련일 수 있으며 그러한 훈련에 의해 훌륭한 예술작품이 만들어지기도 한다. 그러나 그와 같은 최적의 훈련만이 강력한 'Flow' 경험을 제공하는 것은 아니며 능숙하지 않아도 몰입에 의한 표현은 가능하다. 모든 동작을 취할 때 호흡과 일치하고 자극이 미치는 부위에 의식을 집중함으로써 몰입에 다다르며 그러한 표현은 즐거움을 주어[33] 치료에 이르게 할 수 있다.

몰입은 강제하지 않는 환경, 즉 자발적 상태에서 가능하며 행위와 인식의 융합이 일어나며 이러한 몰입의 상태에서는 자아 및 환경 그리고 시간에 대한 인식의 변화가 이루어진다.

몰입의 상태에 들어가기 위해서 각각의 개인은 일정 수준의 경험, 숙련도 그리고 도전에 적합한 조건을 갖추어야만 한다.[34] 자발적 신체의 움직임으로 이어지기 위해서는 즉흥의 움직임뿐만 아니라 숙련으로 이어지게 하는 경험과 훈련이 필요한 것이다. 그러므로 규칙적이고 땀 흘리는 것인 운동은 매일 규칙적으로 하는 것이 중요하다.

우리는 긴장으로 이어져 신체나 정신에 무리될 때 마음을 내려놓으라는 말을 한다. 이는 긴장하지 않은 이완의 상태를 말하며 호흡을 통한 무용의 수행은 그러한 평화로운 정서를 만들어준다. 명상(meditation)의 상태에서는 긍정적 화학물질이 분비되는데 명상 역시 호흡을 기본으로 수행되기 때문이다. 이러한 긍정화학물질은 세

---

33) 미하이 칙센트미하이 저, 최인수 역(2010), 앞의 책, 201쪽.
34) 미하이 칙센트미하이 저, 이삼출 역(2000), 앞의 책, 169쪽.

로토닌, 멜라토닌, 그리고 가바[35])와 같은 신경전달물질로서 성과에 집착하지 않게 하며 집중을 잘되게 하고, 불면증의 감소 및 스트레스가 해소되고, 행복한 감정을 유도되게 한다.[36])

표 1. 파탄잘리요가 8단계[37])

단계	요가법	이름
1	삼감(금계)	야마(Yama)
2	권함(권계)	니야마(Niyama)
3	자세(체위법)	아사나(Asana)
4	호흡조절 및 통제(조식법)	프라나야마(Pranayama)
5	감각통제(제감법)	프라치아하라(Pratyahara)
6	집중법	다라나(Dharana)
7	명상(정려: 명상법)	디아나(Dhyana)
8	초월(삼매법)	사마디(Samadhi)

몰입을 설명할 수 있는 신체 단련법 중 고대 동양의 방법 중에서 가장 오래된 요가의 수련법인 파탄잘리요가 8단계[38])를 들 수 있다.

수련법의 단계를 보면 처음엔 행하고자 하는 마음을 갖기 위해 심신의 주변을 정리하는 단계로 하지 않아야 하는 금하는 것과 해야 할 것인 권하는 것을 이야기하고 실천적 의지의 표출인 자세를 행하게 되는데 호흡으로 조절하여 몰입에 이르게 함을 볼 수 있다.

---

35) gamma-aminobutyric acid의 약자. 아미노산 신경 전달 물질로서 억제성 시냅스 후 전위를 일으킨다. 글루타민산, 글라이신과 함께 포유류의 중추 신경계에서 가장 일반적으로 쓰이는 신경 전달 물질 중 하나이다.

36) 앞의 책, 119쪽.

37) 이승용(2007), 『음양요가』, 서울: 홍익요가원, 84쪽.

38) 브리태니커백과사전. Eliade(1969), Yoga Immortality and freedom. Princeton University Press. 요가 수트라(YOGA-SUTRA)는 요가학파의 최초 경전으로 총 4장 195경구로 되어 있으며 파탄잘리가 지었다.

또한 서양의 경우 성 베네딕트와 성 도미니크가 제정한 초기 수도사들의 일과와 로욜라의 성 이그나시우스가 주창한 '영적 훈련'이 일정한 정신적, 육체적 일과를 통해 주의력을 통제하는 방법을 제시했는데 이 또한 요가와 유사하다 할 수 있다.[39] 파탄잘리 여덟 단계는 정신을 직접적으로 통제하려는 노력을 시도하기 전에 우선 심리적 엔트로피를 최대한 줄이고자 하는 것[40]으로 요가와 'Flow'의 유사성은 매우 크다. 호흡조절로 집중을 통해서 자신을 잊게 되는 즐거운 경험을 얻으려고 노력하는 것으로 육체를 단련해야만 가능한 것이기 때문이며 요가야말로 가장 오래되고 가장 체계적으로 'Flow' 경험을 낳는 방법 중의 하나이다.[41]

특히나 파탄잘리의 네 번째 단계의 프라나야마(Pranayama)는 생명력을 조절하기 위한 숨쉬기를 조절하는 호흡 방법으로서 우리 전통 수련의 조식이 이에 해당한다.[42] 조식법은 태아의 호흡법에서 유래한 것으로 기를 그대로 밖으로 내보내지 않고 '폐기(閉氣)'시켜서 신체 내부에 남겨놓는 것으로 들숨과 날숨을 고르게 하는 호흡방법이다. 김영희(1997)는 한국 전통무용에서의 호흡에서 조식법을 이야기하였는데 이는 요가에서와 마찬가지로 호흡, 동작 그리고 의식 집중이 삼위일체가 되는 생리적, 해부학적인 통제법의 하나임을 말한다.

또한 한국 전통 고유의 심신수양법인 영가무도[43]에서의 오음인 '음, 아, 어, 이, 우' 다섯 가지 소리를 말로써 읊조리다가 흥이 나면

---

39) 미하이 칙센트미하이 저, 최인수 역(2010), 앞의 책, 196쪽.

40) 앞의 책, 197쪽.

41) 앞의 책, 199쪽.

42) 이승용(2007), 앞의 책, 111쪽.

43) 이규원(2006), 『우리 전통예인 백 사람』, 서울: 현암사.

읊조리던 말이 노래가 되고 더 흥이 나면 춤으로 변화하며, 흥을 이기지 못하면 뛰며 춤추는 무아의 경지에 이른 과정을 반복하여 자신을 다스리는 것44) 역시 몰입에 의한 치유법이라 할 수 있다.

영가무도에서처럼 움직임으로 발현되는 한국무용의 수행은 심신의 향상성을 갖게 한다. 요가에서 호흡조절을 통한 감각 통제로 질병이나 장애의 동통 및 트라우마 등을 극복하는 것과 같이 호흡으로 이루어지는 춤사위수행에 따른 집중은 몰입으로 이어져 초월의 경지인 무아경에 이르게 하고 자신의 한계를 극복하고 자신감을 갖게 하는 것이다.

이처럼 몰입은 초집중 상태에 이루어져 자기 초월로 나타나고 이는 곧 신명에 이르게 하는 중요한 역할을 한다. 신명은 어떤 일에 흥미나 열성이 생겨 기분이 매우 좋아져 신나고 흥겨운 상태를 말하는 것으로 신바람에 의해 발현하는 한국의 대표적인 문화적 특질45)이기도 하다.

신명은 어떠한 어려움도 극복할 수 있도록 역동적으로 동기화되어 있는 상태를 의미하는 것으로서 한국의 독특한 문화에서 비롯되었다. 한국은 서구의 개인주의적 문화가 아닌 공동체 문화를 이루고 이어져왔으며 삶의 규율 속에서 일상을 주고받으며 어려운 삶의 조건 내에서도 희로애락의 삶을 공유하는 오랜 인간적 관계 속에서 함께해왔기 때문이다.46) 그러므로 한국 문화에서 신명은 공동체적 놀이문화의 몰입 속에서 발현되는 거대한 에너지화이며 이러한 에너지가 집단적으로 형성되었을 때 개인을 넘어선 사회적 치유로 이어짐을 기대할 수 있다.

---

44) 정유창, 김영희(2014), 「영가무도에 대한 문헌고찰 및 대체의학에서의 연구방향」, 『선도문화』, 16집.
45) 한민, 한성열(2009), 『신명의 심리학』, 파주: 21세기북스, 21쪽.
46) 김원호(1999), 『풍물굿 연구』, 서울: 학민사.

4. 놀이의 치료성

놀이의 사전적 정의를 살펴보면 여러 사람이 모여서 즐겁게 노는 일이나 활동으로 굿, 풍물, 인형극 따위의 우리나라의 전통연희를 통틀어 이르는 말이다. 놀이에는 일정한 규칙이나 방법에 따라 노는 것으로서 흉내, 장난, 모방 등을 뜻하기도 한다. 놀이는 생활상의 이해관계를 떠나서 자발적으로 참여하는 목적이 없는 활동으로서 즐거움과 흥겨움을 동반하는 가장 자유롭고 해방된 인간활동이다.

호이징가(Johan Huizinga)는 놀이하는 인간을 '호모루덴스'라 명명하였으며 전쟁, 법률에서뿐만 아니라 신화와 철학, 시, 예술 등 사회문화 전반에 내재된 놀이를 이야기하였다. 그에 따르면 놀이는 어떤 대상에 대해 이해관계나 목적의식 없이 이루어지는 것으로 자유로운 표현이라는 이상과 공동생활이라는 이상을 만족시키는 생의 기능을 갖는다고 하였다. 더불어 놀이는 투사, 모순, 암시, 환상 등의 상상력을 전제로 하는 활동으로 실제의 삶이 아닌 모사하는 허구성으로 이루어지는 자유로운 활동으로 우리를 원시인, 어린아이, 시인의 세계, 즉 놀이의 세계로 안내한다.[47)]

놀이는 일정한 육체적, 정신적인 활동을 전제로 하며, 정서적 공감과 정신적 만족감을 바탕으로 이루어지는 활동이다. 인간으로서 삶의 재미를 적극적으로 추구하고 즐기고자 하는 의지적인 활동인 것이다. 그러므로 놀이는 재미가 있어야 하고 다른 사람들을 끌어들이는 공감능력이 있어야 하며, 모든 제약으로부터 해방시켜 주는

---

47) 요한 호이징가 저, 이종인 역(2010), 『호모루덴스』, 서울: 연암서가, 20쪽. 73쪽.

자유스러움과 놀이 주체의 자발적인 참여가 보장되어야 한다.

사람들은 놀이 자체가 보상이 될 때 자신의 잠재력을 활용하게 되고 자유로움을 느낀다고 했다.[48] 놀이는 인간욕구에서 비합리적인 요소임에도 불구하고 이를 강조함으로써 욕구와 사회에 대한 상이한 사고를 보여준다. 놀이는 자발적 행동이며, 그 자체로 진지함을 가지는 것으로 놀이 그 자체가 목적일 뿐 그 어떠한 유용성을 추구하지 않는다는 것에서 순수성을 가지며 누구에 의하거나 강제가 아닌 스스로 행하는 행위이다.

또한 놀이에서는 자기의 경험을 은유적으로 표현하는 경우가 많다. 그러한 표현은 무의식적으로 자신의 경험과 생각을 재구조화하고 자연스럽게 표출하도록 돕는다. 즉 놀이 속에서 구현은 자신의 삶을 전체 속에서 바라볼 수 있도록 함으로써 지금까지 가지고 있는 비현실적인 믿음을 가라앉히고 적대적이며 공격적인 해결방법을 변화시킬 수 있게 한다.

놀이를 통한 긍정적 정서인 즐거움, 가벼운 긴장, 재미 등의 경험은 행복감과 평안함 그리고 스트레스에 대한 해독, 현실로부터의 자유로움을 얻게 하여 삶에 대한 희망과 소망을 갖게 한다. 또한 현실에서 유발되는 부정적 정서인 과도한 긴장, 분노, 슬픔, 불안들은 놀이를 통한 자유로운 표현으로 증상을 완화시키는 역할을 한다. 놀이는 언어로 표현하지 않아도 의식적 혹은 무의식적 수준에서 생각과 경험을 표현하게 돕는다. 놀이를 통해 능력의 실현은 위축되고 손상된 자아를 회복하게 한다.

---

48) Csikszentmihalyi, Mihaly(1975), *Beyond Boredom and Anxiety*, San Francisco, CA, US: Jossey-Bass Publishers, 13-34쪽.

로제 카이와는 놀이를 경쟁·우연·모의·현기증이라는 네 개의 역할 중 어느 것이 우위를 차지하는가에 따라서 놀이를 네 개의 주요항목으로 구분할 것을 제안한다. 아곤(Agon)·알레아(Alea)·미미크리(Mimicry)·일링크스(Ilinx)로 분류함이 그것이다.[49]

그리스어로 시합을 뜻하는 아곤은 축구나 구슬치기 또는 체스 같은 경기에서 볼 수 있는 놀이로서 외적 장애에 대항하는 의지의 투쟁이다. 승리에의 욕망과 승리를 얻고자 하는 노력은 선수가 그 자신의 능력에 의존하는 것을 예상케 한다. 그는 승리를 원하며 자신의 탁월성을 증명하고자 한다. 이러한 야심만큼 생산적인 것은 없다. 그러므로 놀이에 내재된 아곤은 질병에 대한 저항의 의지를 키워줄 수 있는 바탕을 제공한다 할 수 있다.

반대로 알레아는 운명의 결정을 미리 무조건적으로 받아들이는 것이다. 라틴어로 요행을 뜻하는 알레아[50]의 경우엔 룰렛이나 제비뽑기 등에서 볼 수 있는 놀이이다. 여기서의 규칙은 운명의 결정을 왜곡하거나 거역하지 않도록 행동을 삼가는 것으로 알레아는 징조라고 생각되는 것 앞에서 의지를 포기하는 것이다. 그러므로 아곤에서의 경쟁이 인간의 능력과 힘을 지속적으로 행사하고 효과적으로 훈련시키는 것인 데 반해, 숙명론은 근본적인 게으름을 내재하고 있다. 놀이의 알레아적 요소는 모든 것에 대한 느림의 표현으로 대변될 수 있다.

스포츠에서의 경쟁적 움직임과는 다른 무용에서의 느린 움직임에서 알레아적 요소가 내재되어 있음을 알 수 있다. 그 무엇도 의

---

49) 로제 카이와 저, 이상률 역(2004), 『놀이와 인간』, 서울: 문예출판사, 37-57쪽.
50) 앞의 책, 37쪽.

지만으로 되지 않음에 대한 인정이 알레아인 것이다. 현재와 같이 의식이 따라가지 못할 만큼의 변화로 인한 스트레스 및 우울감정에 대해 알레아적 게으름은 일상을 내려놓게 하는 역할을 할 수 있으며 그러한 표현에 무용은 탁월한 재료라 할 수 있다. 춤은 추어지는 것으로 경쟁을 목적으로 하지 않는 의지를 넘어선 자연 상태의 자발적 움직임이기 때문이다.

흉내 내기의 뜻을 지닌 미미크리는 역할극과 같은 연극적 놀이라할 수 있다. 활동이고 상상이며 연기인 미미크리[51]는 연극의 주인공이 되는 것과 같은 역할극으로 일상에서 경험할 수 없는 상대의 입장이 되어보거나 사이코드라마와 같이 자신이 처한 상황에 대한 이해를 돕게 한다.

또한 미미크리란 고의적으로 어떤 인물로 분장하는 것인데, 이것은 곧잘 예술, 계산, 교활함의 원인이 된다. 배우는 경쟁하는 자와 똑같이, 주의 깊지 않으면 아니 되며 끊임없이 긴장감을 가져야 하기 때문이다. 이러한 흉내 내기의 긴장감을 가지는 놀이는 일상에서 경험할 수 없는 또 다른 일상에 대한 연습이라 할 수 있다. 즉 자신이 일상에서 할 수 없는 역할 등을 해봄으로써 역지사지의 마음도 가져보고 상황 전반을 이해하게 되는 것이다. 그런 의미에서 질병이나 장애로 자신이 인지하지 못하는 트라우마뿐만 아니라 자신감에 대한 위축으로 상태가 더욱 악화되었을 때 놀이의 미미크리적 요소는 자신이 처한 역할에 대해 정확한 이해를 할 수 있게 하며 어떻게 대처해야 하는가에 대한 사고를 갖게 한다.

그리스어로 소용돌이를 뜻하는 일링크스는 회전이나 낙하 등의 빠

---

51) 앞의 책, 50쪽.

른 운동을 통해 자신의 내부 기관의 혼란과 착란의 상태를 일으키게 하는 놀이이다. 일링크스에는 이 점에서는 알레아와 똑같이 포기가 있다. 단 이번에는 의지의 포기만이 아니라 의식의 포기도 있다. 현기증을 참는 사람은 의식을 그대로 내버려두며, 의식이 이상한 힘에 이끌리고 지배되며 사로잡히는 것을 느끼면서 도취하는 것이다.52)

신바람을 일으키는 주된 흥은 도박, 스포츠 또는 예술적 행위에서 가장 많이 발현됨을 볼 수 있으며 그중에서도 예술행위는 보다 여유롭고 효율적으로 신명에 접근할 수 있다. 일링크스의 짜릿함은 예술이라는 행위가 몰입을 통해 극에 달했을 때 얻어지는 황홀감이며 스포츠나 도박처럼 승패나 획득과 같이 무엇에 쫓기는 강박에서 이루어지지 않기 때문이다. 일링크스라는 짜릿함에 의한 흥이 오른 예술행위는 신명으로 도달하게 한다.

미미크리와 일링크스와 같은 혼돈스러운 놀이의 세계에서도 양극성이 확인된다. 한쪽 극에는 기분전환, 소란, 자유로운 즉흥, 대범한 발산이라는 원리가 거의 전적으로 지배하고 있다. 통제되지 않은 어떤 일시적인 기분이 표출되는 곳인데, 우리는 그 원리를 파이디아(Paidia)라고 부른다. 반대쪽 극에는 다른 경향으로 자의적이지만 강제적이고 일부러 불편한 약속에 따르게 하고 바라는 결과를 획득하는 데에 노력, 인내, 재주나 솜씨의 끊임없는 증대가 요구되는 것으로 이 극을 루두수(Ludus)라고 부른다.53) 그것은 아곤, 알레아, 미미크리나 일링크스처럼 명확한 심리적 태도를 나타내지 않지만 파이디아에게 규율을 부여함으로써 놀이의 기본적인 범주들에

---

52) 앞의 책, 122-147쪽.

53) 앞의 책, 58쪽.

게 그 순수성과 탁월성을 주는 데 전반적으로 작용한다. 또한 파이디아를 길들이며 풍부하게 한다. 이렇게 놀이에는 의도하지 않아도 긴장을 완화하게 하고 경직된 사고를 풀어주며 짜릿한 황홀감을 맛볼 수 있는 요소들로 신체를 자유롭게 하며 발산하게 한다.

한국의 문화에서 볼 때 놀이는 충분히 그러한 역할을 해왔다. 한국은 놀이의 문화라 해도 과언이 아니다. 민중의 놀이는 일 속의 놀이, 여가 속의 놀이, 신앙 속의 놀이라는 세 가지 양상으로 전개되어 하나의 민속놀이화 되어왔다. 놀이는 일과 대비되거나 구분되는 놀이가 아닌 일과 여가와 신앙 속에서 함께 어우러져 삶의 율동으로써 익히고 생리로 가다듬어 왔다. 고되거나 힘든 일을 놀이로 승화하여 신명으로 즐겨왔던 것이다. 놀이와 신들림의 민중은 다른 나라와 비교하여 훨씬 다양하고도 독특한 놀이문화라 할 수 있다. "한국 민중의 놀이는 이렇듯 일과 대비되거나 구분되는 개념으로서의 놀이가 아닌 일과 여가와 신앙 속에서 어우러져 즐겨지던 삶의 표현이다."54) 그러한 일과 신앙 그리고 여가라는 문화 속에 내재해 고통에서 벗어나게 하고 건강을 추구하여 삶을 풍요롭게 도왔던 것이다.

5. 공감의 치료성

인간을 정서적으로 이해하는 중심에 '공감(empathy)'이 있다. 공감은 정신이나 혹은 영혼에 속하는 감정의 한 기능(Funktion)에 해당하는 정서로 타인의 감정을 함께 나누는 대리적 정서 경험(vicarious

---

54) 조흥윤(2001), 『한국문화론』, 서울: 동문선, 91-94쪽.

emotional experience)으로 정의된다. 즉 공감 현상은 기본적으로 타인의 내적 체험에 대한 정서적 반응을 통해 그 체험에 적극적으로 참여하고 타자의 자아를 인지하는 과정이다.55)

공감의 사전정의는 남의 감정, 의견, 주장 따위에 대하여 자기도 그렇다고 느끼는 것으로 타인의 심리 상태나 경험을 지각하는 특수한 방법이다. 현대 개념의 공감은 영국의 심리학자였던 에드워드(Edward B. Titchener)에 의해 그리스어인 empátheia를 차용하면서 사용되었으며 sympathy와는 구별되어 사용되었다.

원시사회를 거쳐 고대에 이르기까지 질병은 죄의 징벌로 여겨지거나 고통받는 중환자는 기피되고 유기되어 열등한 자로 취급했음을 볼 수 있다. 고대사회의 환자에 대한 이러한 태도에 큰 변화를 가져오게 한 것은 그리스도교 사상으로 그 바탕엔 동정이라는 정서가 바탕이 된다. 인간의 질병은 죄에 대한 징벌이 아니고 인간을 열등으로 만드는 것도 아니며 오히려 하느님의 은총이고 정화를 의미하는 것으로 질병에 의한 고통은 진정한 인간 완성으로 이끌게 한다는 사상이다.56)

동감을 뜻하는 sympathy는 "함께 느낀다(feeling with)"는 뜻으로 역지사지(易地思之)와 같이 다른 사람의 입장이 되어 느껴보는 상태를 말한다. 즉 다른 사람에게 "감정을 이입한다(feeling into)"는 개념으로 동정, 연민 등을 뜻하는 고대 그리스어인 'sympatheia'가 '로고스(logos)'의 대응 개념인 격정, 열정, 감정 상태를 뜻하는 '파토스(pathos)'에 '함께', '동시에', '비슷한'의 뜻을 가진 접두어

---

55) 박병준(2014), 「공감과 철학상담-막스 셸러의 '공감' 개념을 중심으로」, 『철학논집』, 제36, 18쪽.
56) 이태준(1992), 「교회활동으로서 의료사업의 역사적 고찰」, 『의사학』, 제1권, 13-18쪽.

'신(syn)'이 결합한 합성어로서 뜻을 풀이하자면 '타자와 함께 혹은 동일하게 느끼는 감정의 상태'를 의미하는 것이다.[57]

이와 같은 기독교적 관점에서 구휼과 긍휼의 실천에서 공감의 시원을 찾아볼 수 있으나 연민과 동감은 객관성이 부족하고, 과잉 동일시를 조장하고, 때로는 구원 공상의 실연으로 유도하는 반면 공감은 판단으로 접근하지 않고 중립적이라는 점에서 그것들과는 엄격하게 구별된다.[58]

공감에 대한 연구는 공감과 친 사회행동, 이타 행동 또는 공격성의 억제와 관련성에 대한 연구로 발전되고 있는 것이[59] 이를 반증하며 그러므로 공감은 함께 고통받고 상처받은 인간을 치유하는 효과적인 기재로 사용되는 실천적 개념으로 사용되고 있다.

또한 공감은 타인의 체험과 느낌에 대한 이해로부터 시작된다. 공감은 치료자의 주관적 체험에 따른 사고가 아닌 타자의 체험에 대하여 객관적이고도 실재적인 상황을 먼저 전제하며 이를 바탕으로 대상을 알고 이해하기 위한 방법으로서 상대의 감정과 요구를 적절하고 알맞게 지각하며 그것에 반응하는 것을 의미한다.[60] 그러므로 공감의 대상자의 내부 경험에 집중하고 이에 따라 감정과 행동에 대한 정보를 얻는 객관적인 방법이라 할 수 있다. 그것은 지적 이해라기보다는 타인에 대한 정서적 이해로서 일시적으로 타인의 감

---

57) 박병준의 앞의 논문, 14쪽.

58) 이재훈(2002), 『정신분석용어사전』, 미국정신분석학회, 서울: 한국심리치료연구소.

59) Goldstein & Michaels(1985), *Empathy: development, training, and consequences*. London: Lawrence Erlbaun Associates, Inc; Kerb, D.(1975), Empathy and altruism. *Journal of Humanistic Psychology*, 21, 4, 39-56; Koestner, Franz & Weinberger, J. & Franz, C.(1990), The family origins of enpathic concern: A 25-year longitudinal study. *Journal of personality and Social Psychology*, 58(4), 709-717.

60) Kohut, H.(1959), Introspection, empathy, and psychoanalysis, *Journal of the American Psychoanalytic Association*, Vol 7, 459-483.

정을 나누고 경험하는 것이며 그러한 느낌은 감정의 양이 아닌 질을 나누는 것이다.

다시 말해 상대의 입장에서 바라보고 함께 처한 상태를 긍정해주는 것이 공감적 이해이며 이로써 대상자는 다른 사람과의 관계에서 느끼지 못한 공감을 경험하게 되며 자신을 진실로 이해하고 소중히 여기는 사람이 있다고 자각함으로써 자기 존재감을 갖게 된다. 즉 공감은 대상자의 자기 각성을 증진시키고 보다 깊은 자기탐색을 할 수 있도록 격려하며 상대에게 동질의식을 갖게 하고 자신을 누군가가 알아준다는 마음을 갖게 하여 자기존중감(self-esteem)을 증진시키고 소외감을 해소시킨다.[61]

현대 의미의 공감은 19세기 미학과 심리학에서 동작을 따라 하고 나서 관찰자가 자신의 운동 감각으로부터 어떤 내용을 추론하는 것을 의미했다. 그런 의미로 볼 때 무용치료는 치료자가 대상자의 감정을 살피는 상황은 공감을 통해 이루어진다. 치료의 대상자가 자기 문제를 스스로 해결해가는 것에 대상자를 비판으로 바라보기보다 판단을 중지하고, 있는 그대로 존재 자체로 인식해주고 응대하여 대등한 주체로 수용하는 것이다.

무용이라는 움직임이 치료에 이르기 위해서는 치료를 필요로 하는 대상자와 치료자 간의 상호적 이해와 소통이 필요하며 치료자는 그 과정을 통해 대상자의 문제점을 해석하게 된다. 서로 이해하는 공감은 대상자 스스로 움직임을 수행할 수 있게 돕는 데 매우 지대한 역할을 할 수 있게 된다. 특히나 무용이라는 예술적 표현에 있어서는 상대를 파악하는 냉철한 이성이 필요치 않은 것은 아니나

---

61) 이금만(2000), 『발달심리와 신앙교육』, 크리스찬치유목회연구원, 173쪽.

무엇보다 정서적이고도 영혼을 읽는 섬세함이 필요하다. 처지를 깊이 공감하는 '분별력 있는 영혼'은 공감적 소통으로 이끈다. 무용치료자는 대상자가 스스로 깨우칠 수 있도록 도와주는 '안내자'이며 공감으로 수행될 때 치료를 요하는 자는 스스로 올바른 자기 인식과 자기 이해의 길로 들어설 수 있게 된다.

또한 무용치료는 궁극적으로 무용이라는 움직임 속에서 스스로 자신의 문제점을 깨닫고 인정하며 자기 초월을 통해 처해진 상황으로부터 벗어나는 자기 치유의 과정이다. 이때 치료의 대상자에게 주어진 첫 과제는 자기 안에서 벗어나 자신을 객관화시키는 과정이다. 자기 자신을 타자화시켜서 볼 수 있는 기회를 갖는 것은 스스로 자신이 처한 상황을 이해하고 인정하며 받아들이는 것으로 자기 공감이라 할 수 있다. 자기 공감은 자신을 벗어나 타자와의 관계를 통한 자기 설정을 도우며 자기 초월적인 반성에서 출발해 그런 자기를 타자와의 관계를 통해 재정립하는 과정으로 이어진다.

공감은 이성 중심적 성찰보다 감정과 느낌이 개입해 들어오는 체험적 성찰이 될 수 있도록 돕는다. 그러므로 타인을 이해하는 데 핵심적 역할을 수행하는 훌륭한 도구다. 모든 사람의 경험 세계는 단순한 지식으로 이루어진 정태적 세계가 아니라 고유한 '인격-중심'에서 느낌이 역동적으로 요동치는 체험의 현장이다. 그만큼 타인을 이해하는 데는 상대에게로 직접 다가서는 지식 이상의 공감 능력이 요구된다.[62]

다른 한편으로 무용치료에 있어 무용이라는 메소드는 때때로 대상자가 처한 상황을 올바로 인식하는 데 방해로 작용하기도 한다.

---

62) 박병준, 앞의 논문, 20쪽.

정서적 상태인 불안이나 고통, 두려움, 상실감은 무용이라는 메소드에서 볼 수 있는 몰입에 의한 자아도취 상태에 이를 경우 즐거움에 의한 심신의 평안 상태에 이르기보다는 쾌락을 추구할 수 있기 때문이다.63) 이런 경우 치료자는 대상자의 이해에 그치지 않고 진정한 치료에 이르는 것에 방해로 작용하는 쾌락추구에 대한 의지를 즐거움으로 이끌 수 있는 능력이 요구된다. 무용치료에 있어 단순 몰입에 의한 쾌락적 추구로 치료에 방해가 되는 상황에 처했을 경우 이를 제거하는 것은 물론 치료를 요하는 자 스스로의 몫이다. 그러나 이때 치료자의 공감 능력은 치료의 대상자가 그러한 상태를 극복하는 것에 매우 효과적인 수단이 될 수 있다.

인간이 가지는 느낌인 공감과 사랑 등의 정서 작용은 감정 기능에 해당되는데 감정은 이성뿐 아니라 정신의 기본 작용으로 인간의 자기실현과 자기완성을 이끄는 원동력64)이 되기에 단순히 쾌락 추구에 따른 몰입으로 현실 도피적 치유경험으로가 아닌 진정한 자기 자신에 대한 인식을 할 수 있도록 치료자가 이끄는 것에 공감은 긍정적으로 작용할 수 있다. 즉 공감으로 감정에 적절히 대응하는 정서적 반응은 치료하고자 하는 의지에 조력할 수 있게 되는 것이다. 그것은 삶에 밀착되어 있으면서 실질적인 도움을 주는 '실천'으로서 그 힘의 원천이 이성이 아닌 '감정이 주도하는 분별력'에 있다.

실천적 공감은 대상자로 하여금 긴장을 완화하게 하고 자신의 문

---

63) 에리히 프롬(2011), 『소유냐 존재냐』, 서울: 까치글방, 160-161쪽. 에리히 프롬에 의하면 쾌락(Pleasure, Vergnügen)은 능동성을 요하지 않는 욕망의 충족이라고 정의하였다. 즉 말초적 흥분으로서 경험하면 할수록 좀 더 자극적인 쾌락을 끊임없이 요구하는 특성을 지니게 된다는 것이다. 이는 순수한 기쁨에서 느낄 수 있는 편안한 정서가 아닌 것으로 오히려 치료를 필요로 하는 대상자에게 부정적 감정으로 발전할 수 있다.

64) 앞의 논문, 10쪽.

제점을 장애 없이 드러낼 수 있게 한다. 그러한 과정에서 고통받는 자는 자기인식이 이루어지고 상황을 받아들이는 계기를 갖게 되어 치료에 다다르는 역할을 하게 한다.

진정한 공감능력은 타인에 대한 관심을 가지고 있을 뿐만 아니라, 개인 내적으로도 자신을 독립적이고 유능한 사람으로 지각할 수 있는 성숙한 인간의 모습에서 발휘될 수 있게 한다. 그러므로 공감은 치료적 동맹을 형성하고 유지 발전시키는 데 중요한 영향을 미치는 요인이다. 즉 치료자가 지녀야 할 필수적인 능력인 것이다.

6. 치료성의 상호작용

무용이 가지는 특징에 따른 치료요소들은 궁극적으로 각기 개별의 효과로 나타나는 것이 아닌 서로 융합하고 재조정되어 나타난다. 그것은 신체 운동을 근본으로 이루어지는 무용이라는 예술 활동에 내재한 각각의 특징이 서로 융합하여 단계적으로 발현하기 때문이다.

무용이라는 움직임은 자발적이며 적극적일 때 이루어지는 신체 움직임이다. 춤이라는 자체가 자발성을 바탕으로 이루어지기 때문이다. 이러한 신체 움직임은 호흡에 의해 몸의 활성화를 가져온다.

몸의 활성화는 보다 자유로운 움직임으로 이루어지게 하는 것으로 그것은 하나의 놀이이다. 무용이라는 신체활동은 우리가 꼭 해야만 하는 일과 같은 강박적 성격의 움직임이 아닌, 하고 싶어 하는 선택적이고도 자발적인 움직임이기 때문이다. 이러한 자율적 움직임은 적극적 신체표현을 돕고 보다 쉽게 몰입의 상태에 이르게 한다. 무용을 통한 흥에 겨운 몰입은 신명에 이르게 하는 개인 혹은 집단정서로서 의식에 의해 표현되지 못했던 내면을 표출할 수 있게 돕는다.

이는 인식의 단계를 넘어서는 무의식의 확장으로 일상에서 가지는 경직된 사고의 틀을 벗어나는 순간을 경험하게 한다. 즉 무용이라는 신체의 움직임은 잠재의식 속에 갇혔던 강직 상태를 유발하는 원인을 무용 속에 이루어지는 호흡을 통해 밖으로 표출하게 하는 것이다. 이렇게 춤이라는 표현으로 신체와 정신은 자유로운 상태에 이르게 되며 일상에서의 번뇌 혹은 신체적으로 가졌던 불편이나 고통들을 잠시 잊게 하는 몰아경을 경험하게 한다. 몰아에 의한 신체와 정신의 자유로운 상태는 긍정적 사고를 갖게 하고 신명에 오르게 한다.

신명은 무엇인가를 하고 싶게 하는 에너지를 내포하고 있는 감정이라고 말할 수 있다. 능동적으로 무엇인가를 하고 싶게 하는 감정은 신체 및 정신의 경직성에서 벗어나게 하며 더불어 몰입을 통해 동작의 수행으로 얻어지는 성취감은 자신감을 형성하게 한다. 자신감은 자존감, 다시 말해 자신의 존재에 대한 존엄성을 갖게 하며 이러한 정서는 자신에 대한 자기 공감에서 발현한다. 이러한 자존감에 대한 인식은 보다 자신에게 관대해질 수 있는 상황을 제공하며 이는 상처나 장애로부터 벗어나 치유로 이어지게 하는 작용을 하게 한다. 또한 신체와 정신의 경직된 상황에서의 해방은 인식의 시야를 넓혀 주위의 사물뿐만 아니라 타자에 대한 인식을 돕고 춤이라는 동작을 함께 구사하는 집단적 연행의 경우 타자와 공감으로 이어지게 된다.

이렇듯 무용치료에 있어 치료의 요소들은 각각의 특징을 가지고 있으면서도 서로 연계적으로 발현하고 어우러져 치료의 효과로 드러낸다. 그것은 호흡으로 연행되는 춤이라는 움직임을 바탕으로 발현되는 정서들로서 신체와 정신의 상호작용에 의한 것이며 신체와 정신의 향상성은 어느 하나의 요소일 때보다 다양하게 발현될 때 보다 더 치유로 이어질 가능성이 높음을 이야기하는 것이다

무용의 치유 단계는 다음과 같은 그림으로 표현된다.

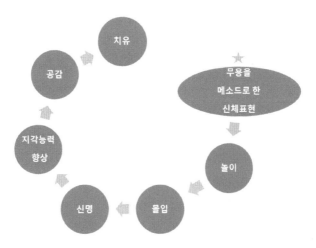

그림 3. 무용치료 요소의 상호작용에 따른 치유과정

제3장

치료관점의
한국 전통무용

1. 한국 전통무용의 역사적 흐름

한국무용은 대단히 포괄적 의미를 지니고 있을 뿐 아니라 종교적 춤, 민속춤, 예능적 춤 그리고 궁중춤 등으로 매우 다양한 형태로 분류되며 370여 종류로 추산된다. 우리나라 춤에 관한 최초의 기록으로는 『五經通儀』에서 볼 수 있다. 오랜 역사 속에서 창조 전승되어 내려오는 춤은 원시시대 생존을 위하여 초자연적 힘을 빌리는 제사의식으로부터 추정되며 성읍국가1)의 경우 무용이 의식의 가장 중요한 부분의 문화적 위치를 차지했다. 상고시대의 종교의식에서 기원하고 발달한 시가(詩歌)와 음악 그리고 무용은 우리의 선조들이 하늘을 받들던 정치 및 종교와 불가분의 관계를 이야기하고 있다.

사제(司祭)는 일종의 무격(巫覡)인 동시에 신가(神歌)를 짓는 시인(詩人)이며, 작곡과 연주를 겸한 음악가, 그리고 뛰어난 무용가로서

---

1) 부족국가에 대한 개념 모호로 한국 고대의 경우에도 『삼국사기』 등의 역사서에 기록된 건국 초기의 국가 형태에 대한 설명 중 도읍에 성곽을 쌓은 사실이 특징적으로 나타난다는 점에서 천관우(千寬宇)·이기백(李基白) 등에 의해 제안되어 학계에서 널리 쓰이게 되었다.

중요한 문화에 역할을 하였다. 이는 그러한 것들이 고대에는 특별히 구별되지 않는 종합예술이었으며 이것은 악(樂)의 성립으로서 음악과 시가와 무용은 이른바 삼위일체(三位一體), 즉 음악이 있으면 시가가 있고, 시가가 있으면 반드시 무용이 수반되는 것을 이른다.

계급문화가 미발달된 문화일수록 무용의 위상은 높았을 것으로 사료되며 제천의식에서 거행되는 무용은 제의적 성격에 그치지 않고 축제로 이어져 놀이문화를 통한 춤의 연행으로 이루어졌다. 성읍국가의 제천의식 무용은 대부분 원시적 형태의 기원과 감사, 아울러 자기승화의 군무(群舞)였다. 무리를 지어 노래하고 추는 춤의 절주(節奏)는 탁무(鐸舞)와 같고, 수십 명이 집단을 이루어 지휘자를 선두로 경쾌한 타악(打樂) 반주에 맞추어 손을 올렸다 내렸다 하며 즐겁고도 건강한 모습으로 춤을 추었다[2]고 하는 대목에서는 현재 전승되고 있는 농악놀이나 강강술래를 상기하게 한다.

이렇게 무용은 민중생활에 하나의 문화로서 연행되어 생활에 활력으로 또는 위로로 자리하여 예술의 사회적 역할을 했다. 그것은 현대의 관점에서 보면 여가와 같은 의미로 해석될 수 있으며 그런 의미에서 무용은 고대에서부터 신체 및 정신의 해방구 역할을 해왔다고 할 수 있다.

삼국시대의 무용 중 고구려의 고분벽화에 나타나는 비천무의 경우 의료신춤을 볼 수 있는데 약사신춤·승공작약사신춤·인두조약신춤 등이 있다.[3] 또한 장례를 지낼 때조차도 춤을 추고 음악을 연주하는 엄숙한 의식을 치렀는데 고구려인의 죽음은 이승의 끝남이

---

2) 성경린(1976), 『한국의 무용』, 교양국사총서 24, 세종대왕기념사업회, 33쪽.
3) 이병옥(2013), 『한국무용통사』, 서울: 민속원, 226쪽.

아니라 또 하나의 새로운 삶으로의 전환을 이야기하는 장례의식무로서 춤과 노래 속에 북치고 춤추면서 음악으로 죽은 자와 헤어졌다고 중국의 조선전에 기록되었다.[4]

백제의 가면 무용극인 산대도감(山臺都監)[5]놀이는 가면에 대한 치료적 관점에서의 해석을 할 수 있게 하며 세상에 대처하기 위해 개인이 쓰는 사회적 가면 또는 사회적 얼굴인 페르소나(Persona)적 측면을 이야기하는 것으로 일상의 사회에서는 분출할 수 없는 것들을 가면극을 통한 발산으로 해소할 수 있게 한다.

더불어 백제무는 농악춤 등으로 공동체라는 단합의 에너지 창출의 특징을 지니고 있다. 이는 본 논문에서 이야기하고 싶은 공동체놀이인 강강술래에서와 같이 공감과 상호관계에 대한 춤의 치유적 역할의 근원적 형태를 볼 수 있다는 것에서 매우 고무적이다. 단순한 막놀이가 아닌 노동현장에서의 놀이로 연행되었던 '두레춤'에서의 에너지 창출을 이야기하는 것으로 춤이 단순히 소모적인 것만이 아닌 새로운 것의 생산성을 지니고 있음을 이야기한다. 고구려의 폐쇄적이고 의지적인 단단함보다 환하고 밝게 드러내는 따뜻한 인간성이 강조되는 춤으로 춤이 상호 공감교류의 방편임을 유추할 수 있다.[6]

신라 역시 대면무(大面舞)와 같은 가면무가 있었으며 처용무, 황창무, 장례춤, 탈춤 등은 상하귀천의 구별 없이 춤을 통한 어울림으로 슬픔마저 웃음으로 여과시키며 평등, 행복, 만족을 얻는 것[7]으로 신라시대의 무용이 삶의 질적 향상성을 추구한 것에서 무용의

---

4) 이민수(1976), 『조선전, 북사 고구려전』, 서울: 탐구당, 269-270쪽.

5) 이병옥, 앞의 책, 27-29쪽.

6) 앞의 책, 281-282쪽.

7) 이병옥, 앞의 책, 306쪽.

치료적 의의를 찾아볼 수 있다.

이렇게 치료적 관점에서 바라본 삼국시대의 무용은 사회문화 양식으로 여가적인 삶의 질을 높이는 역할을 했을 뿐만 아니라 가면극의 경우 이후 탈춤이라는 민중의 춤으로 발전하여 마당극 등을 통한 사회반영 및 문화비판의 기능을 가지게 되었고 이는 억압된 민중들의 감정을 해소하는 역할로 자리해오고 있다.

고려의 무용은 제의뿐만 아니라 축제의 무용이라 할 수 있다. 무용은 축제 등에서 이루어지는 놀이로서 삶을 재충전하게 한다. 고려시대 팔관회에서 추어진 나희8)는 제의적뿐만 아니라 축제무로서 무용을 통한 일상의 해소로서 긴장을 완화하게 하고 심신의 향상성을 가져다주는 것에서 치료적 성격이 엿보인다.

조선시대의 경우 민속무용에서 이루어진 움직임에서 두드러지게 치료적 고찰이 이루어짐을 선행연구에서 볼 수 있다. 민속춤은 안택의 굿적인 요소와 종교적인 바탕을 가지고 있다. 제화초복(除禍超福)을 기원하는 농경적 의식에서 비롯된 춤 등으로 이루어진 민속춤은 생산적이며 축제적인 놀이의 춤으로는 농악과 강강술래 등을 들 수 있으며 일반 대중의 참여로 레크리에이션 문화로서 스트레스를 해소하고 정신과 신체에 여유를 제공한 것으로 보인다. 그것은 민속놀이에서 연행된 것으로서 문화를 이루는 가장 기초가 되는 서민의 사고방식과 생활의 방식에서 만들어지는 민속에서 비롯된 춤으로 지역마다 각기 다른 색깔을 지니는 다양성을 가지고 있으며 자연발생적이고 서민들의 정서가 그대로 묻어남이 특징이다.

---

8) 나례(儺禮)와 같은 뜻의 나희(儺戲)는 본디 중국에서 시작한 것으로 민가와 궁중에서, 음력 섣달 그믐날에 묵은해의 마귀와 사신을 쫓아내려고 베풀던 의식이었으나 차츰 중국 칙사의 영접, 왕의 행행(行幸), 인산(因山) 때 따위에도 행하였다.

2. 한국무용의 양태

우리나라 민속무용은 민중무용과 예능인의 무용으로 구분된다.[9] 민중무용은 생산을 바탕으로 한 생활무용으로서 축제적이고 비전문적이며 오락성이 강하게 나타나는 '더불어 노는 것'인 데 반하여 무용을 전문으로 하는 예능인의 춤은 직업적이고 상업적이며 또한 전문적이고 예술성이 강하게 내포되어 연행된다. 무용치료에서 주목하는 움직임은 생활무용의 특성을 추구하나 춤은 서로 유사하고 서로 긴밀한 관계를 가지고 있기 때문에 엄밀하게 구별하기는 어렵다.

민속무용은 연수자, 연희집단의 기원이나 흘러온 경로에 따라 성격 면에서 다소 차이를 보이고 있으며 민중적인 무용이 다소 폐쇄적인 유통구조를 가진 데 비해 예능인의 무용은 개방적이라 할 수 있다.

연행양태로는 춤판이 벌어지는 배경에 따라 마당에서 하는 야외무용과 사랑방이나 마루에서 추는 실내무용이 있었으며 민중무용과 예능인의 무용을 막론하고 집단무용과 개인무용이 있다. 민중무용의 마당춤인 경우는 집단무용으로 농악, 강강술래, 노동무용과 같은 것이 있고, 농악을 예로 보면 춤 여러 종류로 행진무용(陣풀이)을 비롯하여 쇄집이 상모놀이춤, 설장구춤, 북춤, 법고춤 또는 강강술래의 술래춤, 놀이춤 등이 있는 것으로 보아 무용은 처해진 각각의 상황에 따라 다양한 형태로 나타나고 이루어져 왔음을 볼 수 있다. 또한 개인무용으로는 입춤이나 허튼춤이 있다. 그러나 이러한 개인무용은 집단무용의 형식에도 있을 뿐 아니라 사랑방이나 마루에서도 흔히 추고 있음을 본다.

---

9) 고려대학교민족문화연구원(1982), 한국민속대관, 105쪽.

한국의 민속무용은 고대의 경우 주술과 종교 의식적 동작으로 춤을 추었으며 고려시대에는 무예적인 동작으로 그리고 조선시대엔 농경 모의적 동작을 비롯하여 한층 오락적이면서도 예술적인 동작으로 추었다. 민속춤을 향유하는 계층 역시 서민 대중들로서 이들의 방식은 춤을 감상하는 것보다 직접 참여하여 함께 추는 것을 특징으로 한다. 따라서 민속 무용은 춤의 구성에 있어서 집단 개념을 가지며 개인적 창의성의 결과라기보다는 각 지역마다 오랫동안 추는 가운데 공동의 미의식에서 나온 공동 창작 춤이라 할 수 있다.[10]

민속무용은 창작자와 창작연대가 분명치 않으며 내용에 있어서는 소박한 감정을 표현하고 놀이로서의 유희적 성격의 기능과 사회 불만에 대한 서민으로서의 은밀한 표출인 지배계급에 대한 반발 의식이 포함되어 표현되어 있음을 볼 수 있다. 민속춤의 또 하나의 특징은 비전문성이다. 누구나 참여하고 만들어가는 특징으로 전문적 기술이 없이도 충분히 수행할 수 있기 때문이다. 무속과 축제의 성격이 결합된 놀이적 성격의 민속춤은 장소나 형식 그리고 구성원에 있어 대중 참여적이며 춤과 노래가 함께 어우러지는 특징도 가지고 있음을 볼 수 있다.

3. 한국의 무용치료

한국에서의 무용치료는 제정일치시대에 이루어진 제의식에서 찾을 수 있다. 무속에서의 무당은 제정일치사회의 무당에서 유래된

---

10) 김말복(2011), 『무용예술의 이해』, 서울: 이화여자대학교출판부, 348쪽.

것으로서 "무당을 일러 단군 또는 천군이라 하였고 무당의 역할은 '춤'으로써 재복을 기양하는 것"11)이라 하였다. 이처럼 무속에서의 춤은 역사 속에서 질병에 대한 치료나 예방을 목적으로 추어져 왔으며 인간 스스로 제어할 수 없는 불가항력적인 상황에 대한 하나의 해결책으로 자리해왔다.

기존의 한국 문화에서는 자기 스스로 병을 판단하고 민간요법에 의지하는 경우가 많았다. 그것은 의료혜택이 갖추어진 현대사회와는 다른 의료의 미분화적 형태로서 무속을 통한 굿의 연행으로 질병이나 장애에 대해 정신 및 심리적 위안을 취해온 것으로 보인다. 즉 굿이라는 의례를 통하여 질병의 위기에서 혹은 죽음을 대하는 두려움에서 벗어남을 추구하는 것이며 이렇게 볼 때 무용의 치료적 역할은 민중의 생활 속에서 이루어져 왔다고 할 수 있다.

다른 한편으로 앞에서 살펴본 음악치료와 연관되어 행해지던 한국의 전통문화인 영가무도에서 무용치료에 대한 근거를 찾을 수 있다. 서양에서 무용치료의 기원을 고찰하면서 이탈리아의 타란텔라 등을 인용하는 것과 마찬가지로 우리 문화 속에서 이루어지던 무용의 형태인 춤으로써 치료적 의의가 드러난 것은 영가무도이기 때문이다.

영가무도는 예로부터 가무를 즐긴 우리 민족에 의해 행해지던 삶의 한 형태이며 고유의 심신수행으로 조선 말 일부 김항(一夫 金恒, 1826-1898)의 창도에 의한 독창적인 창법과 동작들로 체계화되어 1976년 박상화의 '한국의 영가'로 새롭게 소개되었다.12)

---

11) 정병호(1999), 『한국의 전통춤』, 서울: 집문당, 61쪽.
12) 정유창, 김영희(2014), 「영가무도에 대한 문헌고찰 및 대체의학에서의 연구방향」, 『선도문화제』, 16집; 한겨레TV, 무용가 이애주의 오행소리 춤 '영가무도' [건강과 삶 #12] https://www.youtube 2018년 6월 29일.

영가무도의 영(詠)은 주술적인 것이며 가(歌)는 노래하는 것, 무(舞)는 춤을 추는 것, 도(蹈)는 춤을 추되 껑충껑충 빨리 추며 뛰는 것을 말하는 것으로 한국의 고유한 신체 문화에 있어 이러한 영가무도 수련법에서 무용치료적 의의를 유추할 수 있다.

영가무도는 처음에는 영으로 시작하여 한참 동안 단순한 발성과 명상을 하다가 가로 넘어가면 리듬과 흥이 가미되어 노래가 시작되며 노래가 점점 빨라지면서 손에 들고 있던 옻가락으로 장단을 맞추면서 서서히 일어서서 춤이 시작되는데 처음에는 천천히 움직이다가 빨라지고 나중엔 껑충껑충 뛰는 도의 상태로 넘어가 절정을 이루다 차츰차츰 춤이 느려져서 무 상태를 거쳐 다시 영으로 이어져 앉은 자세로 한참 동안 영룡 하고는 끝나게 되는 형식을 가지고 있다.

기본적으로 오행과 오장에 해당된 오음, 즉 '궁·상·각·치·우'의 구음, 즉 소리인 '음·아·어·이·우' 다섯 가지 소리를 하나씩 차례대로 돌아가면서 느린 속도에서부터 점차 빠르게 소리를 내면서 손과 발을 움직여 자연스러운 몸동작까지 이어지는 소리를 통한 수련법이다. 이는 사람이 하늘 기운과 하나 되어 노래하고 춤추는 것으로 몸을 움직여 자기를 다스리고 자기를 찾아가는 움직임을 통하여 깨달음에 이르는 선의 행위[13]로 오장을 통해 나오는 오음의 소리를 통하여 몸 안에 진동을 일으켜 장부와 공명을 하여 심신을 건강하게 하고 수련하는 소리기공법인 것이다.[14]

영가무도의 이러한 의식은 소리라는 리듬과 함께 무용이라는 신체의 움직임을 유발하여 신체 및 정신의 발산작용에 이르게 한다.

---

13) 이애주(2001), 「영가무도의 사상체계와 실제법도」, 『한국정신과학회학술대회 논문집』, 14, 한국정신과학회, 94쪽.

14) 정유창, 김영희(2014), 앞의 논문, 226쪽.

즉 신체의 움직임을 통해 정신건강과 육체적인 운동이 잘 조화되게 하는 이상적인 모델이라 할 수 있다.

전통문화에서의 고찰을 넘어서 현실적 무용치료에 대한 바탕은 신경정신과 의사들에 의한 무용이 치료적 도구나 수단으로 사용되는 예술치료에서 찾아볼 수 있다. 그러나 이는 단순히 정신치료를 목적에 둔 단순 도입이 아닌 1950년 발발했던 한국전쟁의 역사적 사건에서 비롯되었다. 전후 척박한 정서에 대하여 유석진은 예술을 환자치료에 접목시켰고 이는 미국에서의 무용치료 태동 역시 그러하듯 한국에서도 예술의 사회적 참여를 나타내는 것이다. 이후에도 60년대 초 유석진은 성 베드로정신병원에서 환자들에게 레크리에이션을 통한 동작을 하게 하였으며 신상철은 포크댄스음악을 사용하여 자율적으로 춤을 추게 함으로써 음악을 사용한 무용치료를 시도했다.

1989년 박선아의 경우 국립정신병원 여성입원환자를 대상으로 이루어진 무용동작치료에서 수행능력평가, 자아표현능력평가, 화자 자신의 평가에 효과적인 방법으로 나타났음을 보고하여 무용이 치료일 수 있음을 이야기했다. 이러한 예술의 치료적 역할은 1992년 '한국임상예술학회'의 발족으로 무용동작치료를 비롯한 다양한 예술치료가 함께 연구되는 계기를 맞이하게 된다. 그러한 활동의 하나로 독일에서 무용치료요법을 연구한 류분순은 1993년 국립정신병원의 김유광의 의뢰로 치료에 정신과 의료진과 팀을 이루어 시행했으며 임의영의 경우도 독일 연수 후 무용치료의 길을 여는 데 동참했다. 이러한 그녀들의 움직임은 무용치료라는 새로운 장을 열리게 했으며 이후 무용치료의 다양한 활동으로 이어진다.15)

---

15) 한국에서의 무용치료는 대학원의 심리치료 과정으로 개설되어 교육이 이루어지고 있으며 다

4. 한국무용의 특징

1) 춤사위

한국무용의 움직임을 박금슬(1982)은 발동작을 '세로', 팔동작은 '사위' 그리고 전체 동작에는 '체'로 구분하였고 춤동작은 '사위'나 '가락'을 붙여서 춤사위 또는 춤가락이라 한다.16) 현재에 이르러서는 한국 전통무용에서 이루어지는 움직임은 춤사위로 통용되고 있다.

한국무용의 춤사위를 김영희(1998)는 신체의 정렬에 있어 하체와 상체 그리고 전신의 형태로 나누어 이야기하였다. 하체 중심의 춤사위는 돋움체·받침체·무릎 굽힘체·발 구름체·까치 걸음체·무릎 밈체·무릎 뗌체·맴체 등 열 가지로 구분했으며 윗몸 사위는 수직 꺾음체·수평꺾음체·엇꺾음체·수평올림체·수평내림체·엇사선체·어름체·뿌림체 등 여덟 가지로 그리고 온몸 사위는 숨체와 학체 등으로 구성되었다. 특히 숨체는 호흡의 가장 기본이며, 이 숨체가 제대로 되어야만 한국무용에서 호흡의 기본을 올바르게 할 수 있다고 하였다. 숨체는 다시 큰숨체·사이 숨체·잔숨체·잔숨 맺음체 등

른 한편으로는 사회교육원의 과정개설의 형태로 이루어졌다. 대학의 경우 처음으로 무용동작치료대학원 과정이 개설된 서울여대를 비롯하여 순천향대, 대전대는 심리치료의 한 방편으로써의 무용동작치료를 지향하고 있으며 서울여대와 순천향대의 경유엔 임상실습과 슈퍼비전에 대한 과정을 요구하고 있으나 대전대는 필수 이수 규칙은 정해져 있지 않다. 이와는 달리 명지대의 경우는 평생교육사 2급 자격증이 수여되는 교과과정이 개설되어 있어 차이를 보이며 원광대의 경우는 예술치료학과 공연예술치료 전공으로 개설되어 오다 현재는 연극과 무용을 통합한 연극, 무용치료 전공으로 개설되어 있어 예술적 움직임 지향성을 추구함을 볼 수 있다. 사회교육원의 경우엔 무용치료의 도입 초기 1997년 동국대학교의 김진숙의 표현예술치료 과정을 비롯하여 2000년 임의영에 의한 세종대의 무용동작치료 과정 그리고 2009년 숙명여대에 개설되었던 통합무용치료 과정 등에서 볼 수 있다. 그러나 이렇게 개설된 사회교육원의 무용치료 과정은 이렇다 할 자격기준이나 과정 수료 후 진로에 대한 불투명함으로 말미암아 점차 사라짐을 볼 수 있다.

16) 임학선(1997), 「한국민속춤의 구조에 관한 연구」, 『한국무용연구』, 제15집, 2쪽.

네 가지로 구분됨을 이야기하고 이러한 춤사위를 올바로 이해하고 호흡으로 이루어졌을 때 춤이 제대로 이루어진다고 하였다.[17]

정리하자면 춤사위는 민속무에서 춤의 기본이 되는 낱낱의 일정한 동작을 이르는 말로서 보편적으로 춤으로 이루어지는 움직임을 말할 때 쓰인다. 춤사위는 사방공간에 형성되는 갖가지 몸놀림인 춤동작의 최소 단위로 이루어진다. 이러한 춤사위의 생성과정은 시대적 상황과 맞물려 나타나고 전통문화에서 비롯된 것으로 한국인의 넋과 얼이 깃들어 있다.

사람의 몸에 있으면서 몸을 거느리고 정신을 다스리는 비물질적인 넋은 단순히 신체를 춤으로 표현하는 도구로써만이 아닌 정신과 신체가 함께 어우러져 작용함을 이야기한다. 몸의 율동이 상징적으로 나타나는 춤사위는 일상적이고도 보편적 몸짓이 역사의 흐름과 함께 예술적으로 승화되어 나타난 삶의 구체적인 몸짓인 셈이다. 그러한 최소단위의 춤사위가 모여서 춤 틀이 짜이고 춤이 구성된다.[18]

신체 움직임인 한국의 전통 민속무용의 춤사위는 기본동작과 즉흥으로 나뉜다. 춤사위는 획일적이지 않고 다양하며 자유로운 것을 특징으로 하며 이는 춤을 이루어지게 하는 데 중요한 역할을 하는 음악에 의한 것이라 할 수 있다. 다른 한편으로는 춤추는 목적 또는 지역에 따라 춤사위가 다르게 나타나기도 한다. 농악과 탈춤의 춤사위가 그러하며 각각의 지역의 문화가 반영되어 특색을 지니고 표현되어 나타난다.

또한 한국의 전통무용은 호흡과 함께 몸 전체가 하나로 같이 움

---

17) 김영희(1998), 앞의 책, 42쪽.

18) 이애주(2002), 「한국의 굿에 나타난 굿춤-경기도 당굿을 중심으로」, 『샤머니즘연구』, 4권, 266-267쪽.

직이며 조화와 통일감을 추구한다. 움직임의 기본자세는 척추를 바르게 세우고 단전을 중심으로 좌우대칭 혹은 수족상응으로 동작이 이루어진다. 이는 뉴턴의 작용 반작용의 법칙으로 좌측 손이 뻗어질 때 우측 손이 휘감아지거나 하체 굴신의 반동으로 상체가 자연스럽게 펼쳐지며 이루어지며 이러한 동작은 부드러운 곡선으로 태극을 그리며 이루어지게 된다.[19] 무릎을 구부리고 팔과 다리를 굽힌 상태에서 호흡을 들이쉬는 것과 함께 신체의 구부림이 완만하게 펼쳐지며 곡선의 형태로 사지가 펼쳐지는 것이다.

또한 어깨춤을 중시하고 제자리걸음이나 발바닥과 지표 간의 유희나 어우르기로 호흡과 함께 사지와 몸통이 함께 폈다 구부렸다 하면서 이루어진다. 따라서 한국 춤은 지상에 깊이 뿌리박고 있는 듯한 인상을 주며[20] 마치 지구 중력에서 잡아당기는 보이지 않는 고무줄에 강력하게 묶여 있는 것 같은 느낌을 갖게 하는데 한국무용이 하체 중심의 춤이라는 표현은 여기에서 기인한다.

한국의 춤에선 여백이 존재한다. 예컨대 살풀이의 경우 긴 수건을 허공에 뿌리거나 휘둘러 하나의 형상으로 만들어내며 그러한 형상이 그려지는 공간은 춤추는 춤사위와 어우러져 하나의 그림으로 자리하게 한다. 이러한 한국무용의 특성은 춤을 출 때에 밖으로 보이는 기교보다는 감정을 밖으로 드러내지 않고, 동작 하나하나에 전력을 기울여서 단순한 동작이 아닌 춤 정신을 표현하려고 한다. 즉 내면을 강조한 춤이라고 할 수 있다.

---

19) 김은희(2014년 1월 16일), 장소: 두리춤터, 주제: 박금슬 춤동작의 원리해설이해(기본춤으로 보는 한국 춤의 흐름) 강연 및 '우리 춤 움직임의 원리 이해' 김은희 본인 작성 이론자료집.
20) 김말복(2011), 앞의 책, 358쪽.

2) 한국무용의 동작원리

한국무용의 동작 구조 원리를 정병호(2004)는 천지인(天地人)의 三才思想으로 이야기했다.[21] 삼재(三才) 혹은 삼원(三元)은 하늘, 땅, 사람을 가리키는 것으로 우주와 인간 세계의 기본적인 구성 요소이면서 그 변화의 동인(動因)으로 작용한다. 천지인의 기본 단위가 되는 하늘, 땅, 사람은 일차원적이거나 평면적이 아닌 하나의 공간 구조 속에서 가질 수 있는 개념이다. 천·지·인의 공간구조는 역학(易學)[22]에서 말하는 '도(道)'[23]를 의미하며 '生生의 原理'를 말하는 것으로 한국무용의 동작원리를 말한다.[24]

이처럼 삼재사상은 동작의 생성과정에 매우 중요한 작용을 하며 음양의 조화와 균형에 의해 신체의 중심을 이루며 연행되게 한다. 동양의 사상에서 태극은 천지만물의 모든 존재와 가치의 근원이 되는 궁극적 실체로서 혼돈의 상태를 이르기도 한다. 이러한 사상적 근원의 태극은 음(陰)과 양(陽)으로 나누어지고 이것은 또다시 4상(四象) 8괘(八卦) 등으로 전개된다. 여기에서 음과 양은 조화원리로서 서로의 상호작용을 통해 천지 만물의 근원적 원리를 제공한다. 천지의 공간에 존재하는 모든 것은 이러한 상호작용에 의해 변화하는 것으로서 여기에서의 변화는 기(氣), 즉 활동하는 힘을 말한다. 기의 움직임은 살아 있는 생명의 움직임으로서 눈에는 보이지 않으나 오관(五官)으로 느껴지는 현상, 즉 기운이라 할 수 있다.

---

21) 정병호(2004), 앞의 책, 57-97.
22) 주역을 뜻하는 것으로서 주역의 괘(卦)를 해석하여 음양 변화의 원리와 이치를 연구하는 학문을 말한다.
23) 여기에서의 道란 움직임을 규정하는 하나의 원리를 이른다.
24) 김용복(2008),「한국무용 구조의 역학적 해석」,『유교사상연구』, 제31집, 415쪽.

움직임을 바탕으로 이루어지는 무용 역시 기의 흐름에 따라 진행되며 천지일월과 감응하는 기의 흐름은 한국무용 동작원리의 틀이라 할 수 있다. 즉 한국무용의 호흡과 연행되는 순환적 동작구조는 시간의 흐름에 따라 이러한 음양을 움직임으로 나타내는 것이다.

춤과 함께 이루어지는 들숨은 양의 기운을 생성하고 날숨은 음의 기운을 생성하게 하는데 이 두 가지의 기운 모두 호흡으로서 서로 반복된 순환과정으로 이루어진다. 음양이 우주의 기와 감응하는 한국무용의 동작구조는 음과 양이 서로 대합하여 움직임을 유발하고 '기'와 '힘'의 대항과 충돌, 통일과 해결, 감응과 반응의 과정 중에서 점차적으로 무용의 동작을 결정하게 되어 춤사위가 형성된다.[25]

한국무용의 구조 원리인 '맺고, 풀고, 어르고 당기는' 움직임에는 이러한 음양에 기반한 대삼소삼(大三小三)[26]의 원리를 가지고 있다. 즉 한 번은 크고 이어지는 다음 동작은 작게 함으로써 동작에 강약을 줄 수 있을 뿐 아니라 변화를 가지게 하는 움직임을 통해 어르고 맺고 풀기 반복구조를 갖는다.

한국무용의 공간적 구조는 춤을 행하는 몸의 방향을 천지 사방으로 활용하게 하며 단순히 신체의 움직임이 아닌 호흡과 어우러져 공간 자체를 활용하게 한다. 또한 한국 전통무용은 근본적으로 몸의 전면이 향하는 쪽으로 진행해 나아가면서 이루어지며 선적인 흐름을 강조하는 느낌을 준다. 한국의 춤은 보여주기 위한 공연관람을 목적으로 만들어진 서양의 발레에서처럼 도식적이고 의도적으로 짜여 있

---

25) 김용복(2008), 앞의 논문, 442쪽.
26) 민속장단과 관련된 용어의 하나로 어느 장단에서 음악적으로 대(對)가 되는 두 부분의 이름이 대삼 소삼이다. 이 말은 흔히 음양 또는 암채와 수채라는 말로 사용되기도 하며 한국 전통무용의 춤사위에 있어 모든 몸놀림은 한 번을 크게 하면 그다음은 작게 하고, 한 번을 작게 하면 그다음은 반드시 크게 하는 것을 이르는 용어. 송방송의 『한국음악용어론』, 2권, 608쪽 참조.

지 않고 자연적으로 발생한 민속무용에서 비롯되었기 때문이다.

더불어 흔히 한국예술이나 한국무용의 아름다움을 선의 멋이나 선적인 흐름으로 설명하는 것을 볼 수 있는데 한국무용이 음양과 태극구조에 부합되는 구조로 구성되어 춤사위를 형성하며 움직임은 무한히 연속되는 것 같은 특성을 지니기 때문이다.

즉 인간과 자연을 대립적인 관계로 설정하고 인간이 자연을 합리적으로 극복해가고자 했던 서양과는 달리 인간과 자연의 융합을 통해 조화롭게 살아가고자 한 사고방식에서 비롯된 것이다.

따라서 서양의 춤이 미리 계획되고 인위적으로 다듬어지고 합리적인 형식을 갖춘 매끄러움을 우선시했다면 한국무용은 계획하지 않은 우연을 끌어들여 감정이 흐르면 흐르는 대로 따라가는 몸놀림으로 표출하는 자연스러움을 추구한다. 즉 공간과 대지와 움직임들 간의 관계설정에서도 이것과 저것 간의 양자택일이 아니라 서로 융합하고 조화시키는 관점, 즉 정지순간과 동적인 순간이 함께 공존하고 융합되는 순간으로, 이 순간이야말로 자연과 인간, 공간과 움직임이 서로 소통하며 함께 살아가는 방식이라 생각하였으며 그러한 정신이 반영된 것이 바로 한국무용이다.27)

3) 호흡

호흡에서의 들숨은 호흡기관의 팽창을 가져오고 내쉴 땐 숨을 뱉어냄으로써 수축을 가져오게 한다. 어느 움직임이나 그러하겠으나 특히 한국무용은 신체 호흡기관의 수축과 팽창에 의해 이루어지는

---

27) 김말복의 앞의 책, 360-362쪽.

호흡을 기본으로 하며 이는 기본적 삶의 원동력에 대한 희구에서부터 비롯되는 것이라고 말할 수 있다. 한국무용에서 이루어지는 호흡은 '들숨', '날숨' 그리고 '멎숨'[28]으로 나누어져 나타난다. 춤사위를 통한 호흡과정에서 들숨은 호흡기관을 통해 들이쉬는 것으로서 외호흡의 기본을 제공한다. 한국무용의 춤사위를 통해 들숨으로 들이마신 숨, 즉 공기는 인체에 산소를 공급하게 되고, 멈추어 정지하거나 내쉬어지기 전의 춤사위 속에서 내호흡의 과정들을 맞게 되며, 다시 뱉어지는 과정에서 가스교환으로 이어지게 하여 외호흡을 완성하는 형태를 가지고 있다.

한국무용에서의 호흡은 하단전을 기본으로 숨을 들이쉬고 그다음에는 자연적으로 숨을 내쉬면서 비워주게 되는 것으로 이러한 호흡의 원리에 따른 춤사위는 숨을 내쉴 때 허리가 내려가져 자연스럽게 굴신을 하게 되고 들이마실 때에는 허리가 펴져 자연스럽게 무릎이 펴지면서 올라가는 형태를 취한다. 즉 무릎을 굽힐 때 호흡을 내쉬며 발이 천천히 들어 올려지면서 이때 몸의 균형은 아랫배의 중심인 단전에 주어지고 이러한 단전에서의 호흡이 자연스럽게 동작[29]으로 이루어지게 한다.

팔 동작 역시 같은 원리로 작용하여 단전에서 끌어올린 호흡으로 숨을 들이마실 때 다리가 펴지면서 팔이 겨드랑이를 시작으로 자연스럽게 옆으로 들어서 올라간다. 숨을 내쉴 때 이루어지는 다리는 굴신이 이루어지고 팔이 앞뒤로 휘감아지는 동작을 할 수 있게 한다. 우리가 표면적으로 보이는 팔을 안고 감고 푸는 동작은 이러한

---

28) 임학선(1998), 「한국춤의 호흡구조에 따른 호흡유형 및 특성 연구」, 『대한무용학회』, 35권, 6-7쪽.
29) 심혜경(2004), 「전통 춤 호흡의 분류에 따른 특정 연구」, 『한국스포츠리서치』, 15권 4호, 928쪽.

호흡의 원리가 반복되는 것이며, 나아가 걷고 뛰고 돌기를 할 때에도 마찬가지로 한국무용의 모든 동작은 굴신할 때에 내쉬는 날숨과 일어설 때의 들이마시는 들숨의 원리로 춤을 춘다. 특히 들숨과 날숨 사이에 마치 정지 상태와 같은 멎숨의 구조는 보다 깊은 호흡으로 유도함을 볼 수 있다.

특히나 한국무용의 멎숨은 호흡을 놓지 않고 숨을 내쉴 때 단전에 모은 기를 모두 풀어버리는 것이 아니라 계속해서 아랫배를 조여줄 뿐만 아니라 항문 주변의 괄약근을 조여주어 힘이 풀리지 않도록 잡아주면서 가슴의 명치 부위에 모아지게 한다. 즉 한국무용에서 호흡은 단순히 호흡기에서 이루어지는 흡식과 호식만이 아닌 흡식으로 들이마신 공기를 뱉어내지 않고 머금음으로써 에너지를 얻는 것으로 해석된다. 이는 '멎숨'에서 이루어지는 춤사위가 호흡을 머금고 있는 상태로서 몸 전체를 움직이지 않고 근육만을 수축하는 움직임인 등척성(isometric)운동임을 이야기하는 것이다. 이러한 '멎숨' 상태는 한국무용에서 호흡의 균형이 깨지지 않도록 이루어지는 미세한 호흡이며 춤의 흐름을 조절하게 한다.

또한 호흡을 발끝에서부터 머리 위의 정수리까지 끌어올리고, 끌어올린 호흡의 힘으로 이루어지는 상체 운동은 손끝에서부터 손목·팔꿈치·겨드랑이·어깨·가슴에 이르기까지 호흡 점을 찍어, 호흡이 끊어지지 않게 이루어짐을 볼 수 있다. 이는 호흡지점을 서로 연결하듯이 몸의 공간이 확장되는 느낌으로 이루어지는 것으로서 이러한 호흡의 기본 원리는 앉은 자세·선 자세·누운 자세 그리고 뛰는 자세에서도 모두 같은 원리가 적용된다고 할 수 있다. 어떠한 자세에서도 호흡은 몸의 중심인 단전에 두고 대·소·강·약의 동

작을 행하게 되는 것이다.[30]

호흡은 신체의 긴장과 이완에 커다란 영향을 미치며, 육체적, 정신적으로 긴장과 이완을 불러일으키기 때문에 동작을 일으키게 하는 원천이며 원동력이 된다. 한국의 춤사위는 우리 춤의 정서를 기본 지식으로 감정과 함께 호흡의 적절한 배합과 통제가 주된 원리로 이루어진다. 이러한 호흡을 통한 신체 움직임의 반영은 일상 또는 여타의 운동을 통하여 이루어지는 일반적 호흡과 구분된다.

호흡구조를 살펴보면 호흡근인 횡격막의 중심부에는 건 막인 중심 건이 자리 잡고 있는데 이 중심 건은 호흡작용과 연관되어 있다. 숨을 들이마시게 되면 횡격막은 수축되고 중심 건으로 집결되며, 숨을 내쉬면 중심 건에서 횡격막의 앞, 옆, 뒤 등 전체 방향으로 늘어나 횡적인 움직임을 하게 한다. 많은 사람들이 복식호흡을 할 때 복부 쪽의 움직임에 집중하는 경우가 많은데 이러한 방법은 상체의 뒤쪽, 즉 척추 쪽을 수축하게 하는 결과를 가져올 수 있다. 그러므로 호흡을 할 때 가슴이나 복부 쪽에서만 호흡을 인지하는 것이 아니라 상체의 사방에서 호흡을 감지할 수 있도록 하게 된다.

---

30) 박미영 외 2인(2010), 「필라테스와 한국무용의 호흡법 비교 탐색」, 『한국체육철학회지』, 18(1), 326-328쪽.

* 그림 설명
  호흡을 통해 이루어지는 에너지, 즉 기의 흐름을 나타낸 그림으로 호흡의 중심을 인식하게 한다.

그림 4. 내적 공간
이미지(inner space)

* 그림 설명
  내적 호흡에 의해 중심에서 발현된 에너지는 자연스럽게 밖으로 표현, 즉 외적 에너지 발산으로 이어진다.

그림 5. 외적 공간 이미지
(outer space)

* 그림 설명
  가장 이상적인 몸의 에너지 흐름을 나타내는 모형으로서 내적 공간과 외적 공간이 함께 어우러져 조화를 이루게 되는 것으로 아름다운 뫼비우스 띠를 형성한다.

그림 6. 내적·외적
공간의 통합 이미지

호흡에 대한 움직임의 변화 및 표현에 대하여 바티니에프는 호흡의 연상기법을 통하여 횡격막의 움직임을 심상에 적용, 바른 호흡 방법을 제시하고 있다. 그림31)에서와 같이 신체의 에너지, 즉 기의 흐름은 단전을 중심으로 안에서 밖으로 발현함을 알 수 있다. (그림 4)에서와 같이 단전에서 시작된 에너지의 파장은 (그림 5)에서처럼 사지를 통하여 외부에 발산되며 외부의 에너지 역시 받아들이게 되어 보다 증폭된 에너지의 사용으로 이어짐을 볼 수 있다. 밖으로 발현된 기는 (그림 6)에서와 같이 뫼비우스 띠처럼 다시 안으로 흐르는 구조가 되어 태극의 구조와 같은 원리로 에너지를 순환하게 한다.

이러한 기는 호흡에 의해 순환의 구조를 이루게 되고 그것이 움직임으로 발현되어 춤사위를 이룬다. 음이 가득 차면 양으로 발현되고 두 가지가 동시에 나가면 상충하고 보완하는 태극에 이르게 된다.32) 호흡에 의한 춤사위 역시 그러한 원리로 맺었다 풀었다 당겼다 밀었다 하는 형태로 연행되게 되는 것이다. 그것은 힘이 균형 있게 이동하는 것으로서 한국무용의 움직임에 자연스러운 표현으로 이어지며 특히나 굴신과 곡선 등의 아름다움으로 표현되게 한다.

한국무용의 특징으로 호흡을 꼽는 것은 바로 이 때문이다. 즉 호흡은 단순한 일반적 호흡이 아닌 들이쉬고 머금어 다시 뱉어내는 순환의 구조로 보다 깊은 호흡을 유도하고 그러한 호흡의 구사에 따라 신체의 에너지도 더불어 증폭되는 효과로 자리한다.

서로 맞물린 모형인 음양의 상반된 두 기운이 어우러지며 균형, 평온, 조화 등이 내포되어 있는 태극에서처럼 한국 춤 동작의 내면

---

31) 조은숙, 이경희(2009), 「신체동작치료에서의 호흡에 관한 연구-바티니에프 기본(Bartenieff Fundamentals), 필라테스(pilates) 그리고 타프 테크닉(Topf Technique)을 중심으로-」, 『무용예술학연구』, 제36집 3호, 166쪽 그림 인용과 함께 글을 참조 요약함.

32) 임학선(1997), 「한국민속춤의 구조에 관한 연구」, 『한국무용연구학회』, 15권, 7쪽.

에 평온과 균형이 유지되고 조화가 깃들어 반복과 변동을 통하여
만물을 생성 변화33) 시키는 것처럼 에너지를 생성케 함을 다음의
(그림 7)에서 볼 수 있다.

* 그림 설명
  태극(太極)은 만물의 총체적인 보편 원리인 동시
  에 특수한 개별자들의 특수 원리가 된다. 또한
  움직임이 없으면서도 움직일 수 있는 능력을 지
  닌(寂而感) 존재로 이해한다.34)

그림 7. 태극 순환구도

　더불어 한국무용은 본래 엇박자가 대부분인데 거기에서 바로 '맺
고 풂'의 원리가 작용한다. 한국무용, 특히 민속춤을 수행할 때 특히
나 느린 템포에서 박자는 '하나, 둘, 셋, 넷' 이렇게 정박으로 맺어지
는 것이 아닌 '하나아, 두울, 세엣, 네엣' 하여 박자 안에 하나의 박
자를 더 넣은 엇박자의 형태가 대부분이다. 이러한 엇박은 딱딱 끊어
지는 것이 아닌 마치 맺고 푸는 것과 같은 리듬감을 주는데 이는 호
흡의 들숨과 날숨에 의한 팽창과 수축의 원리와 일치한다. 맺고 풂으
로 나타나는 엇박은 동작을 매끄러운 흐름으로 나타나게 하며, 이를
통해 한국무용의 자연스러움이 표현된다. 즉 한국무용에서의 동작이
끊어질 듯 다시 이어지는 곡선의 흐름으로 나타나는 것은 끊이지 않
는 호흡법으로 운용되는 춤의 움직임 원리에서 나오는 것이다.35)

---

33) 임학선의 앞의 논문.

34) 그림 출처: encykorea.aks.ac.kr, 2013년 12월 25일.

35) 김영희(1999), 『호흡창작기본』, 서울: 현대미학사, 35쪽.

또한 한국무용의 춤사위를 그려냄에 있어 흥겨울 때에 장단을 맞추며 변화 있게 내는 소리로 '얼씨구절씨구'라는 추임새가 있다. 힘의 이동이 느껴지는 이 추임새는 보통 어깨춤을 나타내는 의성어로 무게중심인 중심축(center of axis)을 기점으로 장단에 맞추어 좌, 우 또는 앞, 뒤로 그리고 상하로 자유롭게 움직이는 상태를 표현한 것이다. 이러한 춤사위는 무게중심이 흐트러지지 않는 축의 유지가 매우 중요하게 작용하며 끊임없이 들숨과 날숨으로 교차 수행으로 이루어진다. 이와 같이 다른 양극의 방향으로 잡아당기듯 호흡하는 것을 '공간적 장력(spatial pull)'36)이라고 하며 동작을 수행하기 위해서는 호흡이 함께 이루어져야만 가능하게 된다.

4) 놀이

한국의 문화는 놀이의 문화라 할 수 있다. 윷놀이, 차전놀이, 남사당놀이, 별산대놀이에 이르기까지 다양한 형태로 전해져 오고 있는 것이 그 예이며 심지어 무당에 의해 이루어지는 굿조차도 하나의 놀이로 진행된다.

이렇게 한국의 민속 깊숙이 자리한 놀이 속에서 춤은 빠질 수 없는 요소로 자리해왔다. 무당의 세계에서 '놀다'의 의미는 신이 몸에 실려 노래와 춤과 공수 등을 행하는 굿 놀이 활동을 뜻한다. '놀다'라는 말이 지닌 종교성을 거슬러 올라가면 원시 종합예술 활동과 닿아 있으며 신에게 제의를 바치는 활동이 바로 놀이였던 것이다.

제의 속에서 이루어진 굿춤은 놀이로 승화된 대표적인 예이며 살

---

36) 박미영 외 2인(2010), 앞의 논문.

풀이춤의 경우 한국 전통무용 춤사위들이 집합되어 나타나는 것을 볼 수 있는데 이것 역시 굿춤을 기원으로 하고 있다. 살풀이춤의 경우 보다 춤이 추어지는 자체에 목적을 두고 만들어져 놀이라는 목적에 보다 부합되게 만들어져 더욱 선명한 놀이적 요소를 지닌다.

한국 문화에서의 놀이는 춤판, 굿판, 놀음판처럼 판에서 이루어진다. 일이 벌어진 자리나 장면을 이르는 뜻인 판은 혼자만의 놀이가 아닌 다수에 의해 일어나는 일임을 유추할 수 있다. 즉 공동체적 놀이 성격을 말해 주고 그러한 성격이 드러나는 것이 민속놀이에서 이루어지는 노래와 춤이다.

고구려의 가무, 백제의 잡희 그리고 신라시대의 백희와 고려의 가무백희, 조선시대의 산대잡희가 그것이다.37) 더 멀리는 삼국지 위지 동이전의 고구려조에 의하면 백성이 노래하고 춤추며 즐기는데 마을과 부락에서는 저녁이 되면 남녀가 서로 어울려 노래하고 놀음을 한다고 하였다. 이러한 예는 부여, 마한 등에도 보이며 그 후한서에는 그 풍속이 노래하고 춤추며 즐겼음을 이야기하고 있다.38) 이렇게 유구한 역사 속에 놀이는 민중과 함께 해왔으며 그러한 놀이는 삶에서 비롯되었다.

삶은 일, 즉 노동으로 이루어진다. 혼자서 하는 놀이는 문화적 생산에 크게 기여하지 못한다. 놀이에서 발견되는 기본적 요소들인 도전・자랑하기・뽐내기・과시하기・허세・구속력 강한 규칙 등은 공동체적 생활의 기본 바탕 정서다. 이렇게 보면 오락 삼아 하는 경쟁과 과시는 문화에서 나온 것이라기보다 문화 이전에 존재하는

---

37) 김온경(1991), 『한국민속무용연구』, 서울: 형설출판사.

38) 고려대학교민족문화연구원(1982), 한국민속대관, 무용편. 105쪽.

것[39]으로 놀이는 선험적이고도 무의식 속에 내재한 하나의 삶이라고 이야기할 수 있다. 즉 한국 문화 속에 내재된 놀이는 개인적 놀이가 아닌 역사 속에 면면히 내려와 공동체적 지향을 내재하는 것이며 그 근원은 노동에 있다고 할 수 있다.

실제로 한국 민속무용에서 대부분은 노동이 놀이로 정착된 것이 다수 발견된다. 예컨대 길쌈놀이, 논매기놀이 심지어는 죽은 이의 장례에서조차도 상여노래에 따라 하나의 놀이로 진행됨을 볼 수 있다.

여성들의 놀이인 길쌈놀이나 강강술래놀이 등에서 보면 앞소리꾼의 소리에 따라 노동의 동작을 놀이의 동작으로 전환시켜 노래와 춤으로 이루어진다. 여기에서 앞소리꾼은 놀이를 이끌어가는 역할을 하게 되는데 이는 마치 오케스트라의 지휘와 같은 양태라 할 수 있다. 농악에서의 상쇠 혹은 노동요에서의 선소리꾼의 선창에 따라 악기를 두드리거나 노래를 부르고 흥이 올라 춤으로 이루어지는 민속에서의 놀이는 노동의 고단함을 잊게 하고 일을 성취해내는 역할을 하였다.

노동의 현장에서뿐만 아니라 세시풍속인 명절에 다수의 사람들에 의해 연행되는 공동체 놀이로 만들어진 민속에서의 놀이는 추수감사제와 같은 축제의 의례로 만들어졌으며 삶의 능률을 올려주고 정신적, 육체적 고통을 덜어주는 역할을 했던 것이다.

5) 신명

한국 문화의 대표적 정서로 한(恨)이 있다. 한은 이상적 자기에 근거한 자신의 높은 자기가치감에 대한 씻을 수 없는 큰 타격으로

---

39) 요한 하위징아(2008), 『호모루덴스』, 도서출판까치, 119쪽.

발현되는 정서이며 신체 및 정신을 경직되게 하고 움직임을 자유롭지 못하게 한다. 그러한 한에 대하여 민중은 억압된 일상에서 놀이로 풀려고 시도해왔다.

앞서 놀이문화에서 볼 수 있듯이 한국의 놀이문화는 집단적으로 이루어지는 성격을 띤다. 민중은 서구에서처럼 고난과 역경에 대한 극복을 개인적 관점에서의 접근이 아닌 공동체 안에서 극복하고자 한 것이다. 공동체에서 이루어지는 놀이는 하나의 응집체로서 고난에 대한 어려운 상황을 함께 헤쳐 나아감이며 이러한 상태에서의 긍정의 정서인 흥이 오르게 되면 집단 신명에 이르게 된다.40)

자신의 한계를 넘어서는 경험은 한의 정서로 대변되는 억눌리고 부당한 것에 대한 해소로 이어지며 놀이를 통해 발산되는 정서는 한과 같은 억압의 상태를 풀어지게 한다. 놀이 속에 이루어지는 집단적으로 약속된 무질서나 개인적 스스로의 파괴 과정은 몰입의 상태로 이끌어지고 신명에 다다르게 하는 것으로 춤의 측면에서 보면 민속놀이에서 연행되는 춤을 통해 사람들은 평소 가슴에 맺힌 것들, 억눌려 응어리진 것들을 격식에 얽매임 없이 발산하게 한다.

집단적 신명은 한 덩어리로 서로 굳게 뭉치는 연대의식을 갖게 하고 그러한 정서는 단지 상대방의 머리로 이해하는 데 그치는 것이 아닌 상대방의 총체적 경험을 공유하는 공경험(共經驗: co-experience)41)의 상태이다. 이러한 경험은 자신을 객관화시켜 볼 수 있는 공동체에서의 공감 경험이며 자신의 감정을 상호 확인하는 피드백으로 더욱 증폭되는 과정을 거치게 된다.

---

40) 채희완(1985), 『공동체의 춤 신명의 춤』, 서울: 한길사.

41) 한민, 한성열(2009), 앞의 책, 88쪽.

또한 한국의 놀이에 내재된 난장은 신명에 이르게 하는 바탕의 재료로 작용한다. 민속놀이의 공통점은 중국에 보이는 난장의 형태이며 이때 의도적으로 난장을 벌이고 기존의 질서를 무너뜨린 다음, 혼돈 속에서 신명을 찾으려 한다. 한국의 무속에서 보이는 굿은 특히나 이러한 난장의 성격이 두드러지게 나타나며 신명을 유발하게 한다. 기존의 질서를 놀이 속에서 무너뜨리고 자유분방함을 경험함으로써 일상에서는 할 수 없었던 일들을 행하거나 억눌렸던 감정을 발산하게 되는 것으로 원시 부족이나 북미 인디의 문화에서 볼 수 있는 포틀래치와 비슷한 개념으로 보인다.

신명에서의 난장은 아노미적인 혼돈이 아니라 문화적으로 약속된 무질서로 일상생활에서 쉽게 할 수 없는 감정 표현과 행동들이 허용되는 현장이다. 여기에서 신명의 기능적인 측면을 발견할 수 있다. 이러한 문화적 무질서 상태는 이전의 삶에서 일어났던 여러 갈등 때문에 빚어졌을 욕구 불만의 훌륭한 배출구로 작용한다. 그것은 가난과 핍박의 억눌림에서의 해방을 뜻하며, 맺힌 한의 상태에서 풀린 자유의 상황으로 전환하게 되는 계기이기도 한다. 그러므로 신명의 치유성을 이야기함에 있어 일차적인 기능적 의미는, 평소에는 할 수 없었던 감정을 신명을 통하여 밖으로 표출, 내재된 억압이나 응어리 등을 풀어 해소하게 함을 들 수 있다.

더불어 신명은 긍정적 정서로서 기운을 나게 하는 특징을 지니고 있다. 신명은 자신 안에 내재한 에너지를 놀이 속에서의 몰입을 통해 발현하는 것으로 그로 인해 응어리진 갈등을 풀어낸 뒤 도달하게 되는, 생명 에너지가 가득하게 충전된 상태이며 이는 창조적 에너지로 억눌려 있던 잠재력이 극대화되어 거칠 것 없이 분출하는

것으로 나타난다.42)

신바람은 흥으로도 나타나고 희열로도 나타나며 눈물로도 나타나지만 논리적으로 따져지지 않는 저력으로도 나타난다고 했다.43) 그것은 에너지의 생성이 극대화되어 나타날 수 있음을 이야기하는 것으로서 질병 혹은 장애, 그리고 일상에서 비롯된 우울증(depression)으로 인한 에너지 방출 상태에서 새로운 에너지를 가지게 해줄 수 있음을 이야기한다. 즉 춤의 연행에 따른 몰아의 체험은 모든 것을 잊게 하는 비움의 상태를 가져오게 하고 신명나게 하여 새로이 채워지는 에너지화에 의해 힘이 나고 어려움을 극복하게 하는 역할을 하는 것이다.

춤은 인간의 의식과 신체가 총체적으로 구현되는 제일의 표현수단이며 가장 직접적인 인간의 발로로서 실존하는 생활세계의 발현 그 자체이다.44) 또한 춤이란 현상은 인간 체험의 원초적 상황이며 흐름으로 추상적인 것을 구체적인 모습으로 뚜렷이 나타나게 하는 육화(신체화)된 인간의식의 발현이며 생활세계의 표출이다.45) 이러한 춤에 대한 정의를 바탕으로 오율자(2005)는 신명을 자신의 몸에서 자발적으로 발현되는 움직임의 질적 양태 또는 수행자 육신에 체득되는 육화된 의식의 총체적 발로라고 하였다. 신명이 자발적 움직임인 무용을 통하여 비의도적으로 발현함을 이야기하는 것이다.

무용에서 최적의 경험에 이르는 몰입의 상태46)와 엑스터시의 경

42) 채희완(1983), 「집단연희에 있어서 예술체험으로서의 신명」, 『호서문화논집』, 2권, 107-121쪽.
43) 이규태(1991), 『한국인의 의식구조』, 서울: 신원문화사.
44) 정병호(1991), 『한국의 민속춤』, 서울: 삼성출판사.
45) Sandra, H. F.(1987), *Dance and the lived Body*. Pennsylvania, Pittsburgh: University of Pittsburgh Press, 11쪽.
46) 미하이 칙센트미하이(1975), 앞의 책.

험인 황홀경의 신명은 아무런 생각이 없는 시간의 파괴와 의식의 확장에서 공통점을 가진다 할 수 있다. 또한 몰입과 신명은 외적 환경이나 타자에 의해서 만들어지는 것이 아닌 내적 발현이라는 점에서 유사성을 찾을 수 있다. 특히나 전통 예술 분야에서 신명 경험을 묘사한 부분들을 보면 몰입 경험과의 관련성은 더욱 두드러진다.

신명에 이르게 하는 구체적 요인은 일체감, 몰입, 쾌락, 용해, 초월 등의 차원으로 극히 개인적으로 한국무용에서만 나타나는 독특한 체험이며 오율자(2005)에 의하면 신명의 경험에 대한 요소를 13개 범주에 대하여 정의하였다. 그 범주는

> (1) 전체로서의 세계인식, (2) 완전한 집중, (3) 체험 대상의 본질 자각, (4) 충족한 인식, (5) 일상적 자아의 초월, (6) 자기확신적 체험, (7) 시공의 특별한 인식, (8) 선택성과 당위성의 용해, (9) 완전함의 자각, (10) 자연스러움, (11) 경이로움과 감탄의 체험, (12) 이원론적 인식의 용해, (13) 공포감의 사라짐[47]이다.

신명 경험은 그것 자체가 일종의 역동적 무아지경의 체험이며 춤의 본질적 차원에서 '신명의 춤 미학'이라 할 수 있다. 즉 집중된 몰입은 자아를 초월하게 하여 완전한 자각에 이르게 하고 자연스럽게 두려움이나 장애를 넘어서는 것이 춤이라는 예술을 통해 이루어짐을 이야기하는 것이다.

물론 각각의 개인적 경험이며 신명 경험을 위해서는 기술적 숙련도가 전제되기도 한다. 신명으로의 도달은 어느 한순간에 이루어지지만 그 상태로의 유입까지는 과제의 난이도와 숙련도의 함수로 표

---

47) 오율자(1995), 「신명에 관한 연구」, 『대한무용학회』, 18권, 166-168쪽.

현되는 몰입의 성격과 매우 유사하게 열정이 있어야 한다. 이에 신명은 무용이라는 하나의 작품을 수행하는 경험48)으로서 몰입에 의해 자발적이고도 비의도적인 상태에서 발현되는 것으로 춤의 경우 신체의 움직임을 통한 무아지경에서 이루어짐을 이야기한다.

신명은 운동선수들이 느끼는 몰아일체의 상태인 개인적 '무아지경 또는 황홀경(ecstasy)', 그리고 예술가들이 경험하는 '미적 환희(aesthetic rapture)' 등의 몰입 경험으로 접신 상태인 트랜스 - 포제션(trance-possession)을 말한다.49) 무용으로의 몰입은 완벽한 춤의 표현을 위해 스스로 깨치고 나올 수 있는 의지력의 자기파괴적 형태가 되고 자신의 신체적 한계를 넘어 신체와 정신의 합일을 이루게 한다.

---

48) 앞의 논문.

49) 김열규(1982), 『한국무속신앙과 민속』, 서울: 고려대학교 민족문화연구소.
미하이 칙센트미하이의 『Flow』, 『몰입의 기술』, 그리고 한민, 한성열의 『신명 심리학』 등에서도 몰입이 무아의 상태임을 이야기하고 있다. 김열규는 이것을 트랜스 - 포제션(trance-possession) 상태인 접신 상태로 표현하였다.

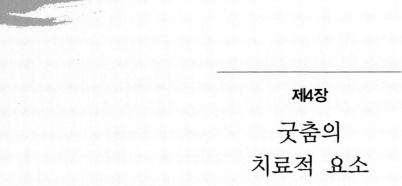

제4장

굿춤의
치료적 요소

이 장에서는 한국의 전통 민속무용인 굿춤의 치료적 의미를 이야기한다. 한국 전통무용의 치료적 의의는 무용을 통한 탈혼(脫魂)[1] 상태의 경험이다. 탈혼은 일상을 뛰어넘는 경험으로 자기를 초월하게 하여 고난이나 고통으로부터 벗어나게 하는 작용을 한다. 그러한 탈혼의 과정에 대한 기본을 제공하는 것이 굿에서 이루어지는 춤이다. 그러므로 굿춤은 신체와 정신의 해방감을 이끌어내는 춤이라 할 수 있다. 굿춤은 굿의 연행형태에 따라 주재하는 자가 있고 참여하는 자가 있다. 주재하는 자는 굿의 의뢰자에 대한 당면의 문제점을 해결하려는 자로서 치료로 이끌며 이러한 형태는 치료자와 대상자의 전형적 모델이며 굿춤의 치료적 의의를 드러낸다.

---

[1] 일반적 의식이나 오관(五官)의 기능이 일시 정지된 상태. 이는 일반적으로 심리적 원인으로 인한 자연적인 것과 초자연적인 것으로 대별된다.

1. 굿춤의 유래

한국 문화의 원형은 무교(巫敎)에서 비롯된다. 무교는 고대종교가 잔류계승된 것이요, 민간신앙의 형태로 살아남아 있는 역사적 종교현상이라 할 수 있다.[2] 단군신화의 바탕인 샤머니즘은 신석기시대 씨족의 산물로서 기원전 3000년 전부터 내려온 신앙이며[3] 무교는 고대의 신화와 더불어 제례로부터 현대의 무속에 이르기까지 일관해서 한국의 문화사 속에 자리한 역사적 종교현상으로 가무접신 하여 재앙을 물리치고 복을 기원하는 주술적 종교현상이다.

굿은 샤머니즘을 바탕으로 한국의 문화에서 이루어지는 무속의 종교적 제의이며[4] 굿춤은 굿에서 이루어지고 추어지는 춤이다. 무교의 특이성은 가무이다. 노래와 춤은 황홀경으로 이끄는 기술이며 교령(交靈)의 방술이기 때문이다. 무속이 행해지는 굿판은 신령과 인간

---

2) 유동식(1975), 『한국무교의 역사와 구조』, 서울: 연세대학교출판부, 15-16쪽; 정병호의 책, 119
   쪽, 재인용.

3) 이병옥(2013), 앞의 책, 77쪽.

4) 김열규 외 5인(1998), 『한국의 무속문화』, 「한국무속의 특성」, 29쪽.

의 가치와 기능을 모범적으로 재연하는 폐쇄된 우주이자 순수한 공간이다. 그러므로 무당에 의하여 사람이 신령과 만나는 것은 신성한 행위로서 이때 추어지는 무무(巫舞)는 강림한 신령을 불러 즐겁게 접대하며 소원을 비는 수단에서 비롯되었다. 그런 의미에서 고대로부터 생활화된 토속신앙의 무속의 굿에서 추어지는 굿춤은 오랜 시간을 두고 함께한 문제 해결 문화의 한 방법이었다.

전래 신앙으로 무속(巫俗)의 무당은 샤먼(shaman)과도 같은 성격을 지닌다. 샤먼은 시베리아의 퉁구스어로 망아(忘我) 상태 중에 지식을 얻는 종교적 능력자를 의미하는 '사만(saman)'에서 유래하였으며 종교적 샤먼은 시베리아인과 우랄 알타이어족의 종교와 세계 다른 민족들의 유사한 종교에서 병자를 고치고 죽은 자들과의 의사소통 능력을 지닌 인물이다. 샤머니즘의 가장 완전한 형태는 극지방과 중앙아시아 지역에서 발견되지만 이러한 원시적 종교 형태의 특징이 이 지역에서만 국한된 현상은 아니고 동남아시아, 오세아니아, 북아메리카의 여러 원주민 집단에서도 같은 현상을 볼 수 있다.

지금까지 샤머니즘(shamanism)의 개념을 정의하는 데에는 트랜스(trance), 엑스터시(ecstasy), 포제션(possession)이 기준이 되어 중점적으로 논의되어 왔다. 엑스터시는 트랜스 상태에서 샤먼의 혼이 몸 밖으로 나가 천상계나 지하계를 여행한다고 믿는 것이라 하고 이와 같은 'ecstatic journey'를 샤먼의 특성[5]이라고 한다. 한국 무속의 망자에 대한 굿에서 우리는 이러한 황홀경의 전의를 볼 수 있으며 그런 의미에서 무속의 무당은 샤먼과 같은 성격이라 할 수 있다.

굿에서의 영혼(spirits)이 샤먼의 몸 안에 들어오는 것을 포제션이

---

5) 김열규 외 5인(1998), 앞의 책, 「한국 샤머니즘의 정의」, 4쪽.

라 한다. 즉 무당이 자신의 존재와는 무관한 다른 영을 불러들어 무아지경으로의 여행으로 포제션 상태에 이르는 것이며 이는 spirits-possession과 'possession-trance'6)로 구분된다. 그리고 샤먼의 혼이 몸 밖으로 나가서 여행한다고 믿는 것, 즉 황홀경을 'soul-absence' 또는 'non-possession'이라 한다.7) 정신 병리에서의 트랜스를 '사이코 트랜스(psycho-trance)'라 한다면 트랜스 상태에서 영과 접촉하는 종교적 상황을 종교적 트랜스(religious-trance)라 할 수 있다.8) 그러므로 샤먼을 중심으로 하는 종교 현상인 샤머니즘은 전문적인 트랜스 - 포제션, 즉 탈혼의 기능을 가진 샤먼(무당)이 초자연계와 접촉하여 이루어지는 자연종교적 현상9)이며 그런 의미에서 한국의 샤머니즘은 전문적인 트랜스 - 포제션의 기능을 가진 무당이 길흉화복 등 인간의 생활에 필요한 모든 욕구를 성취시키려는 한국의 전통적인 자연종교라 정의할 수 있다.10)

굿에 참여한 자들은 샤먼인 무당이 굿을 통하여 포제션 상태로 영의 입장에서 인간의 소원 성취 내용들을 직접 성취시켜 준다고 믿는다.11) 트랜스 - 포제션에 대한 이와 같은 관점은 무당이 단편적인 단순한 역할자로만의 인식에서 한 걸음 더 나아가 샤머니즘의 영역으로서 극적으로 연출하는 해결자의 역할, 즉 질병이나 장애 등을

---

6) 접신 상태를 나타내는 것으로서 개인적 정체성 대신 다른 인격, 영혼, 신, 또는 힘에 사로잡힌 듯이 행동하는 상태를 나타낸다.
7) 앞의 책, 5쪽.
8) 앞의 책, 8쪽.
9) 앞의 책, 9쪽.
10) 앞의 책, 15쪽.
11) 앞의 책, 17쪽.

해결해줄 수 있는 이로 인식되는 것이다.

그러나 이러한 샤머니즘적 요소는 사회가 발전함에 따라 그러한 특징에 머무르지 않고 무속의 무당 역시 보다 분화된 다양한 형태로 나타나게 된다. 한국의 여러 종교적 현상들 속에서 발견되는 트랜스 - 포제션 상황을 모두 샤머니즘적 분위기로 보려 했던 종래의 견해에서 한 걸음 더 나아가 샤머니즘의 영역을 보다 다양하게 식별하여 한국 샤먼의 타입을 나누면 무당형·단골형·심방형·명두형 등으로 나누어지며 보다 면밀히 살펴보면 다음과 같다.

 * 무당형은 전문적인 트랜스 - 포제션의 기능을 가지고 있으며, 주로 중부, 북부 지역에 분포되어 있다. 이들은 트랜스 - 포제션에 의한 영력으로 점을 치고, 가무로 샤머니즘의 본격적인 굿을 하며, 굿 도중에 변신하여 신의 역할을 하고 집안에 신을 모신 신단을 가지고 있다.

 * 단골형은 트랜스 - 포제션의 기능이 없이 조상 대대로 혈통을 따라 세습되는데, 주로 남부 지역에 분포되어 있다. 단골형은 영력(靈力)이 없기 때문에 점을 칠 수 없고, 집안에 모신 신단이 없다. 그러면서도 단골형은 무당형과 같은 형태의 무가를 기반으로 한 본격적인 굿을 하는데 굿 도중에 변신하여 신의 역할을 하는 기능은 없다.[12]

 * 심방형은 트랜스 - 포제션의 기능이 없이 조상 대대로 혈통을 따라 세습되는데 제주도에만 분포되어 있다. 심방형은 직접적인 영력은 없지만 '명두와 산판'[13] 등의 도구를 이용해 신의 의사를

---

12) 한수 이남 지역인 남부 지방, 특히 전남북 지역을 중심으로 나타나는 당골형의 경우(서적 『한국의 무속문화』 중 황루시의 '한국무속의 특징' 글을 참조함). 타 형태의 무당과는 달리 영력이 없기 때문에 신을 통하여 사람을 부리는 것이 아닌 굿의 의뢰자가 기꺼이 자신을 드러낼 수 있도록 조력하는 관찰자이며 해결방안을 모색해 주는 모색자로서 현대의미로 해석하자면 상담적 형태에서의 치료자라 할 수 있다.

13) 김태곤(1982), 『한국무속도록』, 서울: 집문당. 명두(놋쇠로 만든 길이 30cm, 폭 2m가량의 칼에 5색 헝겊 길이 40cm가량의 것이 여러 개 달린 한 쌍의 점구이다) 160쪽, '산판(놋쇠로 만든 직경 15cm가량의 접시형 원반에 각각 직경 5cm가량의 잔과 엽전을 2개씩 놓고 던져서 떨어

탐지하는 점을 치고 무당형과 같은 형태의 무가를 기반으로 한 본격적인 굿을 한다. 굿 도중에 직접 신으로 변신하는 기능은 아주 희박하고, 신의 역할을 간접적인 극적 형식을 통해 연출한다. 따라서 집안에 모신 신단은 없으나 '명두'나 '산판' 등의 점구들을 '조상'이라고 하여 신성하게 모셔둔다.

　* 명두형은 전문적인 트랜스 - 포제션의 기능을 가지고 있다. 주로 남부 지역에 분포되어 있는데 중·북부 지역에도 산발적으로 분포되어 있다. 명두형은 무당형과 같은 형태의 가무를 기반으로 한 본격적인 굿은 할 수 없고 영력으로 점을 치는 것이 주기능인데 집안에 신을 모신 신단을 가지고 있다.[14]

　이와 같은 분류에서 특히나 두드러지는 것은 강신무와 세습무[15]의 형태이다. 무당형의 경우 전문적 트랜스 - 포제션의 기능을 내재하고 있어 영력으로 점을 치고 굿을 하며 중요한 것은 굿 도중에 신의 역할을 한다. 이는 주로 한국의 중·북부 지역에 분포되어 강신무의 형태로 나타남을 볼 수 있다. 대륙으로 이어지는 지역을 중심으로 강력한 주재자인 신의 형태로서 샤먼(무당)은 신성성을 내새워 시대나 문화에 대한 반란자로서 피 억압자들의 지배자 집단에 대한 종교적인 힘이 갖는 정치성도 볼 수 있다. 아무리 미약하고 보잘것없는 무당이었을지라도 굿판의 종교적 무감의 상황에서 무당의 몸 안에 신성(神聖)을 담아 대상자에게 표출함은 다분히 위협적일 수 있기 때문이다. 그것은 문제의 중재자 혹은 해결자로도 자리하게 한다.

　그러나 이와는 달리 남부 및 해안을 중심으로 하는 단골형의 무당은 직접적으로 인간의 삶을 주재하려 하지 않고 삶에 필요한 돌봄의

　지는 위치를 보고 예언하는 점구이다)' 158쪽.

14) 김열규 외 5인(1998), 앞의 책자, 19-21쪽.

15) 김정녀(1984), 「굿춤의 구조고」, 『한국무용연구』, 제3집, 31-53쪽.

형태, 즉 조력자로서의 역할을 하고 있음을 볼 수 있다. 단골형의 경우엔 트랜스 - 포제션의 기능이 없고 세습으로 이어져 점을 치거나 신의 역할을 대신하는 것이 없이 굿으로만 표현된다고 하였다. 이는 단순히 보면 무당으로서의 미약함으로 보일 수 있으나 좀 더 심도 있게 살펴보면 있는 그대로의 현상을 인정하면서 굿을 필요로 하는 자에 대한 돌봄(care)의 형태임을 알 수 있다. 병을 앓거나 문제점의 중심에 서 있는 이는 무당이 아닌 굿을 필요로 하는 자이므로 이러한 형태의 굿은 오히려 주제자의 강권에 의한 의식의 휘두름의 형태가 아닌 대상자에 대한 배려와 존중의 형태인 것이다.

보다 재미있는 형태는 제주에만 분포되어 세습으로 이루어지나 미약하게나마 간접적인 극적 형식인 무극 등을 통해 신의 역할을 하고 있는 심방형으로 무당형과 당골형의 혼합적 성격을 내포하고 있으며 이는 독특한 지리적 문화의 특성이 드러나는 점이라 하겠다.

명두형의 경우 트랜스 - 포제션의 기능을 가지고 있으면서도 가무를 기반으로 하는 본격적 굿은 하지 않고 영력의 점만을 치는, 즉 단지 앞날을 예언하는 점쟁이(fort-unteller) 역할만을 한다는 것이다. 이러한 명두형에서는 굿춤을 통한 치료적 의의는 찾아볼 수 없으며 현대적 의미로 해석하자면 대화와 공감으로써 문제점을 해결하는 내담자와 상담자의 형태라 말할 수 있다.

전체적으로 보아 샤먼은 인간의 살아 있는 현실세계와 사자(死者)들의 사후 및 무의식의 영계(靈界) 그리고 인간과 사회 간의 매개자로 신으로부터 힘을 받아 예언, 질병의 치료, 꿈의 해석, 악령이나 적으로부터 집단을 지키는 역할을 해왔다. 샤먼은 신령과 직접 교류함으로써 힘을 얻지만 이 직접 교류에는 유형상 샤먼의 혼이 몸을 빠져나가 초자연계로 비상하는 엑스터시(ecstacy: 탈혼)라는 타입과 신령이 샤먼으로 빙의(憑依)하는 타입이 있다.

인간은 누구나 죽음으로부터 자유로울 수 없으며 생활 속에서 다양한 죽음들과 직면하게 된다. 죽음은 누구나 피해 갈 수 없는 인간의 원초적 두려움의 하나이며, 예컨대 예기치 않은 사건이나 질병으로 마음의 준비 없이 가족이나 지인의 죽음을 맞이했을 때 이러한 두려움은 산 자의 생활에 많은 문제를 야기하기도 한다. 그것은 사회적 관계 장애 및 우울증 등 신체 및 정신적 질병으로 나타나기도 하는데 이러한 문제점에 대하여 무속의 무당은 굿을 통해 해결자의 역할을 한다.

예기치 못했던 것에서 자리하는 트라우마는 쉽게 밖으로 드러나거나 표현될 수 없기에 엑스터시 또는 빙의 등의 초자연적 현상을 통해 사람들에게 강력한 힘으로 작용하게 된다. 일상적이지 않은 초자연적 상황에서 이루어지는 굿판에서 사람들은 자신의 문제점을 거리낌 없이 드러내고 해소하게 되는 것이다.

한국 문화 속에 무당의 위치에 대한 관점은 시대의 흐름에 따라 달리 해석되고 인식되어 왔다. 한국은 유달리 무교가 강했고 아직도 강한 나라이다. 다수의 글에서 한국을 처음 열었다고 하는 단군이 무당이었다는 주장을 볼 수 있으며 당시는 제정일치의 사회였기 때문에 이런 역사적 주장은 틀리지 않을 것이다. 이렇게 시작된 한국의 무교는 그 뒤 한 번도 절멸돼 본 적이 없는 민속고유의 문화로 자리하였다.

무속은 제정일치시대에는 종교적 지도력에 의해 정치적 통치권까지 겸하여 존경과 권위를 한 몸에 지녔으며 신라나 고려 때까지는 교리적으로 관용적인 불교가 국교였기 때문에 무교가 번성하는 데에는 아무 문제가 없었다. 이후 무당은 제정이 분리되면서 무가 직업화되고 고려에 이르러서는 유학의 영향으로 금무(禁巫), 출무 (黜巫)가 야기되어 기록으로 전해진다. 그러다 유교를 국시로 하고 숭유정책을 폈던 조선시대인 15세기 초, 모화사상에 중독되어 무속 말살을 나라에서 주도하기 시작하였다. 무교에 대한 대대적인 탄압을 시작으로 무당을 천민 계급으로 강등시키고 무세를 부과16)하는 등의 정책에 따라 점차 일반서민에게도 멸시를 받게 되어 최하 천민으로서 그들만의 폐쇄사회를 만들 수밖에 없었다.

주체의식 없이 외래의 것을 숭상하고 무조건적 자기비하로 부끄러운 역사를 만들었던 사회상층부의 정책결여는 결과적으로 무당들을 평생 자신의 저주받은 삶을 숙명처럼 알고 일반인들로부터의 소외 속에서 고독하게 지내도록 몰아붙인 셈이었다.17) 더불어 일제강점기에 이르러서는 식민지정책의 일환으로 문화말살을 획책하여 미신이라고 몰아붙이게 되고 1970년대에 이르러서는 새마을 운동이라는 미명 아래 전근대적인 것을 모두 일소해 마을의 민간신앙의 씨를 말리는 정책이 이어졌다.18) 이처럼 사대주의 및 서구 문물에 대한 맹종과 전통문화의 무조건적 폄하와 모멸로 이어지는 문화는 무속의 무당을 사회에서 소외적인 존재로 전락시켰다. 이에 무당들은 무당이란 이유로 사회로부터 계속되는 천대와 멸시로 박해 속에 살아가야만 했던 것이다.

그러나 무당이 천시되는 미개의 문화로 전락에도 불구하고 무속

---

16) 최준식(2005), 『한국의 풍속 민간신앙』, 서울: 이화여자대학교출판부, 15-17쪽.
17) 강혜숙(1984), 「황해도 굿춤에 대한 연구」, 『한국무용연구』, 제3집, 59쪽.
18) 김열규 외 5인(1998), 앞의 책, 57쪽.

문화를 완전히 몰아내지는 못했다. 이는 지배계층이 아닌 피지배자 혹은 소외자의 입장인 서민과 함께한 무속의 특성에서 비롯된 것으로 보인다. 그들은 열악한 환경 속에 사회적, 정신적, 육체적 고통을 겪고 무당이 되어 자신의 우환과 고난을 스스로 극복했기에 타인의 고통을 이해하는 해원자(解怨者)[19]가 되고 고통 속에서 방향성을 제시하는 구난자(救難者)[20]가 될 수 있는 자격[21]을 갖추게 된 것이다. 무당은 누구보다도 세속사회에서 소외된 계층, 궁핍한 가정에서 남성보다 억압받는 여성 쪽에서 많이 배출된 것이 이를 반증한다. 그들이 소외와 궁핍에서 파탄을 일으킨 자신을 접신에 의해 스스로 구제하고 나서야 비로소 타인을 위한 구원자의 자리에 설 수 있었기에 무속이라는 하나의 존재로 거듭날 수 있었던 것이다.[22]

한국의 무속은 문서화된 교리집이 없는 무속신앙이다. 단지 굿을 통해 모든 것이 전승되기에 굿은 시대에 따라 변질되는 양상을 보인다. 정형화된 세력이 없이 스스로 만들어가는 무속문화에서 볼 수 있는 무당의 탄생은 끊임없는 삶에 대한 희구이며 그것은 곧 한국 무속의 진화이다. 이는 미분화적 형태의 무속이 하나의 종교 세력으로 다져지는 과정이 없이 생활 속에 전승되어 온 특징으로 이러한 변질은 곧 무속신앙의 성격의 변화를 의미하는 것이다. 즉 정형의 틀이 없이 개개의 문화에 따라 변질되어 오면서 계속 살아남는 것이야말로 바로 가장 큰 무속의 특성이라고 할 수 있다.[23]

---

19) 원망을 이해하는 사람.

20) 재난에서 구하는 사람.

21) 김열규(1982), 『한국무속신앙과 민속』, 「굿의 종합적 고찰」, 서울: 고대민속문화연구소, 89쪽.

22) 트랜스 - 포제션 상태인 접신을 경험하고 스스로 전혀 다른 성격의 존재, 즉 절대자인 신의 힘을 빌려 하나의 존엄적 존재로 다시 태어나는 것으로 무당은 굿을 통해 자신의 신성성을 드러낸다.

23) 김열규 외 5인(1998), 앞의 책, 52-57쪽.

생활 속에 면면히 살아 내려온 무속에서 무당이 초자연계와 접촉하여 그 초월적인 힘에 의해 생활에 필요한 욕구를 성취시키려는 목적을 두고 이루어지는 무속의 굿은 한국 민속의 가장 바탕이 되는 부분을 이야기하고 있다. 그러므로 특별한 종교 세력을 구축하지 않고도 생활저변에 토속적 신앙의 역할로 내려오는 한국의 무속에서 이루어진 굿춤은 민중의 삶을 대변할 수 있는 춤이라는 측면에서 상당한 민속적 의의를 가진다.

2. 굿춤의 구성 및 형태

1) 굿춤의 양태

굿은 서민에 의해 생활 속에 자리 잡은 제의식으로 그 중심은 민중이라 할 수 있다. 민속춤의 본질은 민중이 참여하여 직접 추는 것으로서 굿춤의 경우 여기에 종교의식이 곁들여져 제의식 속에 추어지는 것이 무당춤으로 추어진다. 그러므로 굿춤은 종교의식이라는 전문성과 직업성을 내포하고 있으면서도 민속춤의 성향이 짙다고 할 수 있다.

무교가 시간 속에 하나의 문화로 자리 잡아 무속으로 내려오고 이러한 무속에서의 의식을 주제하는 이가 무당이며, 무당은 고대 신교의 주제자인 무격(巫覡)으로 남자 무당인 격(覡)과 여자 무당인 무(巫)로 이루어져 있으나 굿은 주로 박수무당이라고도 불리는 남무보다는 여무인 무녀들이 중심이 되어 이루어져 왔다.

굿들은 개개인의 필요에 의해 이루어지거나 마을이 대동으로 참여하는 가운데 무당과 주민들이 하나가 되어 행해졌다. 무당은 마을의 성황당 같은 제당에서 일성 일읍의 수호신을 섬기는 것으로 성황제와 같은 것에서 지방의 무를 모시거나 주민의 제사 등을 연행하는 역할을 해왔다.24)

그림 8. 굿춤

무당에 의해 굿판에서 추어지는 춤은 지역에 따라 다양하게 나타나며 그 명칭으로는 신의 배역에 따라 춤의 이름이 붙여진 대감 춤·재석춤·장군춤 등이 있다. 또한 무구(신구) 이름을 붙여 불리는 지전춤·바라춤이 있고 무악에 따라 이름을 붙인 올림채춤·터벌림춤·진쇠춤·거상춤과 춤동작에 따라 이름이 붙여진 도랑춤·도드림춤 등 다양한 춤들의 명칭이 있다.25)

굿으로 질병을 고치는 것은 병굿·환자굿·지방굿 등이 있는데 질병퇴치 굿은 중부 지방의 병굿·영동 지방의 환자굿·호남 지방에서의 지방굿·제주도의 십왕맞이(시왕맞이)·비녀굿·마누라배송 등이 있다. 영남 지방에서도 천연두 퇴치에 별상굿·정신병 퇴치에 왕인퇴신굿 등이 있다.26) 굿에서 이루어지는 의례를 통해 씻김으로 치유에 이르게 하는 것은 천도굿에서 대표적으로 나타난다. 사람이

---

24) 정병호(2002), 앞의 책, 120-121쪽.

25) 정병호(2002), 앞의 책, 125-126쪽.

26) 김수진(1995), 앞의 논문, 12쪽.

죽었을 때 망인의 저승 천도를 비는 굿을 천도굿이라 하며 천도굿은 전국에서 전승되어 지방에 따라 각각 다른 이름으로 불린다. 서울과 황해도 지역에서는 진오기굿·평안도는 수왕굿·함경도는 망묵굿이라 부르며 세습무권의 전라도권은 씻김굿이라 하고 동해안 지역은 오구굿·제주도는 시왕맞이라고 한다.27)

또한 굿은 직접적인 질병치료 외에도 사회문화적 기능으로서 생활에 도움으로 자리하여 왔는데 이러한 기능적 예로써 서울의 밤섬 사람들의 경우 자신의 터를 잃어버리는 시련 속에서 굿을 통해 이겨냄을 볼 수 있다. 어려운 시대의 흐름과 정면으로 배치되는 굿을 통해 자기들만의 세계를 부군당굿이라는 고유의 신앙이 갖는 결속력으로 지켜왔다.

제주도 당굿의 특징은 참여자가 모두 여자이며 남자는 포제라 부르는 유교식 제사로 마을 신앙행위를 하고 여자들은 굿을 통해 마을과 집안의 안녕을 기원하여 생업의 번창을 비는 이중 구조를 갖고 있다. 제주도의 독특한 무속문화 속에서 펼쳐지는 영등굿은 해녀들이 그들의 단체인 해녀조합의 이름으로 굿을 하는데 이들은 영등굿을 통해 마을의 기타 공공조직에 자신의 힘을 과시하는 한편 자신들의 실력을 확인하고 긍지를 갖게 되며 외부와 관련을 맺게 하는 기능을 발휘한다. 이렇게 여자들은 굿을 통해 풍요와 안녕을 빌고 결속력을 다지는 것을 넘어 사회 안에서 자신들을 보다 힘 있는 존재로 자리매김하는 것이다.28)

이러한 예에서 볼 수 있듯이 굿은 전통적인 생활양식을 유지하는

---

27) 김열규 외 5인(1998), 앞의 책, 42쪽.
28) 앞의 책, 50-52쪽.

마을에서 주민 전체의 삶에 직접적인 영향을 미쳐왔다. 이러한 굿으로서는 동해안 별신굿이 대표적이며 생업의 필요에서 굿을 하는 집단이라 할 수 있다. 굿이 끝나면 다음 해의 마을 일을 의논하는 대동 회의가 이어지고 굿을 통해 획득한 공동체 의식을 실제 생활에 이어가려는 의도마저도 내포하고 있어 굿은 단편적 문제접근에 의한 해소뿐만 아니라 사회 전반에 영향을 주는 문제 해결에 하나의 모티브 역할을 해온 것이다.

굿춤은 무속의례에서 이루어지는 춤이다. 무속의례는 세 가지로 나누어지는데 첫째는 비손이고 둘째는 푸닥거리이며 셋째가 굿으로, 굿은 의례 중 가장 본격적인 것이다. 굿의 기본형은 열두거리(12祭次)로 구성되어 있다. '거리'란 재차를 뜻하는 말이며, 각 거리는 특정한 신령을 불러 모시고 이에 축원하는 독립된 작은 굿으로 되어 있다. 열두거리에서 모시는 제신들 가운데 수호신, 생산신, 재복신, 액신(厄神) 등 한국의 대표적 무신들이 망라되어 있다. 다시 말하면 열두거리로 되어 있는 굿은 무신 전체를 모시고 제사 지내는 하나의 총체적인 무의라 하겠다. 여기에서 무의는 춤을 추는 절차를 이른다. 12란 실제 재차의 정확한 수효를 뜻하기보다 12달로써 완전한 한 해가 형성되듯 환전 또는 총체성을 표시하는 수적 개념이다. 그러기에 실제 열두거리 굿에서는 12를 전후한 재차들이 집행되는 것이 상례이다. 대체로는 열둘을 기준으로 구성되는 굿에서 네거리로 된 '푸닥거리'의 경우 기본형을 간소 간략화한 하나의 의례이다.[29]

---

29) 유동식(1975), 앞의 책, 296쪽.

2) 무속음악과 굿춤의 분류

굿춤은 무속음악을 바탕으로 추어지는 춤이며 무속음악이나 굿춤
은 지역적 특성에 따라 분류된다. 무속음악의 지역적 분포는 동해안
지역(부산에서 함경도까지)을 메나리토리권, 경기도, 충청도, 전라도
그리고 경남의 서남 지역을 육자배기토리권(시나위권), 서울 이북
지역(서울, 황해도, 평안도)을 경서도토리권, 제주 지역권 등 4개 지
역으로 나누고 있다.30)

표 2. 무속 음악의 분류

음악적 분류	
부산~함경도 지역	메나리토리권
경기, 충청, 전라, 경남 서남 지역	경서토리권
서울, 황해도, 평안도	육자배기토리권(시나위권)
제주 지역	제주권

그러나 무속 춤은 그 형태로 보아 보다 세부적으로 분류되며 부
산에서 강릉으로 이어지는 동해안 지역의 춤을 비롯하여 전라도와
경남의 일부 서남 지역의 춤, 남부 경기와 충청도 지역의 춤, 서울
지역의 춤, 북부 경기를 포함한 황해도·평안도·함경도 지역의 춤,
제주도 지역의 춤 등 6개 지역으로 분포함을 알 수 있다.31)

---

30) 김인회(1982), 『한국무속의 종합적 고찰』, 이보형의 「한국무속의식의 음악」 고려대학교민족문
화연구원, 214-225쪽.
31) 정병호(1987), 『무형문화재조사보고서』, 「무무(巫舞)」, 서울: 문화제연구소 25쪽.

표 3. 무속 춤의 분류[32]

무속 춤의 분류	
부산~강릉	동해안 지역의 춤
서울	서울 지역의 춤
전라도, 경남 일부	서남 지역의 춤
경기, 충청 지역	남부 경기, 충청도 지역의 춤
경기 북부, 황해도, 평안도, 함경도	한수 이북권의 춤
제주 지역	제주 지역의 춤

또한 굿춤은 굿의 종류에 따라 다양하게 추어지며 무당은 다양한 신옷을 갖추고 주로 타악기 편성의 무속음악으로 굿을 하며 신을 맞는 접신무(接神舞)의 경우 기공에서 손바닥을 벌려 기를 받는 행위와 비슷한 형태인 양손을 펼쳐 벌리며 도무나 공수놀이로 예언을 한다.[33]

3. 굿춤의 치료적 의의

1) 춤사위

굿춤 춤사위는 의도치 않은 막춤으로 추어지는 즉흥무와 의식성을 갖춘 전형적인 춤사위로 나눌 수 있다.

무속에서 이루어지는 굿 의식은 춤과 해설과 무가가 되풀이되며 춤은 항상 기조에 깔려 있다. 굿과 춤이 합쳐진 '굿춤'은 신을 맞이하고 신을 내고 신을 푸는 신풀이 춤[34]으로 보여주는 춤이 아니라

---

32) 표의 출처: 정병호의 한국의 전통춤, 주: 위의 글에 따른 음악과 춤의 상이점을 보기 위하여 표로 작성하였다.

33) 정병호(2002), 앞의 책, 127쪽.

34) 이애주(2002), 앞의 논문, 274쪽.

신에게 의례를 하기 위한 춤이고 신의 존재를 기쁘게 만들기 위한 의지를 갖는 표현의 춤이다. 그러므로 흥과 신명이 합쳐져 나타나며 최대한으로 흥을 풀어내어 신명으로 이르게 하는 속성을 갖고 있다. 굿판을 통해 오른 신명의 춤인 굿춤은 흥에 겨워 추는 자기만족을 위한 춤이고 목표를 성취하기 위한 목적의식적인 춤이며 행동이나 말을 나타내는 표현력을 가진 춤의 본질을 가지고 있다. 그래서 굿춤은 '놀린다' 또는 '논다'라고 하지 '춘다'라고 하지 않는다.35) 그러한 연유로 인하여 굿춤에서 이루어지는 춤사위는 보다 자유로우며 즉흥적 요소를 내포하게 된다.

굿춤은 신이 몸에 실려서 춤을 추는 것으로 접신현상인 트랜스 - 포제션 상태에서 이루어지며 몰입과 신명을 바탕으로 움직임이 이루어진다. 그 예로써 무속의 무당이 굿이라는 놀이를 통해서 입신(入神)하여 신을 즐겁게 놀리며 추는 오신무는 연행자뿐만 아니라 참여자마저도 황홀경에 이르게 한다.

굿춤 춤사위의 유형을 보면 회전형·윤회형·휘젓기·뿌리기·흔들기·도약·어르는 형·일자펴기형·보행형 춤사위에 이르기까지 다양한 움직임으로 이루어진다. 이런 측면에서 경기도 도당굿에서 볼 수 있는 당악 춤의 춤사위는 오른손에 삼지창을 들고 양손을 놀리고 흥을 내며 춤을 추는데 장단도 아주 빠르게 볶아치고 신명이 최고조에 이른다.36) 이는 곧 신바람이며 이런 상태를 '신이 내렸다', '신명이 오른다'라고 한다. 신바람, 즉 신명은 천지 만물의 생성 의미로서 가무오신인 인간 스스로 즐기는 노래와 춤 그리고 극 놀이인 굿에서의 몰입을 통하여 이르게 되는 상태이다.

---

35) 앞의 논문, 275쪽.
36) 경기도박물관(2000), 『경기민속지: III 세시풍속, 놀이, 예술편』, 용인: 경기도박물관, 656쪽.

황홀경은 니체가 말하는 디오니소스적인 춤의 개념에서도 볼 수 있으며 춤에 의한 신성성에 대한 자각이라 말할 수 있다. 굿춤을 통해 바라보고 함께 참여하는 자마저도 무감을 갖게 하여 신명에 오르게 하는 것은 연행자인 무당의 내적 신성성에 기인한 것이다. 무속의 굿춤에서 무감에 의한 몰입은 디오니소스적 춤의 신성성, 즉 몰아에 의한 무의식의 상태로 고통 중이거나 상처에 의한 트라우마(trauma), 장애들에 대한 인식을 넘어서고 극복하는 힘을 갖게 한다. 즉 춤을 통해서 인간은 스스로 자신이 가진 모든 상징적 능력을 최고로 느끼게 되며37) 그로 인해 자신을 고양시키도록 자극받고 도취의 상태에 이를 때 인간은 자신을 넘어서게 되는 것이다. 그러한 의미에서 굿춤의 연행에 따른 황홀경의 경험은 처해진 한계 극복을 이루게 함에서 굿춤이 내포한 치유성을 엿볼 수 있다.

또한 굿을 통해 장단에 맞추어 이루어지는 경기도 도당굿의 춤사위인 터벌림·도살풀이·군웅춤·당악춤 등의 춤사위를 살펴보면 터벌림의 발뻐드레 동작의 경우에서 볼 수 있는 삼진삼퇴는 세 번 나아가면서 쌓아가는 걸음과 세 번 뒤돌아오며 지우는 걸음으로 되어 있다. 뒤로 갔다 앞으로 갔다를 반복하며 진을 사각으로 짜 한 판의 터를 만든다. 발을 내뻗으며 땅을 차게 되는데 그 의미는 액을 물리치고 버려버리는 뜻을 갖고 있고 동시에 터를 버리고 확장하는 새판을 이루는 탄생 의미를 갖고 있다. 손 굿에서는 반서림 장단을 치면서 손님들을 위한 여흥적 발놀림 춤을 신명나게 추기도 한다. 진쇠춤의 경우 진쇠 장단과 함께 위엄 있고 무게 있는 춤사위로 시작되며 팔을 벌려 마지막 박자에 어깨춤으로 맺는 동작으로 시작하

---

37) 김미기(2006), 「현대무용에 나타난 니체 무용미학의 영향에 대한 분석-덩컨과 커닝엄을 중심으로-」, 『한국니체학회연구』, 제10집, 147쪽.

는데 여기에서 팔사위가 벌려지고 맺고 하는 의미는 마치 지시하기도 하고 호령하기도 하는 듯한 위엄 있는 춤사위로 당당한 기품이 있으며 군웅춤의 경우 팔을 들어 가슴 앞에서 엎고 머리 뒤로 젖혔다 뿌리는 사위로 쇠머리 놀림에서는 쇠머리를 받쳐 들고 상 주위를 돌며 춤을 추는 것으로 나타난다. 활춤은 귀신을 몰아가면서 걸어가는 시늉으로 활을 놀리며 사방으로 활을 쏘고 돌며 춤춘다. 만신과 화랭이 둘이 출 경우 쌍군웅이라 하며 무녀는 장삼춤을 추며 발을 여덟팔자로 짚어 발뻐드레 사위를 하고 올림채 장단에 맞추어 사방으로 돌며 두 사람이 삼진삼퇴하며 팽팽하게 진을 짜면서 추는 구조를 이룬다. 화랭이들이 쌍으로 서서 칼춤을 대신 추기도 하고 도살풀이춤은 방울부채를 들고 사설하며 춤을 춘다.38)

이렇게 굿춤은 굿의 목적에 따라 다양한 형태로 나타나게 되며 자유롭게 진행되는 움직임이 특징적이다. 이러한 춤사위는 일종의 무극이라는 상황에서 연출되는 것으로서 춤을 따로 배우지 않아도 굿을 함께하는 자 역시 무감이 되어 흥이 오르고 춤으로 표현되게 한다. 다시 말해 굿춤에서 전개되는 무극에서의 무당(샤먼)은 굿이라는 놀이를 바탕으로 신권에 기탁된 인격 행위를 통해 무아지경의 홀림 상태인 트랜스 - 포제션 상태를 보이는 것이며 무당을 바라보는 대상자는 굿에 몰입되게 되고 굿의 진행은 점차 주재자와 대상자 모두가 하나가 되게 한다.

굿춤은 자유롭고 즉흥적으로 춤사위가 연행됨이 가장 큰 특징이다. 그것은 굿의 목적과 상황에 따라 연행되는 굿의 의의 때문이며 굿에서 몰입과 무아지경으로 이르게 하는 주된 재료이며 무감을 갖

---

38) 이애주(2002), 앞의 논문, 270-272쪽.

게 하는데 가장 중요한 역할을 한다. 이러한 현상은 굿을 필요로 했던 자에게 몰입 상태에서의 씻김, 즉 눈물·탄식·뱉어냄 등으로 나타나며 긴장이 극적으로 반전되게 하여 억압되었던 성(性)과 상하 관계 질서에서의 가치 전도가 이루어질 수 있게 하여 문제를 해결하게 한다. 더불어 신체적으로 불완전했던 상황을 굿춤에 의한 몰입과 신명으로 자신을 고양시킴에서 굿춤의 치유성을 이야기할 수 있다.

2) 호흡

굿춤에서 호흡을 통한 치유는 두 가지의 측면에서 접근할 수 있다. 하나는 실제의 숨을 들이마시고 내쉬는 호흡에 의한 치유의 양태이며 다른 하나는 굿의 주재자와 대상자 간의 공감적 호흡이 그것이다. 그러나 공감으로서의 호흡은 뒷부분 공감으로서의 치유부분에서 논하게 되는바 실제적 호흡에 대해서만 논하고자 한다.

호흡을 논함에 있어 굿춤에서 볼 수 있는 대표적 춤사위인 도무(跳舞)를 들 수 있다. 도무는 모든 굿춤에서 행해지는 행위로 신체를 위아래로 뛰는 점프형식으로 나타난다. 한국 샤머니즘의 도무는 하늘을 향해 껑충껑충 뛰어오르는 데 중점을 두어 마치 하늘로 날아오르려는 날갯짓과도 같다고 표현하였다.[39] 굿춤에서 볼 수 있는 도무의 예를 다음과 같은 글에서 볼 수 있다.

> 상하로 뛰는 도무는 무당이 접신을 하기 위한 춤이라고 알려져 있다. 대개 무당은 도무 뒤에 무신에 빙의되어 신탁(공수)을 내리기 때문이다.[40]

---

39) 이부영, 앞의 책, 617쪽, 625쪽.
40) 앞의 책, 623쪽.

서울의 부군당굿 대감놀이 끝에 무감이 설 때의 광경을 김태곤은 다음과 같이 기술한다. 부인들이 나와서 굿상에 돈을 놓고 그들의 마음에 드는 대로 무복을 골라 입고 무악에 맞추어 춤을 춘다. 춤은 처음에 느리게 활개를 벌리고 추다가 저마 빠른 도무로 들어가 두 팔과 두 발을 합쳐 상하로 펄펄 뛴다.[41)

호남 지방의 씻김굿의 성주풀이에서 "당골은 양팔을 X자로 교체해가며 도무 약 4분간 계속하고 이때 무악 반주는 고조된다. 당골 오른손에 (넋)들어 추켜들고 도무, 상기된 얼굴, 양팔을 X자로 가슴에 얹었다 폈다 하며 계속 도무, 당골이 도무하다가 백지 한 장 술잔에 담가 적셔서 왼손에 들고 왼쪽으로 한 바퀴 돈다.[42)

또한 호남지방의 씻김굿 중 고풀이에서도 격렬한 도무를 볼 수 있다.[43)

황루시는 도당굿 가운데 도당 모셔오기에서 "도당 할아버지가 가만히 서서 도당신이 자신의 몸에 하강하기를 기다리다 신이 오르면 선 채로 팔다리를 들어 올리는 춤을 추다가 다시 가만히 서 있기를 세 번 되풀이한 끝에 당신(堂神)을 몸에 모셔 할머니당으로 돌아온다"고 보고하였다. 여기서 도무는 신에 빙의되기 위한 동작이라기보다 빙신된 상태를 나타낸다. 즉 신이 들어 펄펄 뛰는 것이다.[44)

점프형식으로 이루어지는 도무춤사위의 가장 본질적인 부분은 호흡법에서 나타난다. 운동 시 호흡, 순환기능을 일정수준으로 유지하는 항정 상태의 운동(steady state exercise)[45)은 산소의 수요와 공급이 원활하게 균형을 이룰 수 있고 체내의 생리적 조건들이 평형 상태를 유지한 상태에서 지속적으로 할 수 있는 운동을 말한다.

41) 김인회(1982), 『한국무속의 종합적 고찰』, 이보형의 「한국무속의식의 음악」, 고려대학교민족문화연구원, 214-225쪽.
42) 김태곤, 앞의 책, 388쪽.
43) 이부영, 앞의 책, 624쪽.
44) 앞의 책, 625쪽.
45) 항정 상태(steady state)는 운동 생리학에서 생리학적인 환경의 일정한 유지를 나타내는 용어로서 신체의 요구와 이러한 요구에 따른 신체의 반응이 균형을 이루고 있다는 뜻이다.

이러한 운동에서 소비되는 에너지원은 산소를 필요로 하는 대사과
정을 통하여 체내에 공급됨을 말하며 이와 같은 항정 상태 운동을
유산소운동이라고 한다.46) 그러므로 점프로 이루어지는 굿춤에서의
도무는 대표적 유산소운동이라 할 수 있다.

호흡으로 이루어지는 유산소운동의 효과는 연구된 다수의 선행
논문에 따르면 호흡을 통한 신체활동은 호흡기능을 증가시키고 심
박출량을 유지하며 안정 시 혈압을 감소시키는 등의 작용을 한다고
하였다. 운동에 참여가 심질환의 발생을 감소47)시키는 것에 대하여
단전호흡이 신체의 조화로운 움직임을 통해 심폐기능이 증진되었음
을 밝히기도 하였다. 또한 한국무용 수행 후 심박 수가 감소하는
경향이 보여 한국무용이 심계 기능개선에 효과적인 운동으로 효용
성48)을 이야기하였다. 이를 참고하여 고찰하면 굿춤에서 이루어지
는 도무를 위시한 호흡으로 이루어지는 유산소운동은 심폐기능의
강화작용에 긍정적 영향이 있음을 알 수 있다.

한국무용에서 춤을 형성하는 기본춤사위는 숨쉬기가 가장 기본
바탕이며 모든 춤사위는 하단전을 중심으로 하여 숨을 내쉬고 들이
쉬는 가운데 그 몸짓이 나온다. 기운이 뱃심에서 나온다고 하듯 춤
또한 아랫배 하단전에서 비롯되는 기의 움직임인 것이다. 굿춤에서
도무를 행할 때 이루어지는 호흡은 숨을 충분히 들이마시고 내쉬어
비우는 방법이다. 내쉬는 숨에서 비운다는 것은 무(無)의 상태를 말

---

46) 이홍진(2008), 『신체훈련론』, 교학연구사, 105쪽.

47) Ready, A. E., Naimark, B., Ducas, J., Sawatzky, J. V., Boreskie, S. L., Drinkwater, D. T. & Oosterveen, S.(1996), Influence of walking volume on health benefits in women post-menopause. *Med. Sci. Sports. Exerc,* 28(9). 1097-1105.

48) 김정하, 윤정수, 백승현(2013), 「한국무용 수행이 노인여성의 심리적 지수 및 심혈관계 기능에 미치는 영향」, 『한국무용과학회』, 제30권 2호, 97쪽.

하는데 무란 아주 없어지는 것이 아닌 새롭게 채우기 위한 비움으로 다음에 이루어질 춤사위를 유도하는 원천이 된다.

3) 몰입과 신명

무속에서의 치유과정을 보면 세계 각지에 산재한 샤머니즘과 관련되는 민족들의 주술적 치병방법을 종합적으로 검토해 우리에게 훌륭한 참고자료를 제공한 엘리아데의 샤머니즘의 치병과정은 다음과 같다.

> 1. 진단은 망아경(忘我境)을 통한 신의(神意)와의 교통으로써 얻어진다. 저승으로의 여행, 초신(招神), 빙신(聘神) 등 방법은 여러 가지다.
> 2. 치료는 신의로부터 얻은 병인론에 입각하되 수호신의 도움이 필요하다.
> 3. 도움을 위한 격렬한 가무와 망아 상태가 필요하다.
> 4. 치료는 병인론에 따라 대개 병원체 흡출, 영혼의 체내로의 재투입, 주술적 수술 등인데, 항상 구체적인 '증명'을 요한다(예컨대 흡출한 물건 속에서 병원체가 나왔다며 벌레 같은 것을 보여준다거나 하는 일).
> 5. 치병의식을 반복한다.
> 6. 치병의식은 대개 밤에 한다.[49]

이러한 샤머니즘적 치병과정에서의 공통점 추출은 세계 어느 곳에서든 의술이 발달하지 못한 사회에서 무당의 의료적 역할의 중요성을 반증한다. 그만큼 어느 문화를 막론하고 생로병사가 인간의 삶에 가장 중요한 일이며 병들었을 때 처해진 문화에 맞게 치병의 방법을 선택한다. 우리나라의 굿에서 보이는 치병과정 역시 위 여섯 가지의 특징에 부합되어 나타난다.

무속에서 추어지는 춤을 흔히 신명의 춤 또는 신바람 춤이라 한

---

49) 이부영(2012), 앞의 책, 273-274쪽.

다. 이것은 신이 몸에 실려서 춤을 춘다는 뜻이 되므로 이는 접신 현상인 트랜스 - 포제션 상태라 할 수 있다. 즉 무당이 입신하여 신을 즐겁게 놀리는 오신무를 출 때 갖게 되는 황홀경이 곧 신바람이며 이런 상태를 '신이 내렸다' 혹은 '신명이 오른다'라고 한다. 신명은 우주를 움직이는 신비로운 기운이 자신에게서 발현된다고 느낄 만큼 초월적이고 강렬한 경험을 하는 것을 의미50)하는 것으로서 여기에서 신비한 기운의 기는 눈에는 보이지 않으나 오관으로 느껴지는 현상으로 천지 만물의 생성의 의미로 표현되었다.

굿판에서 벌어지는 굿춤에 대한 치병의 의의는 치병과정의 망아경을 통한 굿판에 대한 몰입의 상태이다. 사람들은 굿을 통해 자신의 문제를 해결하고자 하며 무당은 그 처한 문제에 대해 변화를 꾀하게 된다. 사람이 사람을 변하게 하는 상황을 연출한다는 것은 대단한 에너지를 필요로 하며 이러한 에너지의 추구가 바로 병인론에 따른 수호신에 대한 요청이다. 이는 사람의 유한적 존재에 대한 인정과 무한의 에너지 희구로 신을 청하는 것이다. 신의 요청인 접신은 신과 인간 간의 교통이며 몰입은 무당이 자신의 한계를 벗어나는 신과의 교통에 가교역할을 하게 된다.

몰입은 심리적 엔트로피 상태를 벗어나 최적의 경험을 하는 것으로서 의식이 질서 있게 구성되어 자아를 방어해야 하는 외적 위협이 없기 때문에 '마치 하늘을 자유롭게 날아가는 느낌' 또는 '물 흐르는 것처럼 평안한 느낌'과 같이 신체와 정신의 자유로운 상태를 말한다.51) 우리는 사력을 다한 몸짓, 예컨대 무대에서의 무용수나

---

50) 한민, 한성열(2009), 앞의 책, 24쪽.

51) 미하이 칙센트미하이 저, 최인수 역(2004), 『Flow: the psychology of optimal experience』, 서울: 한울림, 86쪽.

스포츠 선수들의 경기에서의 움직임에서 자신도 모르게 시선을 고정하게 된다. 굿판에서 무당의 몰입 상태는 보는 이를 집중하게 하며 굿판에 참여하는 모든 이들의 에너지를 함께 사용할 수 있는 상태로 이끈다. 이러한 집단적 경험은 샤머니즘의 특징인 격렬한 감정체험이며 굿에서의 노래와 춤과 북과 장구와 징소리는 그러한 감정체험을 매개하는 중요한 수단이 된다. 무용은 이러한 리듬을 바탕으로 이루어지는 행위이다. 즉 리듬의 이끌림으로 춤을 통해 망아의 상태로 이르게 하는 것이다.

무당은 몰입의 상태일 때 접신에 이르고 굿판에 참여하는 이들의 의식을 하나의 퍼포먼스로 집중하여 몰입하게 하며 굿이 의도하는 문제점을 바라볼 수 있게 도와준다. 이렇게 얻어진 다수의 집중성은 대상자의 문제점을 이성으로 비판하기보다 공감으로 바라보는 시각을 제공하게 되며 춤과 노래, 극의 형태 속에 펼쳐지는 퍼포먼스를 통해 공감을 형성하고 처해진 상태를 인정함으로써 문제에서도 벗어날 수 있게 된다.

굿의 사회적 기능의 접근에서 보면 굿판은 인간이 신과 만남에 있어서 다른 종교에 비해 구체적이라는 점이다. 한국의 무속엔 거대한 조직이 존재하지 않는다. 그것은 미분화 상태의 종교적 형태라 할 수 있으며 전지전능의 대상에 대한 필요성을 찾을 수 없기 때문으로 분화된 타 종교에 비해 신을 쉽게 맞아들인다. 또한 굿판은 주로 밤에 벌어진다. 밤은 빛의 제약으로 인한 어두움으로 두려움과 행동의 제약을 갖게 한다. 이는 일과 신성한 시간의 구분으로서 굿을 보다 두렵게 접근하게 하고 집중하게 하는 효과를 낳는다. 신을 구체적으로 받아들이고 무당들이 베풀어주는 신화적 시간을 제공받아 몰입의 상태에서 인간이 신령과 함께 황홀한 교합의 체험을 하게 되며 이는 신체와 정신의 자유를 제공 받게 되는 상태를 말한다. 신체 및 정신의 자유 상태는 가무오신이 인간 스스로 즐기는 노래와 춤 그리고 극 놀이수행으로 이어지며 이로써 새로운 에너지를 재생, 스트레스에서 해방되는 것이다.[52]

4) 놀이

굿이란 여러 사람이 모여 떠들썩하거나 신명 나는 구경거리로 무당이 음식을 차려 놓고 노래를 하고 춤을 추어 이루어지는 무속의 종교 제의이다. 이러한 종교적 의례는 하나의 작은 축제와 같다고 볼 수 있으며 고대에 행해진 제의식의 공통된 내용의 남녀가 주야로 함께 모여 음주가무 했다는 것에서 축제적 놀이성을 발견할 수 있다.

여러 사람이 어지러이 뒤섞여 떠들어대거나 뒤엉켜 뒤죽박죽이 된 곳, 또는 그런 상태를 이르는 말로 난장판이라는 말이 있다. 김열규는 굿판에서 세속의 질서가 깨져 야기되는 난장판의 혼돈에 대하여 사회가 요구하는 질서로 되돌아갈 탄력을 갖춘 혼돈[53]이라고 하였다. 이렇게 굿은 본래 놀이의 요소를 갖춘 종교적인 놀이이며 놀이성이 짙은 종교의식이다.

굿에서 강신무의 접신 상태에서 볼 수 있는 놀이의 요소는 자신의 의지와 전혀 상관없이 발생하는 상황은 로제 까이와의 '놀이의 요소에서의 알레아적 요소'를 볼 수 있다.[54] "우연" 혹은 "기회"를

---

52) 앞의 책, 125-126쪽.
53) 김열규(1982), 앞의 책.
54) 이상률(1994), 『놀이와 인간』, 서울: 문예출판사. -아곤은 그리스어로 "투쟁" 혹은 "경쟁"으로

뜻하는 이 요소는 자신의 의지와 관계없이 발현하기 때문이다. 또한 흉내 내기의 의미로서 천도굿에서 나타나는 무극의 사자모사(死者模寫)에서는 흉내 내기와 같은 미미크리적 요소를 발견할 수 있으며, 특히나 굿춤에서 가장 두드러지는 놀이요소는 일링크스라 할 수 있다. 이는 마치 놀이기구에서 느낄 수 있는 아찔함 같은 것으로 트랜스 - 포제션 상태의 무당에게 굿에 몰입되어 나타나는 눈물, 탄식, 뱉어냄 등의 극적 형태에서 드러난다. 그러한 만큼 굿에는 놀이적 요소가 내재되어 있으며 이러한 요소에 의해 긴장이 극적으로 반전되어 억압되었던 성과 상하 관계의 질서, 가치의 전도가 이루어지게 된다. 그것은 바로 희극의 요소라 할 수 있으며 그러한 요소는 굿이라는 축제의 현장, 축제적 놀이가 된다. 정리해 말하자면 굿은 하나의 놀이인 것이다.

이와 같이 굿이라는 놀이를 통해 치병으로 극명하게 드러나 이루어지게 하는 것으로는 죽음을 방지하기 위하여 행하는 치병굿인 퇴송굿이 있다. 퇴송굿은 대개 병에 걸린 것을 귀신의 장난이라고 여기고 귀신을 쫓아내는 것이 일반적인 모습이다. 퇴송굿의 명칭은 병자의 병을 허수아비 인형(정업이)을 통해 대신 보내서 치료하기 때문에 붙여진 이름으로 병을 치료하는 것을 목적으로 연행되는 치병굿이며 병귀를 쫓아내는 것이 아니라 속인다는 데에 이 굿의 놀이적 핵심이 있다. 굿의 전체적 흐름에서 연극적인 요소가 많고 굿판에 참가한 사람들의 숫자나 배역의 다양함에서 타의 추종을 불허하

스포츠에서의 경기 등을 말하며, 알레아는 "우연" 혹은 "기회"로서 자신의 의지와 전혀 상관없는 상황이 발생하는 상황을 이른다. 미미크리는 흉내 내기의 의미로서 소꿉놀이 등을 예로 들 수 있으며, 일링크스는 "현기증"이라고 설명을 하였는데 이는 마치 놀이기구에서 느낄 수 있는 아찔함을 말한다.

는 퇴송굿은 하지굿이나 오구굿처럼 산 자들을 대놓고 위로하고 즐기는 굿으로 망자천도를 위한 굿과 구별되며 굿판이 진행되는 동안 굿춤도 함께 진행된다.55) 굿춤이 다양한 놀이에서 흥을 돋우고 이야기를 이끌어가게 하여 병중에 가질 수 있는 죽음의 두려움을 극복하게 하고 병으로부터 이겨낼 수 있는 마음을 갖게 하는 것이다.

특히나 놀이성을 바탕으로 하고 있는 굿에서 이루어지는 무극의 무당은 신권에 기탁된 인격의 행위를 통해 바로 축제의 드라마를 연출한 이미지의 완성자이다. 제천의식에서 예로부터 내려오는 강릉단오굿, 하회별신굿은 한국 문화에서 연행된 연극의 기원56)으로 볼 수 있다. 무극으로 연행되는 굿에서의 무당은 무속제의의 절차를 집행하는 사제이면서 신앙 공동체를 연희 공동체, 지역 공동체로 결속시키는 연출가·기획자·집행자 역할을 한다.57) 무당에 의해 이루어지는 무극의 종교적 기능은 무가·대담·춤·연극 등 문학적 힘과 예술적 힘을 빌려 주술적 효과를 얻고자 하는 데 있으며 복맞이와 복의 성적 결합모의라 할 수 있다.58)

무극은 굿판에서 연출되는 하나의 연극이다. 연극은 각본에 따라 어떤 사건이나 인물을 말과 동작으로 관객에게 보여주는 무대 예술을 뜻하는 것으로 보는 이로 하여금 관람자적 위치에서 객관적 시각을 갖게 한다. 굿판에서 이루어지는 무극이 연출되는 천도굿은 상황극으로 사람이 죽었을 때 망인의 저승 천도(薦度)를 빌며 굿에서는 연극의 대사와 같은 넋두리가 이어진다. 넋두리는 무당이나

---

55) 홍태한(2000), 「퇴송굿에 나타난 삶과 죽음의 문제」, 『역사와 사회』, 2권, 104-109쪽.
56) 박진태(1990), 『탈놀이의 기원과 구조』, 서울: 새문사, 16-17쪽.
57) 김열규 외 5인(1988), 앞의 책, 130-132쪽.
58) 앞의 책, 124쪽.

가족의 한 사람이 죽은 사람의 넋을 대신하여 하는 말로써 망인은
이미 죽었지만 굿에서는 아직 죽지 않은 것으로 상정하여 죽음의
상황을 다시 한 번 연출하는 것이다. 넋두리 속에는 망자가 현세에
있을 때의 해석이 담겨 있으며 이미 돌이킬 수 없는 시간의 반추이
며 일종의 한풀이라 할 수 있다.

황해도의 진 오귀굿이나 평안도 굿에서는 망인을 잡으려고 온 사
자를 무당과 가족이 합세해서 속이는 연극 놀이가 벌어지기도 한
다.59) 이러한 굿에서의 연극적 무극을 통해 굿의 참여자는 객관적
으로 자신이 처해진 상황을 인지할 수 있게 된다. 즉 죽은 이에 대
한 콤플렉스를 풀어버린 뒤 마침내 죽음을 받아들이게 되는 것이
다. 무극은 굿의 연행에 따른 하나의 절차로서 역시나 가무와 함께
이루어진다. 놀이의 요소를 갖춘 종교적인 놀이인 굿에서 추어지는
굿춤은 신기가 오른 신명의 상태에서 추어진다. 무당이 추는 춤은
종교 미학적으로 볼 때 영과학적 의미로 해석해야 하는 것이며 여
기엔 한국인의 생활은 현세주의적 바탕 아래 강한 내세관을 갖고
있는 것에서 기인한다.60)

또한 굿은 주재자가 선도하는 예능으로 그 놀이가 공동체의 꿈과
소망을 선도하는 과정에서 편제된 양파경축희(兩派競逐戱)61)의 놀
이적 점복 형식이며 굿이란 놀이를 통해 놀이와 믿음이 함께 어우
러진다.62) 제주 해녀의 영등굿에서의 예처럼 굿판의 의례에 나타나

---

59) 앞의 책, 45쪽.

60) 앞의 책, 130-154쪽.

61) 이상일(1977), 「굿의 연극학과 사회적 기능」, 『세계의 문학』, 제3호, 64쪽. 양쪽으로 나뉘어 서로
   쫓고 다투는 놀이를 하는 겨루기 등을 나타낸 말로서 본 논문에서는 굿에서 주재자인 무당과 굿
   에 참여하는 대상자 간에 밀고 당기며 이루어지는 과정의 놀이를 이른다.

62) 김열규 외 5인(1998), 앞의 책, 131쪽.

는 다양한 역할의 경험은 일상에서의 탈피와 현실적 문제점을 동떨어져 객관적으로 관조할 수 있는 시각을 갖게 한다. 평상시에 여성으로서의 이루기 힘든 위치를 경험하고 결속과 과시로 자신들의 실력을 확인하여 긍지를 갖게 된다. 그것은 일상에서는 이루어질 수 없는 지위나 위치의 겨루기를 역할극을 통해 해봄으로써 굿을 통해 풍요와 안녕을 빌고 결속력을 다지는 것을 넘어 사회 안에서 자신들을 보다 힘 있는 존재로 자리매김하는 것이다.

무당에 의한 굿이란 의례를 통해 굿의 놀이성에서 얻을 수 있는 것은 놀이에서 맛볼 수 있는 해방감이다. 특히나 무당에 의해 추어지는 굿춤은 의도된 춤사위가 아닌 신명에 의한 것으로 보는 이로 하여금 무감을 갖게 하는 특징을 가지고 있다. 이러한 무감은 일상생활에서 비롯된 경직의 상태를 완화시킬 수 있는 동기를 제공한다. 인간은 정신적, 육체적으로 옥죄이는 강직의 상태에서는 많은 피로를 느낄 수 있는데 이것이 바로 스트레스이다. 굿춤의 놀이적 연행에 따른 해방감은 질병의 근원으로 불리는 이러한 스트레스에 대하여 근육의 이완 및 긍정적인 감정을 갖게 하는 동기로 작용한다고 볼 수 있다. 또한 굿춤의 연행은 정신적으로 안정감에 이르게 하고 더불어 신체의 평안함을 유지하게 할 수 있는 치료적 의의를 갖는다.

5) 공감

(1) 무당의 치료자적 역할

무속은 상당히 오랜 세월 동안 우리나라 사람들이 신앙해온 우리의 토속종교이다. 종교는 인간이 살아가야 할 삶의 방법과 내용을 규정해주고 그것에 따라 살도록 요구하기 때문에 문화와 깊은 관련[63)] 을 가지며 이를 형성하는 기반은 사제자·교리 그리고 공동체이다. 세계의 보편 종교에서 볼 수 있는 것처럼 무속신앙 역시 교리를 정리한 경문이나 또는 연구서를 가지고 있지 못하다. 더불어 무속신앙은 교회나 성당, 사찰처럼 건물로 지어지고 조직적으로 짜인 전국적 규모의 공동체가 없다. 다만 세습무는 당골판을 중심으로, 신들린 무당은 몇몇 집안을 중심으로 확고한 공동체 조직이 전승되어 왔다.[64)]

굿에서 무와 일반인과의 관계는 역설적이게도 180도 바뀌어 나타남을 볼 수 있다. 굿판에서 무당의 존재는 종교사제자로서, 타종교의 주제자보다도 굿을 통해 더 당당하게 호통을 치는 등의 모습을 보이고 이에 참여자는 머리를 조아리며 설설 비는 관계로 바뀌는 모습을 볼 수 있다.[65)] 사회적 소외자에서 사회적 참여자 혹은 이끄는 자로 역할의 변화가 굿판을 통해 이루어지는 것이다. 무당은 삶의 원초적 치유자이며 영혼의 인도자로 이승과 저승을 매개하여 하나가 되게 하는 역할을 하며 치유적 기능을 위해 무당 자신이 이러한 권능을 얻기까지 무수한 마음속 응어리와 고뇌의 시련을 겪고 극복[66)]해나가야만 했다. 무당은 자신의 불행과 고통을 넘어 신에 귀의한 존재이기에 신체 및 정신적 고통 속에 있는 타자를 위로하고 현실에 적응하지 못하고 패배하여 좌절당한 불쌍한 사람들에게 희망을 갖도록 도와주는 등 민중들의 온갖 문제의 상담자이자 해결하고 희망을 주는 구심체 역할을 해온 것이다. 줄곧 서민들의

---

63) 앞의 책, 29쪽.
64) 앞의 책, 30쪽.
65) 강혜숙(1984), 앞의 논문, 59쪽.
66) 이부영(1982), 『무속의 심리학적 고찰』, 서울: 고대민속문화연구소, 147-178, 171쪽.

종교로 일관해온 무속에서의 무당은 굿에 임하는 대상자들의 문제를 진심으로 걱정해주고 해결해주려는 넉넉한 마음으로 신도 아니고 사람도 아닌 중간의 자리, 즉 사제자에 위치한 자였다.

그러나 무당은 권위적 사제이기보다는 대상자들을 보살피는 위치였다. 그러므로 항상 어딘가 아프고 마음이 편치 못한 수많은 사람들의 사례를 다독일 줄 아는 인내심, 자신이 이 사회의 가장 낮은 자리에 서 있다는 객관적인 인식을 필요로 했다. 더불어 사제자로서의 자존심을 지켜가는 역할을 해야 했던 무당은 무엇보다 남을 포용할 줄 아는 넉넉한 마음을 중요한 덕목으로 여겼다.

이처럼 무당은 가장 세속적이고 가장 천하며 무엇 하나 내세울 것이 없어 대다수의 사람들이 무시하는 존재가 바로 자신이면서도 자신을 찾아오는 사람들보다 더 낮은 자리에서 자신들의 아픈 경험을 바탕으로 역지사지의 마음에서 그들의 문제를 가장 실질적으로 이해하고 구체적이고 현실적으로 야기되는 문제들을 들어주고 해석해줌으로써 정상적인 삶을 방해하는 문제에 대해 나름대로 원인을 분석하고 해결책을 도모했다.[67] 그러한 해결책 중의 하나로서 굿춤은 대상자들에게 춤을 추어 몰입하게 하고 풀어내게 하여 씻김에 이르게 하는 역할을 했던 것이다.

앞에서 살펴본 바와 같이 무당은 강신무와 세습무로 나누어진다. 강신무의 경우 한수 이북에서 볼 수 있는 형태이며 세습무는 한수 이남 지방, 특히 전라도 해안가 지역으로 분포되어 왔음을 볼 수 있다.

한수 이북의 강신무의 경우 무당이 되는 신의 선택은 대개 병으로 오며 각각 무병의 사례에서는 의학적인 치료로 낫지 않는다는

---

67) 앞의 책, 35쪽.

공통점이 있다. 신의 선택에 있어 인간이 임의로 거부할 수 없는 성격을 단적으로 보여주는 예는 강신무의 특징이다. 대개 가난한 집안의 부녀자 가운데 신들리는 경우가 많았으며 열악한 환경에서 힘겹게 살아온 여인들의 한이 병이 되고 신들린 상태가 된 후 신을 맞이함으로써 무당이 된다. 그들은 무당이 되어 자신의 무병을 치유함은 물론이고 자신의 치병의 경험으로서 다른 사람을 돕는 새로운 존재로 태어나[68] 남을 도울 수 있는 입장으로 위치전도의 존재가 된다. 이들은 대부분 사회적인 삶의 기반이 취약한 피지배층의 사회적 약자나 소외자들로 구성되어 있음을 볼 수 있다.

강신무가 되는 필수적 초기 단계를 살펴보면 애정결핍이나 갈등, 가까운 가족의 죽음, 가정파탄 등 격심한 정서적 충격이 흔히 발견된다. 대부분 삶에 있어 제약과 억압의 상태에서 자신의 의지를 표출하지 못하는 피지배적 위치에서 고통이나 충격의 경험은 아픔의 통과의례인 무병으로 나타나게 된다. 이러한 통과의례 속에서 무당은 병으로 신들린 상태를 체험하고 내면적 의미로서의 삶의 자세와 가치관을 자각하기에 이르며 스스로 서약하도록 만드는 실존적 전환의 교육현상인 내림굿으로 정식 무당이 되는 절차를 거쳐 무당이라는 새로운 존재로 탄생하게 된다. 즉 내림굿을 통하여 트랜스 - 포제션 상태를

그림 9. 굿춤[69]

68) 김열규 외 5인(1998), 앞의 책, 32쪽.
69) 사진출처: 정병호의 한국의 전통춤 중 '진도무속의 지천춤'으로 굿에서 이루어지는 세습무의 대표적 예이다.

체험하는 것으로 가무로 굿을 하고 굿 도중 신의 역할자로서 사회적 삶의 의지를 표명하여 병이 치유로 나타나게 되는 것이다.

이는 기존의 위치에 대한 탈피이며 새로운 삶에 대한 강력한 의지라 볼 수 있으며 이러한 강신 무당들에 의해 추어지는 춤을 신무(神舞)[70]라 한다. 한수 이북의 무속은 강신무로서 상당히 진취적이고 공격적인 면을 많이 가지고 있어[71] 굿에서 보이는 굿춤 역시 이러한 성격을 반영하고 있다. 강신무의 경우 사제자로서의 역할이 두드러지며 굿의 대상자에게 직접적으로 작용하는 치유의 형태를 취한다.

이와는 달리 한수 이남에서 보이는 세습무는 다른 형태의 치유 형태를 볼 수 있다. 세습은 한 집안의 재산이나 신분, 직업 따위를 대대로 물려주고 물려받는다는 뜻으로 세습무 역시 무당이라는 직업이 계속되어 전승되는 것을 말한다. 이미 구성된 틀의 전승은 일종의 매너리즘을 내포하고 있어 세습무의 경우 트랜스 - 포제션의 기능이 없으며 굿을 통한 하나의 의례로 상황을 돕는 조력적 역할이 중점이기에 보다 예술적이고 섬세한 굿판으로 표현되는 특징을 보인다.

공동체 구성원의 꿈과 소망을 '제의적'으로 구성하고 그 양식에 맞추어 집행함으로써 이미지를 형상화하는 것이 세습무의 특징이다. 보다 예술적으로 숙성된 형태의 굿을 보여주는 세습무당의 춤을 축원무라 한다. 가무를 통해 무당은 무의(巫儀)의 예능을 익히며 세련시킬 뿐만 아니라 무의를 더욱 양식화시킴으로써 예능을 예술로 격상시킨다. 철저한 무의의 양식화와 그에 대한 학습이 예술의 첫 단계인 것이며 그런 의미에서 집안끼리만의 특수혼으로 강한 조직을 가지고 내

---

70) 심재덕(1965), 「신락연구(神樂研究)」, 『예술논문집』, 99쪽; 정병호(2002), 앞의 책, 125쪽, 재인용.
71) 김열규 외 5인(1998), 앞의 책, 38쪽.

려오는 세습무는 한층 예술적으로 완성되어 나타난다. 양식화된 세습무속에서의 굿춤은 강신무와 같이 굿에서 대상자를 다스리는 사제적 역할이기보다 생활 속의 예술 활동으로 굿을 접하는 자가 즐길 수 있는 바탕을 마련해준다. 그러한 놀이 속에 문제에 처해 있는 자가 스스로의 자기성찰을 할 수 있도록 돕는 조력의 역할을 한다.

시대적 환경의 변화에 따라 무속이 탄압받고 그로 인해 무인의 위치가 천민으로[72] 분류되어 무속에 있는 예술성까지 천시하는 경향이 있었다. 그럼에도 불구하고 강신무와 같이 권위적 위치에서 가치전도로 이끌기보다 세습무의 경우 대상자에 대한 구복적(求福的) 형태를 취할 뿐 굿으로 사람에게 강제하는 사제의 역할은 하지 않았다. 오히려 기꺼이 놀아주는 광대와 같은 위치로 굿에 임하는 대상자들의 마음을 위로하고 평안하게 하여 그들이 충분이 교감하며 누리고 있다고 느끼게 함으로써 문제 해결을 도왔다.

(2) 매개적 공감의 치유성

굿은 무당에 의해 연행되는 하나의 의례이며 이러한 굿에서 가장 중요한 특징인 일차적 양태는 굿의 참여자가 무당의 가무를 보는 것이다. 따라서 무당은 굿이라는 의례 속에 해원자로서 굿을 원하는 자의 상태를 읽어주어야 하는 의무를 가지게 된다. 무당은 굿에 참여하는 자를 가무를 통해 무감으로 이끈다. 이는 굿을 통해 치유를 원하는 자의 현상에 대한 무당의 정감을 굿 속에서 '감흥'으로 옮겨놓아야 하는 작업이다. 그러므로 단순한 즉흥적 처치가 아닌 굿이라는 의례로 치밀하게 계산된 과정을 거쳐 표현되어야 한다.

---

72) 앞의 책, 33쪽.

이에 무당은 가무로 굿에 참여하는 자들을 무감으로 이끌어 무감 속에서 표현되는 일상에서 볼 수 없었던 잠재의식 속의 행동들을 끌어내기도 하고 그러한 행동들을 읽어주게 된다. 그것은 제반응인 삶에서 직면하지 못하는 두려움을 제거하는 설득의 단계로 이때 무당은 삶의 통찰력, 적응력73)을 함양한 신적 이미지로서 공수74) 등으로 치료에 임한다.

이러한 과정에서 이루어진 결과물은 이미 감정의 차원을 넘어서 감정과 지성이 합일된 상태로 무당의 공감을 통한 문제 해결 과정이라 할 수 있다. 즉 신체 및 정신의 고통과 두려움을 무당이라는 매개자가 굿이라는 의례를 통해 먼저 맞이하여 싸워내고 제거하는 과정을 통해 치병에 이르게 하는 것이다. 여기서 무당은 병이라는 문제에 처한 자와 해결해야 할 문제에 대해 중간적 위치에 놓이게 되고 매개의 역할을 함으로써 치병에 이르게 한다.

정리하자면 인간의 신체는 표현의 매개체로서 오브제(objet)화할 수 있고75) 무당에 의해 추어지는 굿춤은 그러한 오브제의 하나로서 보는 이로 하여금 무감을 갖게 하여 치유에 이르게 한다. 즉 굿판에서 무당은 굿이라는 가무 놀이를 펼쳐 굿 초반의 바라보는 자였던 굿의 참여자들을 굿춤이라는 행위를 통해 함께 해소하고 뱉어내어지게 함으로써 치료에 이르게 하는 역할을 한다. 무당은 공감과 감정이입의 표현으로 상처받은 자에게 누군가 함께한다는 안정감76)을 갖게 하여 자신의 상처를 기꺼이 수용하고 견디는 힘에 대

---

73) 앞의 논문, 49쪽.
74) 무당이 신이 내려 신의 소리를 내는 일로서 무당이 죽은 사람의 넋이 하는 말이라고 전하는 말 등을 이른다.
75) 강상희(2003), 「굿과 행위예술에 나타난 사실성 연구」, 『범한철학』, 제29집, 277-309쪽.
76) 유경희(2004), 「굿춤의 주술성에 내포된 치유적 기능 연구」, 한국예술교육학회 학술발표자료, 41-51쪽.

한 의지를 키울 수 있게 돕는 역할을 하는 것이다.

또한 굿을 통한 치병의식의 집단 참여는 의식상의 역할을 통하여 그 행위에 대한 책임으로부터 일시적이나마 벗어날 수 있는 위치를 제공받는다. 일상에서 표현하거나 경험하기 어려운 무녀의 주재자적 역할은 높은 사회적 지위를 누려볼 수 있게 하고 굿판을 통하여 공격적이며 성적인 행위를 제약 없이 방출할 수 있는 기회를 제공받게 된다. 그리하여 자기의 성(性)과 상반되는 성의 역할을 실현할 수 있는 기회를 갖게 되는데 이러한 일탈적 상황은 혼돈과 난장으로 굿에 참여한 자들을 이끈다.

일상에서 접할 수 없었던 난장의 경험은 그동안 무의식에서 억눌려왔던 것들을 과감히 표현으로 방출함으로써 정신적, 신체적 자유로 이어진다. 굿에서 이루어지는 혼돈과 난장의 경험은 신체와 정신의 옥죄임에서 얻는 자유로움과 해방감을 맛보게 한다. 이렇게 얻어지는 신체와 정신의 해방감은 일상의 탈피와 현실적 문제점을 동떨어져 객관적으로 관조할 수 있는 시각을 갖게 한다.

이는 자신의 문제점이 자신만으로 국한되지 않고 공감으로 타자와 함께 나누는 것이 되며 자신이 처해 있는 아픔도 공유할 수 있는 공통의 것임을 인지하게 된다. 즉 무당의 매개적 공감의 역할은 굿의 대상자가 현실에 처해진 문제점이 자신에게만 부여되어 홀로 고립된 것이 아닌 공동의 것이 될 수 있고 나눌 수 있는 문제로 인식되게 한다. 이때 굿판에서 이루어지는 함께 땀 흘리고 움직임으로 춤을 추는 것은 서로 공감으로 이끌고 문제 해결에 도움을 주는 것에서 치유성을 찾아볼 수 있다.

6) 굿춤의 독창적 치료성

앞의 (그림 2) 마음의 구조에 따른 치유적 의의가 가장 두드러지게 드러나는 것은 굿춤이다. 굿춤이 이루어지는 상황은 춤 그 자체의 목적성만을 가질 뿐 여타의 목적을 배제함에서부터 출발한다. 굿춤에서의 접신 상태인 트랜스 - 포제션 상태는 내면의 신성성을 지닌 에너지로 춤은 이러한 것의 발로를 도우며 그러한 에너지는 방출과 함께 내면의 표현을 용이하게 한다.

굿의 주재자인 무당에 의해 처해진 상황을 재현하고 대상자가 가지고 있던 문제점들을 드러내어 풀어가게 하는 굿춤의 연행은 공연물을 관람하듯 시각적으로 관찰할 수 있는 환경을 제공한다. 즉 굿에서 이루어지는 과정들을 통하여 굿의 참여자는 처해진 위치를 제삼자의 눈으로 바라볼 수 있는 상황을 제공받게 되는 것이다.

자신이 미처 인지하지 못하고 있는 상황을 객관화시켜 볼 수 있게 한다. 즉, 굿의 참여자는 그러한 과정 속에서 자신이 왜, 그리고 무엇 때문에 고통 중에 머물러야 했는지를 인지하게 되는 것이다. 그것은 자신의 처지를 이해하고 받아들여 인정하게 되는 과정으로 굿을 통해 자기 자신을 객관화해서 바라볼 수 있는 상태로서 자신과의 공감이라 표현할 수 있다. 자기 객관화로 이루어지는 자기인정은 타자에 대한 인식 또한 객관적으로 접근할 수 있게 한다. 이는 자신에 대한 완전한 이해로서 처한 상황뿐만 아니라 자신의 무의식에서의 작용까지도 이해할 수 있게 한다. 그것은 처한 상황에 대한 앎의 상태이며 스스로 치유의 방법을 모색하게 하고 시도하게 하는 원동력으로 자리하게 한다.

또한 굿은 굿판이라는 판 문화 속에 이루어진다. '판'이란 일이 벌어진 자리나 장면을 뜻하며 놀이에서의 승부를 겨루는 일을 세는 단위이기도 하다. 즉 놀이를 바탕으로 이루어진 단어라는 것을 유추할 수 있으며 그러한 판 문화는 놀이의 마당을 이야기하는 것이다. 놀이는 무언가의 이미지를 마음속에서 찾는 것부터 시작된다.[77] 우리에게서 흘러나오는 음악·춤·상상·연기·말과 글의 정체는 의식의 흐름으로서 예술치료에서 이루어지는 창조적 행동이다. 여기에서 이루어지는 즉흥은 이미지를 찾는 과정으로 놀이의 다른 형태이다.[78]

굿에서 연행되는 즉흥은 이러한 창조적 행동으로서 축제적 놀이성이 내재하며 다양한 역할의 경험은 일상에서의 탈피와 현실적 문제점을 동떨어져 객관적으로 관조할 수 있는 시각을 갖게 한다. 이는 평상시 이루기 힘든 위치를 경험하게 하고 결속과 과시로 자신들의 실력을 확인하고 긍지를 갖게 한다. 그것은 굿을 통해 풍요와 안녕을 빌고 결속력을 다지는 것을 넘어 사회 안에서 자신들을 보다 힘 있는 존재로 자리매김하는 것이다. 이것 또한 자신의 문제점이 자신만으로 국한되지 않고 공감으로 타자와 함께 나누는 것이 되며 자신이 처해 있는 아픔도 공유할 수 있는 공통의 것임을 인지하게 되어 현실에 처해진 문제점 해결에 도움으로 작용한다.

또한 굿판이라는 다수의 집중성은 대상자의 문제점을 이성으로 비판하기보다 공감으로 바라보는 시각을 제공한다. 춤과 노래, 극의 형태 속에 펼쳐지는 퍼포먼스를 통해 공감을 형성하고 처해진 상태를 인정함으로써 문제에서도 벗어날 수 있게 하는 것이다. 즉 하나의 놀이인 굿춤은 정신적 무장을 해제하게 하여 몰입에 다다르게 하는 것으로 굿을 통한 몰입은 신명에 이르게 하고 이러한 신명

---

77) 하위징아(2007), 앞의 책.
78) 앞의 책, 62쪽.

의 신바람은 통증이나 고통의 순간들을 잊게 한다.

결과적으로 굿춤에서는 굿의례 과정을 통해 추어지는 춤이라는 신체의 움직임, 움직임에서 이루어지는 호흡에 따른 신체변화, 굿판이라는 판 문화에서의 놀이성, 굿춤 연행에 의한 몰입으로의 신명 그리고 무감의 전이에서 이루어지는 공감이 두드러진 의미로 내재되어 있는 것에서 치료성을 이야기할 수 있다. 그것은 본 연구에서 다루어진 살풀이 혹은 강강술래와는 다른 굿춤만이 가지는 독특한 치료성으로 치유에 이르게 하는 과정은 (그림 10)과 같이 표현된다.

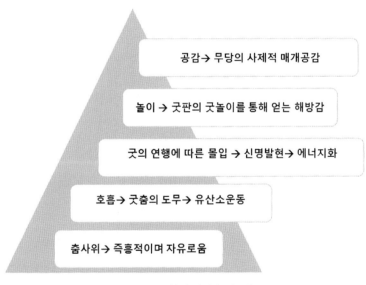

그림 10. 굿춤에 내재된 치유성

제5장

살풀이의
치료적 요소

본 장은 살풀이에 내재한 무용치료 요소를 이야기하였다. 살풀이의 경우 한국무용의 다양한 메소드를 모아 형성되고 만들어진 춤으로 굿춤에서의 보고 감응되어 표현하는 것이나 놀이성이 강하게 표현되는 강강술래와는 달리 춤사위가 표현의 중심이라 할 수 있다. 살풀이에서 무용치료의 의의를 찾아봄은 이러한 이유 때문으로 한국무용의 특징인 호흡을 바탕으로 한 살풀이의 과정에서 신체의 움직임에 의한 치료적 의의가 담겨 있기 때문이다. 특히나 살풀이에서의 풀이 과정은 심신의 경직에 대한 해소의 과정으로 치료의 의의를 드러낸다.

1. 살풀이의 유래

살풀이는 한국 전통 춤을 대표하는 춤 중의 하나로 남도 씻김굿의 시나위 장단에 맞춰 추어지는 춤이다. 살풀이의 사전적 정의를 살펴보면 '살'과 '풀이' 그리고 춤으로 구성된 복합어로, 타고난 살(煞)을 풀기 위하여 하는 굿[1])이라 명명되어 있다. 여기에서 살이란 사람이나 물건 등을 해치고 파괴하는 독하고 악한 기운인 액이며 삶에 있어 질병이나 사고, 인간관계의 갈등을 일으키게 하는 원인으로 해석되고 있다. 살은 인간의 의지나 노력으로는 이해나 해결이 불가능한 불행한 사태를 설명하는 민속에서의 개념인 것이다. 두려움 내지는 부정적 영향의 '살'을 방지하기 위하여 살을 풀어주어야 하는데 이것이 살풀이다. 살풀이는 이러한 살을 풀어주기 위해 추는 춤으로 액과 재난을 소멸시켜 정신과 육체의 평안함을 얻게 하고 더 나아가 행복을 맞이한다는 내용의 종교적 기원인 굿에서 파생된 민속무용이다.[2]) 다시 말하자면 살풀이는 길흉화복(吉凶

---

1) http://stdweb2.korean.go.kr, 2013년 9월 18일.
2) 김말복(2011), 앞의 책, 370쪽.

禍福)을 바라는 한국 민간신앙인 무속을 바탕으로 이루어진 춤으로 여기에서 무속이 자연적 의식행위에서 나온 것이라면 살풀이는 이러한 무속에서 파생된 허튼춤3)이 미화된 것이라 할 수 있다.

그림 11. 살풀이춤4)

살풀이는 민속춤의 범주에 완전하게 속하는 굿춤이나 강강술래와는 다른 성격의 춤이다. 굿춤이나 강강술래의 경우 서민의 생활 속에서 민중들에 의해 추어지고 전래되어 누구에게 보이기 위한 춤이기보다는 스스로 즐기는 춤인 반면, 살풀이는 다양한 춤사위들이 모여 하나의 작품으로 만들어져 타인에게 보이기 위해 만들어진 공연물의 성격이 두드러지기 때문이다. 이러한 살풀이의 유래는 고대의 무속에 원시 종합예술로서의 굿에 기원을 두고 있다.

---

3) 정병호(1982), 「살풀이춤의 미적 구조론」, 예술원 논문집, 183-230쪽.
4) 이매방 살풀이춤.

선사시대로부터 한국의 종교적 바탕을 이루면서 그 시대 사람들의 정신과 사회를 지배하는 종교가 되었던 무속은 가무로 의식을 주관하였다. 그러므로 예술과 종교는 다 같이 민족의식의 심층부에 뿌리를 내리고 있다. 춤과 노래를 주요한 매체로 하여 신령 세계와 문화를 창조한다는 무교의 기본적 구조는 종교적 측면만이 아니라 각종의 문화요인을 갖고 있는 우리 예술의 근원이라고 볼 수 있다.

무교는 우리 민족의 의식체계와 생활 등에 깊은 관련을 가지면서 고대신앙으로부터 현대의 무속에 이르기까지 일관된 세계관을 가지고 우리 민족의 정서를 노래와 춤으로 표현해왔다.

춤은 우리 민족 예술의 역사와 함께 해온 것으로 오늘날 추어지는 살풀이의 유래는 고대 신앙의 구조에서 찾아볼 수 있다. 그것은 살풀이가 갖는 내면의 세계를 이야기하는 것으로 삼국시대 무당들이 굿에서 신을 접하기 위한 수단으로 춤을 춘 것에서 시원을 찾는다. 이때 살풀이의 주재자가 춤을 추는 무인(巫人)이었고 따라서 무인에게 있어서 '춤'은 악한 기운을 물리치기 위해 귀신을 달래거나 즐겁게 해주는 수단임과 동시에 무인 스스로를 황홀경으로 몰입하게 해주는 수단이기도 했다.

이러한 살풀이 의식은 하늘과 귀신에 제사 드리는 '주술성'과 사람들이 모여서 즐기려는 오락적인 요소인 예술성을 동시에 갖고 있었고 고려시대에 이르러서는 이와 같은 주술성과 예술성의 분화가 어느 정도 드러나 보인다.5) 서민의 민간신앙을 바탕으로 면면히 이어오던 살풀이는 조선시대 무속의식에서의 무의가 오락적, 유희적으

---

5) 장사훈(1984), 『한국무용개론』, 서울: 대광문화사, 128-151쪽; 김효분(1999), 「살풀이춤에 나타난 정서적 측면에 관한 고찰」, 『한국무용연구』, 제17집, 80쪽, 재인용.

로 치닫게 되어 무굿을 야제(野祭)6)의 방향으로 몰고 가게 되었다. 무속의식은 조선시대의 국가통치이념인 유교적 사상에 위배되므로 국가적으로 야제를 금지하기에 이르게 되었기 때문이다. 무업(巫業)의 금지령 속에 무속은 각 방향으로 나뉘어 생활을 하게 되는데 계속해서 음성적인 무업을 하였던 무업군과 무업을 떠나 걸립에 나선 사당패라 불린 사당군으로 나뉘게 된다. 음성적인 무업자는 점쟁이·관상쟁이·무당·풍수 그리고 수척자(水尺者)7)에서 관기로 분류되었고, 사당군은 다시 광대와 기녀 등으로 분리되었다.8) 이러한 창우나 기생들이 판소리와 병행하여 예술로 승화된 것이 살풀이다.9)

살풀이춤에 대한 문헌상 발견은 『조선미인보감(朝鮮美人寶鑑)』에서이다. 1918년에 발간된 책자로 조선 미인(기생)의 사진과 기예 그리고 이력을 수집한 책인 『조선미인보감』은 조선연구회에서 발행한 책자로 이 책에 따르면 '남중속무(南中俗舞, 살푸리춤)'로 표기되어 살풀이가 추어지고 있음을 이야기하고 있다. 「남중속무」는 '살푸리춤'의 한자표기로서 남부 지방의 민간에서 추는 민속춤이 '살푸리춤'10)이다.

또한 전통적으로 추어지던 '승무', '입춤(立舞)·굿거리춤·허튼춤' 등을 기본으로 재구성하여 만들어진 즉흥 춤이 살풀이춤이다. 즉 살풀이는 남도 무굿의 가락이름이며 이 가락에 맞추어 추어지던

---

6) 한식(寒食)에 길가나 들에서 잡신(雜神)을 위하여 드리는 제사를 뜻하나 이 글에서는 잡스러운 굿 정도로 치부되어 사용됨을 이야기한다.

7) 후삼국·고려 시대에, 떠돌아다니면서 천업에 종사하던 무리. 대개 여진의 포로 혹은 귀화인의 후예로서 관적(貫籍)과 부역이 없었고 떠돌아다니면서 사냥을 하거나 고리를 만들어 파는 것을 업으로 삼았는데, 이들에게서 광대, 백정, 기생 들이 나왔다고 한다.

8) 박계홍(1973), 『한국민속 연구』, 서울: 영운출판사, 239-243쪽; 김효분(1999)의 논문 80쪽, 재인용.

9) 김문애(1996), 『3인의 살풀이춤 탐구』, 서울: 홍경, 4쪽.

10) 김영희(2008), 『공연과 리뷰』, 62호, 「살풀이춤의 근대성」, 현대미학사, 30-31쪽.

움직임을 하나의 춤으로 작품화한 것이다. 김천흥은 살풀이춤이 수건춤과 연관이 있다고 하였고 이매방은 살풀이춤이 즉흥무라고 하였다. 이는 살풀이춤이라는 명칭으로 굳어지기 전에 여러 민속무의 영향을 받아 비슷한 형태의 여러 춤들이 있었음을 추정 가능케 하는 대목이다.[11]

살풀이 춤사위의 기본 모티브로 작용한 입춤은 기생들이 기방에서 추는 허튼춤으로 전통무용의 기본 춤사위로 이루어진 춤이다. 일제강점기에 즉흥적인 요소를 띠고 굿거리장단에 맞춰 권번에서 추어지던 입춤은 수건을 들고 추어졌으며 무대화되는 과정에서 살풀이춤이라는 하나의 형태가 마련되었던 것이라 할 수 있다. 그러므로 입춤에서 기인한 살풀이춤은 사랑방에서 손님을 접대할 때 추어지다가 후에 공연 예술적 춤으로 발전하였다. 그러나 처음에는 살풀이춤이라 하지 않고 '수건춤', '산조춤', '즉흥춤'이라는 명칭으로 불렸으며 한성준이 1936년 극장공연에서 우리 민족의 정서를 대변하는 작품으로 '살풀이춤'을 최초로 명명한 데서 온전한 살풀이춤으로 인식되기에 이른다.[12] 아마도 20세기 초반 전통 춤들이 무대화되기 시작할 무렵에는 관기 출신의 기생과 궁중무 중심의 춤들이 무대에 올랐기 때문일 것이다.

근대 무용사에서의 살풀이에 대한 근거를 살펴보면 조선음악무용연구소의 공연에서이다. 1938년, 39년, 40년에 걸쳐 12가지에서 17가지에 이르는 춤 등으로 구성되어 있고 이에 살풀이춤·학무·검무·태평무·한량무·단가무 등은 공연이 있을 때마다 빠지지 않

---

11) 송미숙, 최태선(2006), 「미적 관점에서 본 살풀이춤과 즉흥무의 비교연구」, 『한국체육철학회지』, 제14권 제2호.

12) 이미영(2002), 「살풀이춤을 이용한 무용창작 연구」, 『한국무용교육학회지』, 제13집, 88쪽.

고 추어지는 춤들이었다. 또한 1935년부터 1940년의 5차례 공연에 살풀이는 빠짐없이 등장한다. 살풀이와 통용되던 수건춤·입춤·즉 흥무 등의 이칭(異稱)이 보이지 않고 오직 살풀이만이 공연종목에 나타나는 것은 이 시기에 완전하게 살풀이춤이라는 형태가 갖추어 진 것으로 보인다.

정리하자면 살풀이춤은 오랜 역사를 두고 남도무속에서 유래되 어 창우나 기생들이 판소리와 병행하여 연행되던 춤이 전통 속에서 걸러지고 가꾸어지는 과정을 통해 민속춤의 하나로 발전되었다. 살 풀이는 춤판 역사로 볼 때 마당춤에서 대청마루춤이나 사랑채의 사 랑방춤으로 이행되어 오늘날 전통무대춤으로 정착된 시대적 배경에 따라 변천 발전해온 춤으로 1930년대 한성준 등에 의해 무대화 및 작품으로 여성 독무로 재창작되었다. 이렇게 볼 때 살풀이는 한국 의 전통적 무용춤사위가 한데 어우러져 있다고 할 수 있다.

비록 살풀이라는 명칭이 굿에서 유래했듯 살풀이의 원초적인 발생 은 굿판에서 나온 것이라 하더라도, 그 역사성에 비추어볼 때 현대 개념의 살풀이는 종교적 기능을 가진 춤이라기보다는 무악인이 살풀 이 음악에 맞추어 추는 오락 내지는 예술적인 춤이라 할 수 있다.

2. 살풀이의 구성 및 양태

1) 살풀이 음악

살풀이장단은 주로 무속음악에 쓰이는 장단으로 무가를 반주할 때 선율악기가 시나위목(육자배기목)으로 진행된다는 공통점을 지

니며, <살풀이>·<자진살풀이>·<도살풀이>·<동살풀이> 등이
있다. 시나위는 <시나오>·<신아위>·<신방곡>·<심방곡> 등으로
불렸으며 심방이 15세기 고어 및 제주도 방언에서 무(巫)라는 말로
쓰이므로 심방곡은 무속음악을 뜻한다고 볼 수 있다.13)

무속음악에 쓰이는 살풀이계 장단은 <모리>·<발버스래>·<홑
살풀이>·<겹살풀이>·<자진살풀이>·<깎음살풀이>·<도살풀
이>·<동살풀이>·<굿거리살풀이> 등의 여러 가지 명칭이 있으
며14) 시나위 가락의 청15)은 <오관청>·<제가락원청>·<네가락원
청>·<비청>·<중활림>·<하활림>으로 6개의 청과 중간 청 6개
를 합하여 12청으로 조성된다.

살풀이장단은 3박, 4박으로 8/12의 규칙적 리듬을 이루고 있는
시나위 곡으로 무용 반주에 연주되는 경우엔 '살풀이'라 불린다.16)
살풀이장단은 일정 지역의 장단으로 충청남도·전라북도·전라남
도 지방의 무속에서 이 장단으로 노래와 춤을 반주하는 것이 많다.
충청남도 서부 지역은 장단형으로, 그리고 전라북도 지방의 굿에서
는 3분박 조금 느린 살풀이장단으로 연주되며, 전라남도 지방의 굿
에서는 보통빠르기의 살풀이장단으로 연주된다. 원래 살풀이장단은
다른 장단과는 달리 부침새를 복잡하게 쓴 '엇먹는 박'이 많아 마
치 서양의 재즈에서처럼 매우 변화 있게 들린다. 또 살풀이장단은
굿의 청신무가(請神巫歌)에서 자주 연주되며 통상 덩덕궁이장단이
나 시님장단17)으로 넘어간다.

---

13) 이보형(1971), 「시나위권의 무속음악」, 『한국문화인류학』, 4집, 79쪽; 김문애(1996), 앞의 책, 10쪽, 재인용.

14) 정병호(1982), 「살풀이춤의 미적 구조론」, 『한국예술원 논문집』, 21권, 181쪽.

15) 청은 시나위가락을 엮어 나가는 기본음(音)을 청이라고 한다.

16) 이보형(1971), 앞의 글, 81쪽.

17) 무악장단(巫樂長短)의 하나로 일명 신임장단이라 한다. 시님장단은 안진반·살풀이·덩덕궁이·
    중모리·중중모리와 함께 전라북도와 충청도의 무가(巫歌)에서 사용된 장단이다.

특히 전라도 살풀이장단은 4박 한 장단으로 민속악의 중중모리와 비슷하다. 장단 진행은 맨 처음 느린 살풀이장단인 진살풀이로 시작하여 차츰 빨라지며 속도를 더하여 빠른 살풀이장단이 도푸리로 종결짓는다. 시나위가락의 선율적 특성은 판소리 및 산조의 계면조 가락과 비슷하다고 볼 수 있으나 전라도 시나위 곡은 진계면[18] 쪽에 가깝고 경기도 시나위 곡은 좀 더 평계면 쪽에 가깝다.

살풀이장단은 굿거리장단과 같은 4박일지라도 강약이 다르다. 처음 도입부에 한 장단 맺고 '느린 살풀이'의 애조 띤 가락으로 시작되어 연주가 진행될수록 가락이 점차로 빨라져 '자진모리'가락으로 몰아 빠르게 진행되다 종결부에서는 처음과 같이 느린 살풀이로 끝을 맺는 특징을 가지고 있다. 그러므로 살풀이를 출 때는 다른 음악을 사용하지 않고 거의 살풀이장단으로부터 시작한다.[19]

시나위에 쓰이는 악기는 북·장구·징 등 타악기와 대금·해금·피리 등의 관현악기로 연주하는 것을 원칙으로 하며 살풀이에서의 음악연주의 악기는 가야금을 비롯하여 피리·대금·해금·장구·아쟁·북·징 등 삼현육각으로 이루어져 있다.

살풀이 음악은 느리게 시작하여 점점 빠르게 연주되다 다시 느려지는 형태로서 시나위에서 자진 시나위로 다시 자진 시나위에서 시나위로 맺는 a-b-a의 형식[20]을 취하며 애절한 곡조로 이루어진 것을 특징으로 한다. 민속 기악곡 중 하나인 시나위는 산조 음악이

---

18) 진계면 가락은 특수한 가락군을 표시하는 용어로 남도선율의 뼈대인 당(G)·징(C)·땅(D)의 3음 음계 구성으로 '당'은 심하게 농현을 표현하는 것이며 '땅'은 꺾는 목으로 연주되며, '징'이 중심음의 역할을 담당한다. 송방송(1979),『한국음악용어론』, 5권, 2044쪽.

19) 이보형(1982),『한국무의식(韓國巫儀式)의 음악-한국무속의 종합적 고찰-』, 고려대학교민족문화연구소; 이보형(1983),「경기 남부 도당굿의 춤과 음악」,『경기도 도당굿』, 서울: 열화당.

20) 이미영(2002), 앞의 논문, 94쪽.

성립되기 이전에 형성된 기악 합주곡으로 무속 의식과 관련하며 본래 경기도 남부와 충청도, 전라도를 포함하는 광범위한 지역에 걸쳐서 쓰이던 무속 음악이었으나 육자배기토리권의 합주곡으로 정착되어 지금은 전라도권의 합주곡으로 인식되고 있다. 시나위는 주로 젓대와 피리 등의 관악기와 장구와 징과 같은 타악기로 편성된다. 장단은 지역에 따라서 <도살풀이>, <살풀이>, <진양> 등이 주로 쓰이고 청이라고 하는 특정한 음을 중심으로 선율이 짜이는 것이 특징이다. 이러한 원형 시나위는 실제 굿 의식에서 무가나 무당의 춤을 반주하는 데에 쓰이는 무악 합주 형태의 음악이다.[21]

무속에서 무당의 굿을 통해 살을 풀어주기 위해 추어졌던 살풀이의 반주음악을 남도의 시나위로 사용한 것은 창우(倡優)가 무당 출신이며 소외된 계층으로 일상적이지 못한 어두운 생활을 하고 있었기 때문에 슬픈 음악을 선택한 것으로 추정된다. 다른 한편으로는 구한말 소리광대들을 중심으로 식량이 풍부한 호남 지방에 모였기 때문에 이곳의 무악인 살풀이 음악을 사용하게 된 것으로 볼 수도 있다.[22] 이처럼 살풀이 음악은 느린 한배의 장단인 긴살풀이에서부터 차츰 빠른 장단인 자진살풀이로 옮겨지는데 가락은 이른바 시나위 가락에 음악 자체가 비곡인 만큼 한이 맺혀 있는 춤이 될 수밖에 없다. 따라서 살풀이 곡의 특징은 애조 띤 가락과 갈망을 느끼게 하고 한을 지니고 있어 우리 민족의 정서를 내적으로 강하게 표출시키고 있음을 엿볼 수 있다.

이때 연주되는 자진 시나위는 빠른 템포로 이루어져 비감으로 느

---

21) http://www.gugak.go.kr, 2013년 11월 10일.
22) 이미영(2002), 앞의 논문, 88쪽.

리게 시작되었던 초반의 분위기를 바꾸어 신명이 오르게 한다. 여기에서의 신명은 단순한 흥의 신명이 아닌 죽음의 준비 내지는 현세의 저편으로 뛰어넘는 삶의 과정으로서의 환희와 기쁨의 경험을 나타낸다고 할 수 있다. 이는 현세에서 내세로의 전이 체계가 음양의 혼합 체계로 승화됨으로써 새로운 세계를 창조해내는 것과 같다.

살풀이의 음악은 시나위 중의 계면조23)를 중시하기 때문에 음악 반주에서도 기본악보를 사용하지 않고 상황에 따라 즉흥으로 연주되어 연주자는 상황에 맞게 감정을 표현할 수 있게 되며 주로 한을 표현하게 된다. 한의 개념은 일상적으로 슬픔과 원한 탄식, 애달픔, 덧없음 그리고 울분 등의 뜻을 지니고 있고 음악을 통해 이러한 감정의 배출과 씻김을 경험하게 한다.

살풀이에서는 또한 '대삼 · 소삼 · 잉어잡이 · 완자걸이 등의 판소리 음악의 용어가 춤 용어로 사용'24)되고 있으며 춤이 살풀이 음악에서 자연스럽게 배어 나왔다는 것을 말해주고 있다.

이처럼 살풀이는 전라도 시나위권의 무악의 가락이름에서 비롯된 민속음악으로서 살풀이에서의 한의 이면에는 이중적인 신명의 의식이 있어서 극도의 슬픔이 체험된 뒤에 오히려 신명나는 순간이 도래하는 것을 볼 수 있다.

---

23) 국악에서 쓰는 음계의 하나로 슬프고 애타는 느낌을 주는 음조이며 서양 음악의 단조(短調)와 비슷하다. 무당이 새신(賽神: 굿 또는 푸닥거리)을 위하여 일정한 지역을 돌아다니면서 걸립하는 것을 '계면돌기'라 하고, 동해안 별신굿이나 강릉 단오제 등에 있는 계면굿 절차에서 무당이 구경꾼에게 나누어 주는 떡을 '계면떡'이라고 한 것으로 보아, 계면이라는 어휘가 무속과 깊은 관련을 맺고 있음을 알 수 있다. 또한, 《악학궤범》에 수록된 <처용가>의 '아으계면도 샤닙거신바래'라는 구절 가운데 '계면도샤'를 계면조에 의한 춤이라고 해석하는 사람도 있으며, <처용가>가 무가(巫歌)로 사용되었기 때문에 그 '계면도샤'가 무속의 '계면돌기'와 관련이 있음을 알 수 있다(한민족백과사전 참조 정리의 글).

24) 이미영(2002), 앞의 논문, 88쪽.

2) 살풀이의 의복과 무구의 의의

살풀이의 복장은 획일적이진 않지만 흰색 치마에 흰 저고리, 쪽진 머리에 흰 버선을 착용하는 것이 일반적이다. 이매방의 살풀이에서처럼 남자가 추는 경우엔 흰색 바지저고리를 입기도 한다. 여성의 경우 가지런히 쪽진 머리에 한복의 저고리선과 치마선이 손에 들린 수건과 함께 어우러져 하나가 되어 추어진다. 세부적인 시선으로 바라보면 저고리에 완자무늬의 금박·은박을 드리우거나 색이 다른 옷고름을 사용하기도 하나 모두 공통적으로 흰색의 명주 수건을 들고 춤을 춘다. 이처럼 복장은 추어지는 성별이나 상황에 따라 조금의 차이를 보이나 공통적으로 발엔 흰 버선을 신고 머리는 단정하게 쪽을 지은 머리를 하는 것이 대표적인 살풀이의 복장형태이다. 물론 남자의 경우 연분홍 쾌자·옥색 무동복·남바우·흰 버선 등을 착용하기도 한다.[25] 이러한 백색의 무복(舞服)은 남도 지방의 무복(巫服)인 흰색 치마저고리와 버선 등의 영향으로 보이며 또한 백의민족의 상징으로 이해된다.

그러나 이것은 살풀이의 작품화 과정에서 비롯된 복장으로 보편적 살풀이의 복식 특징을 꼽자면 가장 큰 특징은 흰색의 수건을 무구로 사용한다는 것이다. 유색의 수건을 사용하지 않고 오로지 흰 수건을 사용하는 것은 남도무속의 씻김굿에서 파생된 것으로[26] 창호지를 여러 갈래로 오려 만든 넋을 상징하는 굿에서의 '돈전(紙錢)'을 들고 행해지던 행위에 기반을 두고 이것이 무용화됨에 따라

---

25) 송문숙(1999), 「살풀이 특성과 장단 및 명칭에 관한 소고」, 『한국여성체육학회지』, 제13권 2호, 145-156쪽.

26) 정병호(1980), 「무무의 예술적 구조, 창론(創論)」, 중앙대학교 예술대학 한국예술연구소, 80쪽.

명주수건으로 대치되어 변한 것27)으로 보인다.

씻김굿의 경우 무속의식에서 커다란 흰 천을 사용하여 고를 만들거나 넋이 왕래하는 길을 만들어놓은 이른바 '고풀이'와 '길 닦음'이 있는데 이 춤은 구속에서 해방을 상징하거나 망자의 혼을 씻겨서 극락으로 보내는 중요한 의식을 내용으로 한다. 굿에서 무당은 긴 천을 양손으로 잡고 해설가창과 시나위에 맞추어 춤이 연행됨을 볼 수 있는데 이렇게 볼 때 살풀이 역시 시나위 가락에 춤을 추고 흰색의 무구를 사용한다는 것에서 공통점이 드러난다. 살풀이의 씻김은 이러한 씻김굿의 요소가 가미되었기 때문이다.

정리하자면 일명 수건춤이라고도 할 만큼 수건이 긴요한 춤사위 구실을 하는 살풀이는 무속무용에서 무당이 신 칼이나 지전을 들고 길흉화복을 빌던 무구의 사용이 창우28) 등에 의해 판소리를 할 때 땀을 닦거나 멋29)으로 수건으로 변모하여 사용되었고 이후 교태와 동작 중심의 기방무용으로 이어졌다가30) 무대에 올려지며 하나의 틀로 자리 잡게 된 것으로 보인다.

또한 수건은 돈전 또는 지전(紙錢) 그리고 작은 손수건이나 천 등의 변모를 거쳐 이후 무대에서 창작무용화됨에 따라 무대 미학적으로 아름답게 보이기 위해 긴 명주 수건의 사용으로 이어졌으며 수건의 길이와 소재는 춤이 추어지는 공간과 의미에 따라 많은 변화가 있었을 것으로 사료된다. 살풀이의 수건에 대하여 살풀이의 틀을 만들어 무대무용으로 형성한 한성준의 계보를 잇는 한영숙은 기녀들이 평상시에

---

27) 서울시립무용단(1982), 제12회 정기공연, 「한국 명무전」, 팸플릿.
28) 소광대를 말함.
29) 여기서는 발림을 뜻하는 말고 사용되고 있다.
30) 이미영(2002), 앞의 논문, 88쪽.

지나다가 춤을 출 때 사용하던 수건을 한성준이 무대화시키기 위한 목적으로 아름답게 미화시킨 긴 명주 수건을 사용하였다고 한다.

수건 길이는 지방에 따라 춤꾼에 따라 차이가 있다. 살풀이 수건의 길이는 150cm에서 180cm으로 길게는 2m[31] 이상까지 볼 수 있으며 일반적으로 35cm 정도에서 넓게는 50cm까지의 폭을 보이고 있다. 또한 도살풀이춤의 경우 경기 도당 굿의 굿 장단에 맞추어 추어지는데 매우 긴 수건을 양손에 들고 추는 것을 특징으로 한다. 그러나 현재 무대에 올려지는 살풀이춤을 살펴보면 일반적으로 사용되는 수건의 길이가 이매방류의 수건은 길이가 대략 1.8m에 폭 56cm, 한영숙류는 각각 2.25m에 45cm, 도살풀이춤은 3m에 45cm, 그리고 작은 수건을 들고 추는 춤에서는 가로세로 56cm의 크기로 사용한다. 수건의 길이가 이처럼 획일화되어 나타나는 것은 살풀이춤이 문화제로 지정되어 전승되는 과정에서 비롯됨으로 보인다.

보편적으로 살풀이의 의복은 흰색 치마에 흰 저고리·흰 버선을 착용하며 무구는 흰색의 길거나 짧은 수건을 이용한다. 여기에서의 흰색은 첨가되지 않은 가장 바탕이 되는 기본색이며 예로부터 우리 민족의 대표 색으로[32] 자리해오고 있다.

흰색은 모든 색의 바탕이 되는 색으로서 모든 것을 포함할 수도 있는 색의 가장 근원이며 또한 그렇기에 무색, 무취의 개념이므로 보다 깨끗하고 숭고한 원초적 감정을 가질 수 있다는 것이다. 흰색은 물질적인 성질이나 실체로서의 모든 색깔이 날아가 버린 원초적 색의 상징과도 같다. 칸딘스키는 흰색에 대하여 일상의 세계와는 동떨어

---

31) 김문애(1996), 앞의 책, 13-21쪽.

32) 김선풍(1996), 『한국의 민속사상』, 서울: 집문당, 13쪽.

그림 12. 살풀이의 흰 의복과 무구인 수건[33]

진, 너무 높거나 아무것도 들을 수 없는 침묵의 상태로 '뛰어넘을 수 없는, 파괴할 수 없는, 무한으로 들어가는 차가운 장벽'이 우리 앞에 나타나는 것과 같다고 표현하며 그러므로 흰색은 대 침묵으로서 우리 심성에 작용하게 되는 것[34]이라고 하였다.

여기서의 대 침묵의 상태는 무엇을 의도하고 파괴하는 것이 아닌 스스로 받아들이는 상태를 말하는 것으로서 아프고 고통스러운 것들을 넘어서는 운디드 힐러(Wounded Healer),[35] 즉 상처 입은 자로서의 치유자라는 표현을 담고 있다. 상처 입은 자 스스로 자신의 상처를 상처로만 머무르지 않고 있는 그대로를 받아들임으로 대립이 아닌, 자신의 의지로서는 해결할 수 없는 불가항력에서 비롯됨을 인정함과 그러한 상황에 대해 용서함 등의 상태에 이르게 하는 것이다.

---

33) www.segye.com, 2012년 7월 17일.

34) 바실리 칸딘스키 저, 권영필 역(2004), 『예술에 있어 정신적인 것에 대하여』, 서울: 열화당, 83쪽.

35) Wounded는 부상자 혹은 상처 입은 자를 말하고 Healer는 치유자를 말하는 독일어이다. 시인 김지하의 '흰 그늘'에서 이야기되는 상처 입은 자로서의 치유를 말하는 표현으로서 상처를 입은 자가 상처를 회피하지 않고 받아들이고 승화하여 트라우마로 자리하게 하지 않고 아프고 고통스러운 상태를 넘어선다는 개념이다.

흰색의 수건은 넋을 표현하기에 매우 적절한 소재로서 모질고 독한 기운의 살(殺)을 푸는 것을 표현하는 것에 매우 용이하며 스스로의 치유적인 성격을 내포하고 있어 어떤 색과도 잘 조화되고 모든 풍요함의 통합체로서 생명의 결합 상태를 나타내며 아직 생존해 본 일이 없는 순수자의 순결과 생명이 끝나버린 망자의 허무함 등의 복합적 의미를 가진다. 또한 흰색은 살풀이 춤사위에 대하여 군더더기 없이 볼 수 있게 하고 몰입하게 한다.

3) 살풀이 춤사위

(1) 살풀이의 춤사위 양태

모든 춤은 리듬을 바탕으로 이루어진다. 비록 무음일지라도 공기의 흐름을 타고 신체에 내재된 리듬을 몸 밖으로 끌어내어 표현하는 것이 춤이다. 예컨대 손 하나를 들어 올리는 행위에서 아무런 리듬을 타지 않고 들어 올릴 땐 그냥 움직임에 지나지 않지만 손을 들어 올리는 것에 의미를 부여하고 그 의미에 맞게 리듬을 타 들어 올릴 땐 춤이 되는 것이다. 그런 의미에서 무악의 가락이름에서 비롯되어 애절한 곡조로 어우러진 것을 특징으로 하는 시나위는 무속음악에 뿌리를 둔 즉흥 기악합주곡 양식의 음악이며 살풀이의 춤사위는 이러한 시나위리듬을 바탕으로 이루어진다. 살풀이는 초반 부드럽고도 느린 동작으로 짐짓 느긋이 거니는 움직임으로 시작된다. 이따금 수건을 오른팔로 혹은 왼팔로 옮기고, 때로는 뿌리고 감기도 하면서 마치 수건을 어루만지듯 표현된다. 음악에 따라 애절한 마음을 표현하듯 움직임 속에 수건으로 무수한 선을 그려 나타내는 것은 원초적으로 살을 풀기 위한 표현이라 할 수 있다.

시나위 음악의 특징이 즉흥성에 있듯 살풀이사위 역시 즉흥성을 내포한다. 동작은 억지로 만들어지는 것이 아닌 리듬에 따라 자연스러운 호흡과 굴신의 연결로 팔과 다리가 자연스럽게 들려지고 내려지며 걷고 돌아서 멈추는 등의 동작을 한다. 춤을 추다 보면 어느 동작 하나도 멈추는 동작이 없이,[36] 끊일 듯 이어지고, 움직이는 듯 멈춰 머무르는 정(靜) 중(中) 동(動)의 묘미를 느끼게 한다. 고요한 정적인 움직임 속에서 계속 동작에 강약을 주며 움직임으로써 힘을 유발하게 하는 살풀이는 시작과 끝에 분명한 포즈(pose)가 있으며 이는 춤에서 하나의 장면으로 자리하며 작품으로 설명되기도 한다.

살풀이는 정면(正面)과 배면(背面)이 분명하다. 한국의 전통 춤은 하나의 정면보다는 사면을 아울러 춤추었고, 악사를 마주 보고 춤추기도 하였으나 '살풀이춤'의 동작과 동선들은 정면을 의도적으로 인식하고 사선과 배면[37]을 사용하여 추어진다. 이러한 표현을 통해 감정의 극대화를 표현하며 짧거나 긴 수건 등을 무구로 사용하는 '살풀이춤'은 무대를 인식하여 다양한 표현을 전제로 만들어졌음을 알 수 있다.

살풀이춤은 발동작에서도 잉어걸이(좌우걸음)·완자걸음·까치걸음·비딛음·비정비팔(比丁比八)의 발디딤 등[38]의 여러 자세가 있으며, 발의 흐름은 뒤꿈치부터 앞부분으로 자연스럽게 옮겨간다. 가령 까치걸음은 호흡을 들면서 스텝을 하며 나가다가 굴신과 함께 호흡을 내려주는데 이는 첫 박의 강한 대삼을 하게 하도록 한다. 또한 제자리에서 머물고 있을 때에도 정지하고 있는 것이 아니라

---

36) 이미영(2002), 앞의 논문, 92쪽.

37) 무대 뒤를 바라보아 관객에게 등을 보이는 것.

38) 박금슬(1982), 『춤동작』, 서울: 일지사, 10-13쪽.

한 발을 축으로 하고 다른 한 발을 뒤로 찍으면서 머물거나 도는데 이때에도 첫 박에는 강하게 하고 다음 박자는 약하게 한다.

한국무용 춤사위 특징 중 하나는 양손 중에 하나가 엎어지면 하나가 뒤집어지고 발 디딤도 하나를 디디면 하나가 뒤축이 들어지는 움직임으로 표현된다는 것이다. 이는 작용하는 힘과 반작용하는 힘에 대해 느끼게 해주어 보는 이로 하여금 밀고 당기는 느낌을 갖게 한다. 살풀이 춤사위는 이러한 움직임 원리를 바탕으로 강약에 따라 멈추어 머물거나 맺고 다시 풀어지는 느낌을 갖게 한다. 한국무용의 특징이 가장 잘 담긴 살풀이는 관절마다 자연스럽게 펴고 오그리고 휘어지는 자연스러운 곡선미와 더불어 주어지는 대삼 소삼의 강약은 동작에서 움직임 안에 머무름이 있고 머무름 안에 움직임이 있는 정중동의 미감을 한껏 느끼게 한다.

또한 천으로 만들어져 손에 들려지는 수건이라는 무구는 부채나 장구 등의 무구와는 확연히 다른 성격의 무구이다. 부채나 장구는 하나의 완전한 형태를 가지고 있어 춤을 출 때 이미 설정된 형태의 선을 나타낸다. 그러나 수건은 흩뿌리거나 감아올릴 때 미려한 선을 나타내며 이는 일부러 만들어낼 수 없는 자연의 선들로 이루어진다. 즉 이러한 자연적인 선들은 의도대로 만들어지는 것이 아닌 그때그때 움직임에 따라 즉흥으로 만들어 지게 된다. 그러므로 수건을 손에 들고 살풀이장단에 맞추어 춤추는 사람의 자율성에 따라 자신의 감정을 표출하는 즉흥적 춤이라 정리할 수 있다. 즉흥무는 일정한 춤의 격식에 따르는 것이 아닌 장단에 따라 각자의 흥에 겨워 몸에서 자연스럽게 우러나는 대로 춤이 이루어지기 때문이다.

그럼에도 불구하고 살풀이에서 사용되는 무구인 수건은 춤추는 자의 신체와 따로 겉돌지 않고 표현된다. 수족상응의 움직임에 따라 뿌려지기도 하고 둘러메어지기도 하면서 선을 그려내는 것이다. 이때 무구는 손을 통해 선을 그리며 표현되지만 그 움직임의 근원은 바로 신체에 있음을 이야기한다.

(2) 즉흥무로서의 살풀이

살풀이의 즉흥성은 춤의 동기가 되었던 입춤에서 확연히 드러난다. 입춤39)은 짧은 수건을 들고 일정한 구성 없이 특별한 기교를 부리지 않고 교방의 기생들에 의해 굿거리장단에 맞춰 추던 춤이다. 그것은 무용의 기본적인 자세를 익히기 위해 훈련 삼아 추는 춤이기도 했으며 본격적인 춤을 추기 위해 몸을 풀기 위한 워밍업 과정의 춤이다. 춤추는 이가 굿거리장단에 맞추어 추고 싶은 대로 순수하게 그려내며 연행되었던 입춤은 즉흥으로서 부드럽고 섬세하게 추어져 춤추는 이의 역량과 삶이 자연스럽게 드러난다.

송미숙·최태선(2006)은 『예단일백인』에 나오는 기생들의 기예 중 입춤은 살풀이로 보아도 무방하다고 여겨진다고 하여 입춤과 살풀이의 연계성을 이야기하였다. 즉 입춤의 즉흥적 요소가 바로 살풀이의 요소와 같다는 것을 말한다. 살풀이는 궁중 정재의 절제된 품위와 서민의 소탈한 멋이 어울리는 혼합된 양태를 보이며 단아하

---

39) 입춤은 즉흥무 또는 허튼춤 또는 굿거리춤·수건춤으로 불리기도 한다. 일제강점기 권번에서 추어지던 입춤은 서서 추는 춤이라는 뜻의 입(立)춤 또는 사람들의 구음인 입타령에 의해 춘다 하여 입춤이라고도 한다. 춤사위가 특정하게 정해지지 않은 상태에서 자연스러운 감정으로 이루어지는 춤으로 굿거리춤이라든가 수건춤이라는 명칭은 말 그대로 굿거리장단을 타고 추는 춤, 수건을 들고 추는 춤이라는 의미에서 생긴 이름이다. 춤의 기본으로 춤 입문 과정에서 학습하며 지도자에 따라 춤의 형식이나 방법, 반주음악이나 의상에는 다소 변형이 따르기도 한다. 따라서 입춤은 전통무용의 기본 춤의 성격을 지니며 하나의 독립된 춤의 장르로 훌륭한 양식을 이루어 낸다.

고 정갈한 맛을 가지고 있다.

이는 일정한 틀을 가진 궁중정재의 하나인 춘앵무나 민속무용 중 종교적 색채가 진한 승무 그리고 자연물의 움직임을 관찰하고 그 특징을 표현으로 한 학춤과 같은 일정한 형식이 있는 춤과는 다른 성격을 가진다. 그것은 춤추는 사람이 미리 계획하지 않고 일정한 틀에 얽매임 없이 감흥에 사로잡혀 추는, 즉흥적 요소가 더 많이 내 포함을 이야기하는 것으로서 자율성이 내재된 춤임을 이야기한다.

근대의 한국 전통무용을 집대성하고 전수한 한성준은 살풀이를 승무와 함께 즉흥무라는 이름으로 제자들의 실력을 가늠하였다고 한다. 한성준에게서 사사받은 강선영은 '살풀이춤을 자기 흥으로 춤을 만들어서 추는 것으로 즉흥무로 사사받았지 살풀이라고 해서 따로 정형화해서 가르치지 않았다'고 하여 살풀이의 즉흥성을 이야 기했다. 또한 한성준의 손녀이자 전수자인 한영숙은 '승무를 가르 친 다음 장구를 치며 흥이나 신이 나게 즉흥적으로 춤을 추게 한 후 거기에서 나온 좋은 춤사위를 정리하여 살풀이를 만들었다'고 하여 살풀이의 즉흥성을 이야기한다.

이렇게 한성준은 교방의 연습무인 입춤 등에서 즉흥의 움직임들을 모아 굿거리장단의 자율성과 즉흥성이 내재된 춤사위를 작품화하고 공연에 올렸던 것이다. 공연자에 따라 수건춤·살풀이춤·즉흥무로 유사한 춤을 다른 이름으로 불렀다는 것은 살풀이춤이 정형화된 춤 사위가 존재하지 않았고 수건을 들고 살풀이장단에 맞추어 자유롭게 추었던 춤을 춤의 특성을 어떻게 보느냐에 따라 각각의 이름으로 부 르고 있었음을 짐작하게 한다.[40] 그러한 춤사위를 무대에 올리기도

---

40) 송미숙, 최태선(2006), 앞의 논문, 240-244쪽.

하고 제자들의 실력을 가늠하는 시험 종목으로 채택41)한 것으로 보아 아마도 초창기에는 승무 춤사위에 바탕을 둔 즉흥무였다가 시간을 두고서 천천히 내용과 형식이 채워졌을 것으로도 보인다.

또한 살풀이의 즉흥성은 시대적 배경에서 기인한 것으로 사료된다. 일제강점기 때는 기생들에 의해 추어진 입춤·즉흥무·수건춤·굿거리춤 등을 볼 수 있는데 이는 무속장단인 살풀이 혹은 입춤에서와 같이 굿거리에 맞춰 추는 춤으로 살풀이와 명칭이 혼용되거나 이러한 춤들의 특징이 함께 어우러져 살풀이가 만들어진 것으로 보인다.42)『조선미인보감』과『예단일백인』의 자료로 보아 이렇게 여러 가지 춤들의 특징들을 모아 만들어진 살풀이는 춤꾼 개인의 심정을 자유롭게 표현하는 춤으로 여겨진다. 교방에서 춤을 예기적(藝妓的) 기능으로 가르칠 때 춤의 흐름이 미리 계산되어 짜인 딱딱한 정형적 춤보다는 즉흥적이고 보다 자유스러운 살풀이의 사용이 용이함에 선택되었을 것으로 추정된다. 나라의 주권이 없던, 더구나 한국의 문화를 예속과 천시로 일관하던 일제강점기의 열악한 환경 속에서 유일하게 춤을 교육하고 전수시킬 수 있었던 교방에서 만들어진 살풀이는 한국 무용 문화의 취약과 슬픔을 이야기한다.

예컨대 국가가 주권을 가진 온전한 형태였다면 무용문화 역시 국가에 예속되어 관리 발전되었을 것이다. 국가의 주권 말살은 형식과 틀이 형성된 궁중무용의 쇄락을 가져오게 했으며 민족문화의 말살정책에 따른 민속무 역시 활발하게 발전되지 못했을 것으로 사료된다. 살풀이의 명칭들이 다양한 명칭과 통용 혹은 혼용되는 것은

---

41) 앞의 논문, 239-240쪽.

42) 앞의 논문, 238쪽.

이러한 춤 문화와 무관하지 않으며 이러한 사회의 반영으로 다양한 춤사위에서 모티브를 얻어 만들어진 살풀이에 즉흥성을 내포하게 하는 하나의 원인으로 작용했음으로 사료된다.

더불어 살풀이의 음악 역시 즉흥적 춤사위를 만들어내는 데 매우 적합한 음악의 특징을 내포하고 있다. 무속음악에 쓰이는 장단의 한 가지인 시나위는 진계면의 애조 띤 가락으로 엇박이 특징이다. 무속음악계[43])에서 사용하는 장단인 시나위는 무가를 반주할 때 선율악기가 시나위목(육자배기목)으로 진행되는데 이러한 시나위는 즉흥성을 내재하고 있으며[44]) 음의 꺾임이 많아 듣는 이로 하여금 애잔한 마음을 갖게 하여 몰입으로 이끈다.

이러한 음악의 즉흥성은 춤추는 이의 감정마저도 몰입으로 유도하여 자신만이 만들어낼 수 있는 즉흥의 움직임을 끌어내는 중요한 역할로 작용한다. 춤사위에 있어서 즉흥은 지극히 자연스러운 상태에서의 움직임이 이루어진다. 살풀이에서 호흡의 멈춤이 있고 멈춤 속에서도 흩뿌려진 수건의 선이 움직임으로 나타나는 것은 정·중·동 법칙에 의한 춤의 자연스러운 흐름이 표현되는 즉흥의 한 장면이다. 이와 같이 살풀이는 자유로운 표현의 즉흥성을 내재한 춤이라 할 수 있다.

---

43) 넓게는 경기도 남한강 이남, 충청북도 서부와 충청남도, 전라도, 경상도 서부를 지칭하기도 하나 대표적인 시나위라 함은 전라도의 장단을 말한다.

44) 송미숙, 최태선(2006), 앞의 논문, 233쪽-234쪽.

3. 살풀이의 치료적 의의

1) 춤사위

호흡과 굴신이 특징인 한국무용의 특성이 가장 잘 드러나는 춤이 살풀이이다. 춤사위는 호흡을 기본으로 이루어진다. 즉 팔과 다리 혹은 무구의 사용이 각각 따로 이루어지는 것이 아닌 호흡을 근원으로 두고 움직임이 이루어진다. 예를 들어 팔을 들어 수건을 들어 올릴 때 수건을 들기 위해 팔을 드는 것이 아닌 호흡을 끌어 올려 들숨이 쉬어지는 과정에서 숨이 몸으로 들어가 절로 팔이 들려지는 것이다. 호흡과 함께 이루어지는 굴신 등의 움직임은 자연스럽게 표현되며 신체관절 마디마디를 풀어준다. 몸의 풀어짐, 즉 자유로운 표현은 신체와 사고의 유연성을 가져오게 하고 자신의 감정표출을 용이하게 한다.

그것은 수건을 손에 들고 살풀이장단에 맞추어 춤추는 사람의 자율성에 따라 자신의 감정을 표출하게 하며 일정한 춤의 격식에 따르는 것이 아닌 장단에 따라 각자의 흥에 겨워 몸에서 자연스럽게 우러나는 대로 춤으로 이루어지게 한다.

서양의 대표적 춤으로 인식되는 발레를 외향적이라 표현한다면 한국의 춤은 대지 애착적[45)]으로 내향성을 내포한다. 예컨대 발레의 경우 좀 더 크고 길게 보이게 하기 위하여 발끝의 토를 사용하여 서지만 한국 전통무용에서는 발뒤꿈치로 걷고, 서고, 돈다. 이러한 춤사위는 땅의 기운을 느끼게 하는 형태로서 보는 이로 하여금 안정

---

45) 정병호(2004), 앞의 책.

감을 갖게 하고 움직임도 부드러운 느낌을 갖게 한다. 인간 가치 중심이 인간 내면에 있고 한국의 펼쳐진 마을의 풍경에서 볼 수 있듯이 대지 애착적인 면모를 보인다.

도식적으로 만들어진 다양한 동작들을 짜 맞추어 기예를 외적으로 얼마나 능숙하게 구사하느냐가 중요한 발레와는 달리 살풀이는 세세한 동작에는 연연하지 않고 크게 추는 춤으로서 형식의 틀에서 벗어나 내면의 표현에 보다 용이하다 할 수 있다. 이는 현세에서 내세로의 전이 체계가 음양의 혼합 체계로 승화됨으로써 새로운 세계를 창조해내는 것46)과 같은 의미로 정신은 보다 자유로운 상태이며 이에 따라 신체 역시 자유롭게 움직임을 수행할 수 있게 된다.

또한 한국 전통무용의 춤사위에는 움직임과 멈춤이 하나로 형성되어 나타남을 볼 수 있다. 발레의 경우 움직임과 멈춤의 동작이 정확하게 떨어지는 반면 한국의 전통무용 특히나 민속춤의 경우 움직임과 정지가 반드시 반대되는 것이 아니라 함께 어우러져 나타남을 볼 수 있다. 즉 끊일 듯 이어지는 움직임으로 표현된다.

이는 음양의 조화로 한국 춤의 정중동사상, 즉 정지 속에 움직임이다. 정지한 듯이 가만히 있는 상태에서 이루어지는 호흡은 들이쉬어 머금어 몸에 숨을 담고 있는 상태이다. 그것은 결코 가만히 있는 것이 아니라 그 안에 이미 호흡을 통한 움직임이 이루어지고 있는 것이다. 이는 다음 동작으로의 준비이며 모든 것을 한꺼번에 발산해버리는 것이 아닌 태극의 원리에 입각, 반복적 에너지를 생성하게 하는 생산지향의 머금은 상태라 할 수 있다.

느린 장단에 몸을 실어 살풀이를 추게 될 때 신체의 호흡은 극대

---

46) 이미영(2002), 앞의 논문, 94쪽.

화되어 이루어지게 된다. 즉 길게 늘어지는 장단에 따라 이루어지는 호흡은 끊일 듯 이어가며 호흡을 머금고 머무르다 뱉어내는 깊은 호흡으로 이러한 호흡은 신체의 대사를 원활하게 하는 원동력을 제공하게 하여 호흡에 따른 많은 운동량을 제공한다. 더불어 느리게 시작하여 점점 빨라지는 춤의 연행은 보다 많은 신체에너지의 발산을 유도한다. 빠른 움직임에 따라 심박 수 역시 빨라지고 그에 따라 신체의 혈행을 도와 폐활량이 커지며 에너지의 활성화를 이끈다. 이는 살풀이의 생리적 기능으로서 신체의 순환을 원활하게 하고 일상의 활력을 갖게 한다고 할 수 있다.

살풀이는 살을 풀기 위해 추어지던 춤이 시대에 따라 변모되어 현재의 살풀이로 형성되었다. 여기에서 살을 푼다 함은 시대적 배경에 따라 생명력 있는 춤인 살풀이를 통하여 현실에서 마주하고 있는 문제점에 대하여 타결해나가게 하는 에너지, 즉 투쟁의 의미로서 자리한다.

고통스럽고 아픈 상황에서 대적하여 싸운다는 것은 많은 에너지를 필요로 한다. 『손자병법』의 '지피지기(知彼知己)면 백전불태(百戰不殆)'라는 말이 있다. 적을 알고 나를 알면 백 번 싸워도 위험하지 않다는 의미와 같이 병을 알고 그 병을 있게 한 자신의 상황을 오롯하게 파악하면 병중에 이루어지는 처치에서의 고통이나 통과의례를 준비하여 맞이할 수 있게 한다. 즉 살풀이의 '홀 춤'으로 이루어지는 춤사위는 춤을 구사하는 자신을 액자화 또는 무대화하여 스스로를 객관화시키며 살풀이 음악을 타고 신체적으로 춤을 그려내어 내재되었던 살을 풀어낸다.

특히나 살풀이에서 연행되는 점점 빨라지는 음악에 따른 움직임은 현실에 대한 투쟁적 상징화 과정으로 해석할 수 있다. 빠른 음악에 맞추어 춤을 수행하다 보면 몰입에 의해 자신이 할 수 없는 일을 수행 가능하게 하기 때문이다. 이후 살풀이 음악이 다시 느려지는 종국에 이르러서는 강하게 발현했던 에너지에 대한 정리로서 현실해소 과정의 의미를 가진다. 이렇게 표현되는 자기 내면의 표현은 맺히고 경직된 신체와 사고를 자유로 이끈다. 그런 의미로 볼 때 살풀이사위 연행은 자기 내면 표현을 드러나게 하는 데 도움을 주어 신체와 정신을 자유롭게 한다.

2) 호흡

살풀이춤의 치료적 의의는 춤사위와 함께 어우러져 수행되는 호흡과 그 호흡에 의해 발현되는 씻김의 치유로 이야기할 수 있다. 살풀이는 호흡에서부터 시작하여 호흡으로 끝을 맺는다[47]고 할 수 있으며 한국 전통무용의 특징인 '들숨', '날숨', '멎숨'이 고루 사용되는 춤이다. 이 중 들숨과 날숨에 이루어지는 춤사위는 유산소운동[48]이라 할 수 있으며 '멎숨'의 경우 무산소운동이라 할 수 있다.

호흡에 의한 신체작용의 유산소운동으로서의 살풀이를 조남규(1999)는 펜싱, 필드하키, 농구 그리고 10kg의 짐을 지고 등산하는 것과 같은 효과를 지닌 운동으로 여타의 운동에서 볼 수 있는 격렬한 무리를 주지 않으면서도 운동량이 큰 과학적 운동임을 이야기하였다. 또한 호흡 순환기능에서는 폐활량과 최대 산소섭취량이 살풀이춤 수행 후 유의하게 증가하는 것을 이야기하여 심폐기능 향상에

---

47) 고경희, 안용규, 이정자(2004), 「살풀이춤의 미적 탐색」, 『한국체육철학회지』, 제12권, 제2호, 553쪽.

48) 조남규(1999), 「살풀이춤과 한량무 수행 시 시간 흐름에 따른 심폐기능 및 에너지 소비량의 변화」, 미간행 박사학위 논문, 한양대학교대학원.

도움을 주는 것으로 살풀이춤에서 '들숨'과 '날숨'에 의해 이루어지는 유산소운동임을 이야기하였다.

유산소운동은 에어로빅스(Aerobics)로서 숨이 차지 않으며 큰 힘을 들이지 않고도 할 수 있는 운동으로 살풀이 춤사위에서는 들숨과 날숨의 교차가 춤사위에 따른 호흡으로 자연스럽게 이루어진다. 이는 살풀이춤이 적절한 유산소운동이라 할 수 있으며 살풀이 수행을 통한 심폐기능에서 폐활량과 최대 산소섭취량의 유의함[49]을 발견하여 살풀이의 호흡이 치유로 이루어짐을 증명하였다.

다른 한편으로 호흡으로 이루어지는 살풀이춤의 '멋숨'은 숨을 머금고 있는 상태로 무산소운동에 해당한다. 근력운동에서 등척성운동(Isometric Exercise)은 근육의 길이나 관절의 움직임이 없는 정적 수축 상태에서 장력이 변하여 근육을 자극시키는 운동으로 살풀이에서 연행되는 '멋숨'이 이에 해당한다. 살풀이사위에서 호흡을 머금기 위해서는 횡격막을 끌어올리고 근육을 응축시켜 유지하는 형태로 이루어지기 때문이다. 이는 근육이 수축을 하였을 때 근력이 증가됨을 이야기한 연구[50] 글 바탕으로 해석된 것으로서 이러한 무산소운동은 등척성운동으로 내적 힘을 길러준다.

신체의 움직임을 통한 치료에 이용되고 있는 운동의 형태에는 구심성운동(Concentric Exercise)과 원심성운동(Eccentric Exercise)으로 이루어진 등장성운동(Isotonic Exercise)과 등척성운동이 있다.[51]

---

49) 구우영, 강순광(2003), 「살풀이 춤사위가 중년기 여성들의 신체조성 및 근관절기능, 심폐기능에 미치는 효과」, 동의대학교 『스포츠과학연구논문집』, 제2집, 37-46쪽.

50) 주당 5일간 하루에 최대 근력의 2/3로 6초 동안 등척성 수축을 하였을 때 주당 평균 5%의 근력이 증가됨을 이야기하였다. Hettinger, T. L. & Muller, E. A.(1953), Muskilleistung. Int. z. Angew. physiol, 15, 111; 남택길, 김범수(2003), 「단기간 등척성 운동 트레이닝의 cross-effect, overflow-effect」, 『한국스포츠리서치』, 제14권 제5호, 재인용.

51) 정연태 외 4인(1994), 「구심성, 원심성, 등척성 운동방법에 따른 혈압과 심박 수의 변화」, 『한

구심성운동과 원심성운동은 중력과 관련되어서 일어나는 운동이므로 임상에서 흔히 적용되는 운동이며, 등척성운동은 특별한 기구 없이 손쉽게 시행되는 것이 가능하고 비교적 시간이 적게 들며, 움직일 때 통증이 생기거나 움직임 자체가 금기인 환자의 운동에 적합한 방법[52]이다. 이에 근거로 볼 때 운동 중 활동 근에 있어서 에너지 생산능력은 유산소성 운동 및 무산소성 운동의 어느 운동에서도 중요한 요인[53]이며 살풀이는 유산소와 무산소운동을 고루 겸비한 춤사위로서 심폐기능 향상에 매우 좋은 움직임이라 할 수 있다.

또한 김윤희, 신현군(2002)이 연구한 살풀이 춤 체험의 해석학적 현상화 연구에서 살풀이 수행 체험자 대부분의 호흡은 살풀이에 있어서 매우 독특한 기능을 가져다주는 것으로 춤 수행 도중의 호흡의 중요작용을 다음과 같이 진술하였다.

> "......깊게 호흡을 들이마신다. 호흡이 손끝까지 전해져 수건에 전달된다. 그로 인해 수건이 뿌려져 내 호흡이 저 먼 세계로 전해진다."

> "뱅글뱅글 돌다가 일순간 호흡과 신체가 멈춰버리는 듯......"

> "긴 호흡 속에서 배어 나오는 흐느낌의 기운은 나의 가슴을 통해 심장에 깊숙이 파고 들어가 내 안의 보이지 않는 흐름을 갖게 한다."[54]

글을 통해서 알 수 있듯이 춤으로 표현되는 살풀이는 호흡이 무구

국전문물리치료학회지』, 제1권 제1호, 76쪽.

52) 이한숙, 유지훈(2012), 「스트레칭과 등척성 운동이 만성 경부통증환자의 근력과 통증에 미치는 영향」, 『대한물리의학회지』, 제7권 제3호, 329-337쪽.

53) 하성(2000), 「지구성 트레이닝에 의한 40% MVC 등척성운동 시 국소활동근의 유산소능력 검토」, 『한국사회체육학회지』, 제14호, 723-731쪽.

54) 김윤희, 신현군(2002), 「살풀이 춤 체험의 해석학적 현상화 연구」, 『한국체육철학회지』, 제10권 제6호, 9-114쪽.

에까지 에너지를 전달하게 하는 것과 신체의 움직임과 멈춤의 제어 수단으로써 호흡의 기능에 대한 체험을 이야기하고 있다. 더불어 긴 호흡은 감정의 고조를 가져오게 하는 작용임을 말하고 있다. 그러므로 호흡은 살풀이를 수행함에 있어 춤 동작의 에너지원으로서 역동적 힘을 제공해주는 생명수 역할을 하는 중요한 위치를 차지한다.

살풀이에서 구체적으로 '푼다'와 '맺음'을 내적 호흡으로 설명할 필요가 있다. 내적 호흡이란 춤추는 사람 개인의 몸과 내적 공간과 연관되어 있을 뿐만 아니라 나아가 타인, 즉 관객의 내적 공간에까지 작용하는 힘을 가진다.[55] 땅의 기운을 받아 하복부로 이어져 수직으로 상승하는 호흡은 은근한 끈기와 성스러움을 느끼게 하며 춤사위는 지극히 자연스럽고 편안한 자세로서 마치 태아가 엄마 배 속에서 웅크리고 있는 자세와 유사하여 생명의 근원적인 원형의 모습을 보이기도 한다.[56]

굿판을 시원으로 하는 살풀이춤은 겹겹이 쌓인 한을 승화하는 춤사위로 구성되어 있으며 살풀이춤에서 호흡의 맺음은 단전으로부터 끌어올린 호흡으로 신체와 감정을 조절할 수 있는 에너지로 작용한다. 또한 살풀이 춤사위의 어르고 풂은 또 하나의 응축된 힘의 시작을 의미하며 맺힌 감정을 해소함으로써 카타르시스를 제공한다. 춤사위가 관절마다 자연스럽게 펴고 오그리고 휘어지는 자연스러운 곡선미로 이루어져 있으며 이러한 춤사위는 호흡과 함께 자연스러움을 더하는 것이다.

---

55) 민경숙(1997), 「살풀이춤에 관한 연구-경기류를 중심으로-」, 『한국여성체육학회지』, 제11권, 149-154쪽.
56) 고경희, 안용규, 이정자(2004), 「살풀이춤의 미적 탐색」, 『한국체육철학회지』, 제12권, 제2호, 553-554쪽.

더불어 살풀이춤의 무구인 흰 수건마저 호흡과 어우러진 장단에 맞추어 무한의 움직임을 그려내어 보는 이에게는 시각적 해방감을 주고 연행하는 이에게는 무구를 마음껏 부려봄으로써 신체적 자유로움과 정신적 풀림의 경험을 하게 한다. 이처럼 살풀이춤에는 한국 전통 춤의 움직임 특징인 호흡과 굴신 등의 정·중·동의 형식과 내용이 잘 표현되어 있으며 자연스러운 운동으로서의 춤사위는 신체에 무리가 되지 않게 하면서도 많은 운동량을 제공하게 되는 것이다.

우리는 무엇인가에 의해 상처받거나 충격으로 신체 및 정신에 제한을 가져오는 환경이 되면 자연스레 몸이 경직됨을 알 수 있다. 신체의 경직은 정상적 호흡 혹은 깊은 호흡을 방해한다. 긴장 등의 호흡이 어려워지는 상태일 때 우리는 심호흡을 하라고 한다. 살풀이에서 이루어지는 호흡은 산소를 들이마셔 단전으로부터 끌어올리는 호흡으로 감정의 과장과 절제된 압축의 깊이를 조절케 하는데 신체의 동작소와 함께 춤을 통하여 이루어지게 된다. 더 자세히 설명하면 맺음은 들이쉬어 머금는 멈춤 숨으로 이루어진다. 숨을 들이쉬어 머금은 상태는 외호흡에서 내호흡으로 이루어지는 과정에서 멈추어 유지하는 것으로서 내호흡을 통해 이루어지는 이산화탄소의 배출을 더 온전히 할 수 있게 한다. 이는 깊은 숨인 심호흡과 같은 원리인 것이다.

그러므로 살풀이에서 심호흡과 함께 이루어지는 어르고 풂은 또하나의 응축된 힘의 시작을 의미하며, 신체의 자유로운 행동으로 이어지게 하여 신체의 경직된 상태를 호전시키고 신체를 유연하여 부드럽게 해준다. 그런 의미에서 신체적인 기능에 의한 표현으로서 살풀이는 긴장이나 피로를 푼다거나 코를 푸는 것처럼 신체적으로 호흡을 통하여 무엇을 배출해내는 의미로서의 생리적 기능으로의 풀이로 해석할 수 있다.

3) 몰입과 신명

앞에서 살펴본 것과 같이 살풀이의 시원은 액(厄)을 없애기 위해 신무(神舞)로 신을 즐겁게 하는 오신(娛神)을 위해 무속의 굿에서 시나위 장단에 추어지는 굿춤이다. 다시 말해 살풀이는 춤으로서 액과 재난을 소멸시켜 정신과 육체의 평안함을 얻게 하고 더 나아가 행복을 맞이하게 하는 종교적인 기원인 굿에서 파생된 민속무용인 것이다.[57] 오신하기 위해서는 춤으로서 신을 즐겁게 불러들여야 하는데 그 필수적 요소는 신을 몸에 받아들이는 무감이 가장 먼저 수반되어야 한다.

무감은 앞의 글인 굿춤에서 설명한 것과 같이 트랜스 - 포제션(trance-possession) 상태로서 신명에 도달하게 하는 기능과 같은 맥락이다. 신을 온몸으로 받아들이는 무감을 갖게 하는 가장 큰 역할은 춤의 바탕이 되는 시나위 가락이다. 시나위 가락은 즉흥적 연주형태로서 느리게 시작하여 빠르게 그리고 종국에는 숨을 고르듯 다시 느리게 끝나는 특징을 가지고 있다.

특히나 시나위 중에서 계면조를 중시하기 때문에 음악 반주에 있어서도 기본악보를 사용하지 않고 상황에 따라 즉흥으로 연주되는데 그러한 연주는 연주자가 이성을 배제하고 감정몰입으로 연주에 임할 수 있어 서정적인 감정을 표현하기에 적합하다. 시나위의 즉

---

57) 김말복(2011), 앞의 책, 370쪽.

흥적 성격성은 살풀이의 형식적 측면에서 춤꾼의 감정에 따라 춤의 분위기를 다양하게 나타나게 하며 살풀이를 출 때의 즉흥성과 신명은 개인의 감정 변화와 밀접한 관계58)로 자리한다. 또한 시나위는 진계면의 애조 띤 가락의 엇박으로 음의 꺾임이 많아 듣는 이로 하여금 애잔한 마음을 갖게 하여 몰입으로 이끈다.

이러한 음악의 즉흥성은 춤추는 이의 감정을 몰입으로 이끌고 자신만이 만들어낼 수 있는 즉흥의 움직임을 끌어내는 중요한 역할로 작용한다. 즉흥적인 시나위 가락은 정형화된 움직임보다는 즉흥의 움직임을 가능하게 한다. 살풀이가 절정에 오르게 되면 의도적 움직임은 사라지고 내면의 움직임에 의한 놀이와 춤이 함께 어우러지게 되며 이러한 과정을 통해 신명의 일차적 기능인 한의 풀이가 이루어진다.59) 흥을 불러일으키는 상황이 되면 신체는 자유롭게 움직일 수 있는 상태가 되고 신체가 보다 자유롭게 표현되는 것은 빠른 장단을 몸에 실어 몰입으로 유도되어 살이 풀어지는 과정이다.

김효분(1999)은 "옛날에는 살풀이의 주재자가 춤을 추는 무인이었고, '춤'은 악한 기운을 물리치기 위해 귀신을 달래거나 즐겁게 해주는 수단임과 동시에 무인 스스로를 황홀경으로 몰입하게 해주는 수단이기도 했다"60)라고 하여 살풀이춤에서의 황홀경에 따른 몰입을 이야기하였다. 이러한 몰입에 의한 황홀경 역시 내면의 감정을 춤으로 표현하게 하는 역할을 하며 그러한 몰입은 호흡과 함께 어우러져 지극히 자연스러운 움직임을 만들어내고 다양한 춤사위를 그려낸다.

---

58) 강여주, 윤여탁(2003), 「살풀이 춤 이수자의 무용경험에 관한 질적 연구」, 『한국체육학회지』, 제42권 제3호, 506쪽.

59) 한민, 한성열(2009), 앞의 책, 30쪽.

60) 김효분(1999), 「살풀이춤에 나타난 정서적 측면에 관한 고찰」, 『한국무용연구』, 제17집, 80쪽.

이렇게 볼 때 살풀이의 치유과정은 먼저 호흡으로 이루어지는 살풀이 연행에 따른 신체 움직임이 선행되어야 하며 살풀이 음악과 함께 어우러지는 춤사위는 몰입의 상태에서 즉흥의 표현으로 이어진다. 이러한 즉흥적 표현은 신명에 이르게 하여 신체와 정신의 자유로움을 갖게 하며 내면표출을 용이하게 할 뿐만 아니라 생리적, 심리적 발산으로 이어지고 눌리고 묵혔던 내면의 표현으로 해소를 맛보게 되어 씻김으로의 치유경험을 하게 한다.

4) 놀이

살은 잡귀나 귀신처럼 형상이 있는 것이 아니라 일종의 기 또는 에너지로서 인간을 해친다고 믿는데 이를 풀어 없애는 의례가 살풀이다. 살풀이라는 의례는 하나의 놀이라 할 수 있다. 그 예는 무속에서 무당이 연행하는 의례에서 볼 수 있으며 무당이 살이 낀 사람을 밖을 향하여 앉히고 머리 위에 땀이 배어 있는 속옷을 덮고 콩·팥·좁쌀·수수·쌀 등의 곡식을 살이 낀 사람의 머리 위로 해서 마당 쪽으로 힘 있게 뿌리면서 주언[61]을 하는 모습에서 볼 수 있다. 또한 복숭아 나뭇가지로 활을 만들어 화살에 메밀떡을 꽂아 밖으로 쏘면서 주술 언어를 하는 등, 의식에서도 볼 수 있다.[62] 이렇게 이루어지는 주술적 행위는 살이 긍정의 의미보다는 부정과 두려움의 의미로 인식되고 있음을 보여주는 예이며 이러한 살이 끼어 고통받는 자에 붙은 부정의 기운을 쫓아내는 의식이 살풀이다.

'풀이'는 모르거나 어려운 것을 주술적 행위 등을 통하여 뱉어지

---

61) 축원의 반대개념으로 저주의 말을 뜻한다.

62) 두산백과사전. http://www.doopedia.co.kr.

게 하거나 알기 쉽게 밝히는 것이고 살들을 막아내기 위해 행해진다. 무당이나 법사가 '살풀이'를 하거나 속신에 따른 각종의 민속적 처방들이 바로 살풀이인 것이다. 맺히고 막힌 상태를 풀기 위해 굿판을 벌이고 살을 푸는 춤을 추었던 무당들은 굿춤을 추어 신명에 도달하게 함으로써 사람들의 삶에 새로운 활력을 불어넣어 주어왔다. 이렇게 굿판 등에서 벌어지는 행위는 모두 현실과는 별개로 비목적성인 허구의 행위이다. 그것은 놀이의 비목적성에 부합되어 하나의 놀이임을 알 수 있다. 무엇을 이루는 목적성을 내재하고 있지 않으며 연행되는 의식 그 자체가 목적이기 때문이다.

또한 살풀이는 해석이 어려운 영적인, 예를 들어 꿈이나 점괘 따위를 판단해내는 것으로서 종교적 기능의 풀이라고 말할 수 있다. 이 역시 어떠한 생산물을 얻고자 하는 것이 아닌 행위로 이루어지는 의례를 통하여 발산으로 해소를 경험하고자 하는 욕구 충족적 성격을 내포하고 있다. 그러므로 살풀이는 종교 주술적 의미를 내포한 하나의 놀이라 할 수 있다.

이처럼 살풀이춤에서의 '풀이'는 종교 예술적, 생리적 그리고 심리적 등의 다양한 뜻을 내포하고 있는 춤이라는 하나의 놀이이며 살풀이의 연행은 그러한 놀이 속에서 이루어진다. 그러므로 살풀이춤은 내면적으로 전통시대의 오랜 종교 의식으로부터 '살'을 풀어내기 위한 종교적 의미의 주술행위와 어우러진 예술적 표현으로 억압되어 살았던 한이 겹겹이 쌓여 승화63)된 춤이기도 하다. 그러하기에 이러한 기원을 바탕으로 만들어진 살풀이춤은 종교적인 의미와 예술적 의미가 가미된 풀이의 형태이다.

---

63) 김영희(2008), 앞의 책.

살풀이의 또 다른 놀이성은 '홀' 춤이라는 것에서 고찰해볼 수 있다. 살풀이는 '홀' 춤이다. 작품을 위해 여러 명이 함께 어우러져 추어지기도 하지만 대부분의 살풀이는 혼자서 추는 춤으로 이루어져 왔다. 춤을 홀로 이루어낸다는 것은 많은 운동량을 기본으로 한다는 것이다. 그뿐만 아니라 신체를 그만큼 자유자재로 움직일 수 있을 때 가능함을 가진다. 느린 음악으로 시작된 살풀이는 점점 빠르게 진행되는 시나위 가락에 따라 몰입으로 이어지고 이러한 몰입은 현실을 잊고 황홀경을 맞게 하는 일링크스[64]를 제공한다.

어떠한 목적성도 배제한 순수한 춤으로서의 놀이인 살풀이는 스트레스 없이 자유로이 즉흥의 몸짓으로 표현되는 허구의 몸짓으로 의도 없는 춤 자체를 구현함을 즐기게 한다. 그러한 살풀이사위의 즉흥은 내면의 심상을 밖으로 표현하는 것에 매우 탁월함을 가진 움직임이며 예술치료에서 심리학적으로 해석되는 즉흥의 움직임에서 얻어지는 치료적 효과와 일치한다.

5) 공감

살풀이의 상호적 공감으로서의 치유성은 두 가지로 살펴볼 수 있다. 하나는 스스로 호흡을 바탕으로 음악과 함께 음악에 감응 곧 공감된 상태에서 내적 자아와의 공감을 통해 이루어지는 치유와 또 다른 하나는 살풀이를 감상함으로써 한을 풀이로 승화함으로써 치유로 이루어지게 함이 그것이다.

첫 번째 감응에 의한 치유과정은 먼저 음악에 대한 공감으로부터

---

64) 로제 카이와 저, 이상률(2014) 역, 앞의 책, 52쪽.

시작된다. 앞에서 논한 바와 같이 살풀이는 남도의 시나위가락의 흐름에 따라 표현된다. 음악에 대한 공감으로 시나위가락은 듣는 자체만으로도 밀고 당기는 느낌을 갖게 할 만큼 구슬프고 구성지다. 슬플 땐 슬픈 음악을 듣고 감흥을 느낌으로써 오히려 해소되는 비탄의 정서에서의 카타르시스로 이어지게 하는 치유법으로 시나위가락의 즉흥연주인 살풀이 음악은 초반의 애조 띤 가락으로 주위를 환기시키고 느린 가락의 음악은 슬픔의 감정을 끌어올릴 수 있게 애절한 슬픔을 표현하게 한다.

일상에서 외면으로 혹은 감정의 밑바탕에 자리했던 슬픔은 음악을 통해 감응으로 드러나게 되며 그것은 자신을 거울에 비춰보는 것과 같은 것으로 자신의 내면을 들여다보고 스스로를 위로할 수 있는 작용을 한다. 이는 자기 자신에 대한 공감이며 자기애로서 기존의 자신에 대한 인식과는 다른 새로운 에너지로서 자신을 볼 수 있게 한다. 슬픔을 외면이나 극복이 아닌 오히려 받아들이고 감흥에 흠뻑 취해보는 것은 배고픈 자가 음식을 섭취하는 것과 같이 허기진 욕구를 채우는 것이라 할 수 있다. 눈물을 흘리고 탄식하고 뱉어냄으로써 극복할 수 있는 새로운 에너지를 얻기 때문이다.

살풀이는 한국 춤의 미적 요소인 멋·흥·한·태를 고루 갖춘 대표적 전통 춤이다. 그중에서도 한은 주된 살풀이의 요소이다. 김지원(2006)은 '살풀이춤의 미적 특질에 관한 화쟁기호학적 연구'에서 살풀이춤은 '정반합(正反合)의 3원 구조로 정 - 한 - 신명'을 이야기하였다.

> 정(情)이란 사람과의 관계 속에서 가지는 정서로 한 주체가 자아와 타자, 인간 주체와 세계, 개인과 집단, 문명과 자연 사이에서 일정한 타자와 특별한 관계를 맺고서 그 대상을 '자기범주' 속에

넣어 다른 대상과 자기의 대상을 구별하고 차별하고 대립시키면서 자기를 확장하는 실존양식이자 다른 타자와 자기의 타자를 다르게 느끼고 생각하며 사랑하는 마음의 상태이다.65)

그러나 어렵고 힘든 상황을 맞이하여 정감이 깨지면 이는 원한의 감정으로 변하게 되며 한은 부정적 정서를 내포한다.

'한(恨)'이란 정을 두고 있는 대상이 '자기범주'를 떠나 타자의 범주에 속하게 되거나 영원히 단절되는 가장 강력한 타자로서의 타계, 곧 죽음의 세계로 귀속되었다고 생각하였거나 판단하였을 때 정을 두었던 대상의 사라짐에서 오는 슬픔, 그 대상에 대해서 품은 대립과 적대감과 불만, 또 그로 야기된 새로운 세계와 삶에 대한 불안과 두려움을 정의 틀 속에서 내재화한 총체이다.66)

일상에서 겪게 되는 이별, 죽음, 갈등으로 인한 원망하는 마음은 한이 된다. 한은 삭임이며 인내와 의지를 가지고 슬픔을 내재화하는 것이다. 한은 부정의 에너지로 축적되어 역동적 고요 상태에 이른다. 한을 풀지 못하고 축적되어 타자를 향한 원망하는 마음이 깊어지면 자아를 해체하는 독기가 될 때 살이 되는 것이다. 살은 앞에서도 이야기한 바와 같이 자기 자신뿐만 아니라 타자와의 관계에도 장애로 자리하게 하며 삶의 문제점으로 도래하게 된다.

살풀이는 누구에 의해서 어떻게 연행되든 연행자에 따른 기교에 변화는 있지만 춤의 본질은 분명 한이다. 이러한 한은 끊임없는 문제점으로 삶에 부정적 영향으로 자리한다. 열등적 자아이거나 곡해의 감정이 오랜 시간을 두고 스스로 풀지 않을 경우 개인의 감정

---

65) 김지원(2006), 「살풀이춤의 미적 특질에 관한 화쟁기호학적 연구」, 『대한무용학회논문집』, 제47호, 6쪽.
66) 천이두(1993), 『한의 구조연구』, 서울: 문학과 지성사, 53-98쪽.

속에 융해되어 쌓여 한이 되게 하고 한은 맺음의 응어리진 상태로 쉽사리 풀리지 않는 특성을 가지고 있다. 그러나 이러한 한의 정서로 보이는 슬픔, 비애, 탄식과 애달픔, 덧없음, 울분 등의 허무적 에너지인 살은 살풀이를 통해 원망의 마음인 원(怨)이 바라고 원하는 원(願)과 사랑의 마음인 정(情)으로의 질적 변화67)를 이루면서 내재적 기능인 '삭임'을 밖으로 분출하는 것에 긍정의 풀이로 해소하려는 촉매의 기능을 하고 있는 것이다. 굿판에서 이루어지는 살풀이 과정은 이러한 한을 푸는 것으로서 살풀이에서 춤이라는 움직임으로 승화되어 나타난다.

정은 사회관계에서 자신의 위치를 확인하게 하는 긍정의 감정이며 사람과의 관계에서 매우 활력으로 작용한다. 앞서 이야기한 자기애 역시 자신을 사랑하는 마음이며 이러한 공감적 작용이 자존에 대한 인식을 하게 하고 수용하게 한다고 할 수 있다. 정을 바탕으로 한 자아가 타자와 조화를 모색하고 살을 풀고자 하면 부정의 감정은 사라지고 흥이라는 긍정의 감정이 발현한다. 그것은 곧 신바람이며 신명이다.

신명에 이르는 순간 모든 대립과 갈등은 사라진다. 에너지는 해소, 발산되고 무한한 고요에 이르며 흥의 상태로 아우름68)의 단계에 이른다. 응어리진 맺힌 감정을 해소함으로써 카타르시스를 얻는 살풀이의 심리적 기능은 회귀적 공간이 되는 것이다.69) 그것은 마음에 맺혀 있는 것을 해결하여 없애는 것으로서 내면 자아로의 회귀라 할 수 있다. 이는 자기 자신의 상처나 질병으로 형성된 또 하

---

67) 김지원(2006), 앞의 논문, 6쪽.

68) 앞의 논문, 8-9쪽.

69) 앞의 논문, 10쪽.

나의 내면적 자아와의 공감이며 살풀이사위에서 이루어지는 신명은 그러한 내면을 밖으로 표현하게 하여 타자와의 조화를 이루는 데 도움으로 작용할 수 있다. 맺혔던 감정이 풀어지고 타자와의 관계 개선에 의한 소통은 상처나 질병으로 인해 경직되고 자유롭지 못한 신체와 정신의 맺힌 상태의 풀림을 이야기한다.

6) 살풀이춤의 독창적 치료성

살풀이는 일상에서 겪게 되는 이별, 죽음, 갈등 등에서의 억울한 감정이 한이 되고 살이 되어 생활의 장애와 문제점으로 자리함을 푸는 의식이다. 살풀이는 움직임을 통해 이러한 살을 풀고 한을 승화하여 표현하는 춤이다. 한국의 다양한 전통무용 춤사위들이 조합해서 이루어진 살풀이는 한국무용의 특징을 고루 갖춘 춤으로 예술작품으로서도 미적 완성도가 매우 높다. 그러므로 놀이적 성격이 강한 굿춤이나 강강술래에 비해 춤사위가 더 강조될 수밖에 없는 특징을 지닌다. 살풀이의 깊은 예술성은 몰입에 의해 이루어진다.

살풀이에서 그려지는 선에 의한 우연성은 몰입에 최적의 조건을 제공한다. 살풀이에서 이루어지는 즉흥의 예측할 수 없는 상황과 결과는 연행자로 하여금 긴장감을 갖게 하고 그러한 긴장감은 몰입으로 이어져 현실을 초월하게 하는 것이다. 살풀이는 억지로 만들어지는 춤이 아닌 몸에서 자유롭게 기운이 돌고 밖으로 표현되는 춤이다. 그것은 자연스러운 움직임으로의 표현일 때 가장 완성도를 가지게 되며 그러한 상태는 몰입에 의해 드러난다. 몰입의 상태가 되기 위해서는 살풀이의 경우 무엇보다 신체의 정형화된 움직임의 훈련이 필요하다. 그것은 실천의지의 발로이며 그것에 다다름은 끊임없는 노력에 의해서만 가능하다.

강강술래의 경우 놀이판에 이끌려 함께 놀다 보니 흥과 신명이 오르는 것과는 대조적으로 살풀이는 스스로 만들어감으로써 그러한 정서에 다다르는 것이다. 물론 살풀이의 일정한 동작의 틀이 있다 해도 그것은 큰 틀에서의 움직임일 뿐 모든 표현은 지극히 개인적인 스스로의 표현에 의해 완성된다. 그러므로 움직임 그 자체에 대한 이해와 연행자의 신체 구사의 역량이 필요하다. 스스로 찾아가는 춤, 그것이 바로 살풀이인 것이다.

이러한 살풀이의 주체적 표현은 끊임없는 반복의 훈련에 의해 드러난다. 그것은 노력과 도전이라는 삶의 추구로 신체구사의 역량을 넓혀지게 한다. 즉 가지지 못한 역량을 억지로 만들어 표현하는 것이 아닌, 자신이 표현할 수 있는 만큼 의도하지 않은 움직임으로 드러내어 표현하는 것이 살풀이다. 신체의 훈련에 의한 의도하지 않은 움직임, 그것은 곧 농익은 즉흥이다. 더욱 자연스러운 신체 움직임으로 나타나게 되는 이러한 춤의 즉흥성은 연행자의 내면표출을 돕고 그로 인해 씻김의 감정을 경험하게 한다. 살풀이에서 이루어지는 즉흥의 신체 운동성에 의한 정서 발현인 것이다.

또한 살풀이에서는 무엇보다 호흡이 중요하다. 호흡에 의한 춤사위의 구사는 보다 깊은 몰입과 신체의 훈련을 필요로 하며 호흡을 통한 신체 훈련은 보다 강도 있는 신체 표현을 돕는다. 이렇게 훈련된 신체는 유연성과 심폐기능의 강화로 이어진다. 특히나 단전호흡에 의해 연행되는 살풀이는 그러한 호흡에 의해 심박출량을 유지하게 하여 안정 시 혈압을 감소시키는 작용으로 심폐기능을 증진시킴이 선행 연구를 통해 고찰되었다. 더불어 살풀이는 씻김 경험으

로서 풀어 헤쳐지는 해소적 치유성 또한 이야기할 수 있다. 살풀이
는 무굿의 절정에서 맺혀 있는 것들을 풀어 내리는 씻김의례에서
비롯되었다. 씻김은 자신의 문제를 파악하고 자신이 감당할 수 없
었던 상황에 대해 인정하며 받아들여 이미 그 한계를 넘어선 상태
를 말한다. 그것은 정을 바탕으로 한 자아가 자기 내적 공감을 도
와 타자와 조화를 모색하는 것으로 살풀이 춤사위를 통해 자기 존
재에 대한 인식을 깊게 하고 모진 기운인 살을 풀어내게 하는 것이
다. 이는 개인의 경직성을 풀어내는 것뿐만 아니라 관계의 경직성
마저도 풀어지게 한다.

　살풀이에서 작품을 형상화시키는 과정 속에 내재된 미학의 특성
과 자율성 혹은 개방성은 총체적 자아로서의 개인을 회복시키는 통
합적 기능 수행[70]으로 이어지게 한다. 이는 춤사위의 연행을 통해
응어리진 에너지의 해소와 발산을 돕고 흥의 상태에서 아우름으로
이어져 몸과 마음이 개운해지는 상태에 이르게 하는 것이다.

　춤의 연행에 의한 몰입이 신명에 다다르게 하고 신명에 이르는 순간
모든 대립과 갈등은 사라짐에 이르게 된다. 다시 말해 자기 자신의 상
처나 질병으로 형성된 또 하나의 내면적 자아인 응어리에 대한 내적
공감을 춤사위로 표현하게 하는 것이다. 여기에서 이루어지는 신명은
경직되지 않게 그러한 내면을 밖으로 표현하게 한다. 춤사위를 통한 내
면의 표현은 타자에게로의 또 하나의 언어이며 이러한 신체언어를 매
개로 타자와의 조화를 이루는 것이다. 그것은 상처나 질병으로 인해 경
직되고 자유롭지 못한 신체와 정신에 해방감을 제공한다 할 수 있다.

---

70) 노환홍(2007), 「예술 교육의 개방성과 치료」, 『한국독어독문학교육학회』, 제38호, 385-407쪽.

그림 13. 살풀이춤의 점진적 치유과정

제6장

강강술래의
치료적 요소

본 장은 강강술래에 내재한 무용치료를 이야기하였다. 강강술래의 경우 놀이적 요소가 가장 두드러지게 나타나는 민속놀이라 할수 있다. 춤사위의 연행에서 도무로 이어지는 강도 높은 운동성은호흡에 따른 심폐기능을 강화시키고 신체 및 정신의 향상성을 맛볼수 있게 한다.

또한 강강술래는 한국무용이라는 운동으로의 치유뿐만 아니라 공동체 놀이를 통한 몰입과 신명은 신체와 정신의 해방감을 가져오게한다. 특히나 '홀춤'이 아닌 타자와 어우러져 추어지는 춤으로 타자와의 공감이 행위적으로 드러남에 독특한 치료의 의의가 있다. 이는 현대사회에서 대두되는 관계와 소통에 대해 효과적으로 작용할수 있을 것으로 기대된다.

1. 강강술래의 유래

강강술래는 고대 의례와 굿판의 기능을 구현해내는 연행 형태로서 춤·노래·놀이가 삼위일체를 이루는 집단 원무 형태를 가지며 구비전승으로 변화된 종합예술이다. 강강술래는 전라남도 도서 지역에서 노래와 춤이 동시에 연행되는 가무 일체의 민속으로 국가지정 중요무형문화제 제8호로 지정되어 있다.

강강술래를 뜻하는 단어들을 살펴보면 <강강>은 전라도 지방의 방언으로 원을 뜻하는 <감감>의 원음이고 술래는 수레(車)·순유(巡遊)·순라(巡羅)에서 나왔다는 설이 있으며 이 술래는 강진, 해남 지역의 수레[1]와 관계가 있다. 강강술래는 보통 한가위와 같은 명절의 대표적 민속놀이로 인식된다. 그러나 시기적으로도 주로 한가위 밤에만 행해졌던 것이 아니며 지역에 따라서는 정월 대보름 밤을 비롯하여 봄, 여름, 가을 어느 때든 주로 달 밝은 밤에 수시로 행해졌음을 볼 수 있다.

---

1) 곽충로 외(1976), 「진도군지」, 광주: 진도군지편찬위원회, 408쪽; 이윤선(2004), 「강강술래의 역사와 놀이 구성에 관한 고찰」, 『한국민속학』, 제40권, 375쪽, 재인용.

그림 14. 강강술래[2]

대부분의 민속무용이 그러하겠으나 강강술래의 정확한 기원에 대한 역사적 서술은 찾아보기 어렵다. 호남 지방의 집단 무용인 강강술래의 대표되는 기원설은 고대의례에 의한 기원설과 임진왜란의 의병설 등으로 나타난다. 다양하게 해석되는 강강술래를 김정업·송석하·지춘상 등은 강강술래의 제의설을 이야기했고 임동권·정익섭·이병기·장주근 등은 유희설을, 그리고 임동권과 최상수의 경우엔 군사목적설을 이야기했으며 정병호는 벽사적 제의설로 주장했다.[3]

한국인의 미학과 정서가 깊게 밴 삶의 문화로서 민중들의 삶 속에 아픔과 기쁨을 함께해온 민속 문화인 강강술래는 먼저 원시공동체 기원설로 삼한시대 국중대회(國中大會) 제천의식[4]인 5월의 기풍

2) 네이버 지식백과, http://terms.naver.com.

3) 임명주(1996), 「강강술래의 미학적 가치에 관한 연구」, 『대한무용학회』, 제19호, 85쪽.

4) 김말복(2011), 앞의 책, 372쪽.

제와 10월의 추수감사제를 행한 고대의 의례에서 볼 수 있다.

삼국지 위지 동이전(三國志 魏志 東夷傳 마한조)5)과 양서열전(梁書列傳)6) 등의 기록에 따르면 모든 사람들이 모여서 춤추며 술 마시고 노는데 밤마다 여럿이 모여서 노래하고 노는 것은 물론이고 춤을 출 때는 수 십 명이 한꺼번에 일어나서 서로 뒤를 따르면서 땅을 밟고 높이 뛰고 놀았다는 기록으로 강강술래의 기원을 말해주고 있다.7)

뜀뛰기 강강술래의 기본 춤사위에서는 동이전의 마한조에서의 무릎을 굽혔다 폈다 하며 땅을 밟아가는 '답지저앙(踏地低昻)'과 땅을 높고 낮게 밟는 것에 맞춰 손과 발이 조화를 이뤄 움직이는 것을 의미하는 수족상응(手足相應)하는 모습과도 상통한다고 볼 수 있어 고대 기원설과의 관계를 추정하는 근거가 될 수 있다. 풍요기원이라는 의례적인 행위를 수행하는 신성 지향의 가무가 전승집단의 성향에 의해 차츰 오락적인 성향이 강화되면서 세속 지향의 노래와 춤으로 변화했기 때문이다.

또 하나의 기원설로 회자되는 임진왜란에서의 의병설 역시 그 토대가 되고 있는 지역이 전남 해안 지역8)이므로 고대에 행해지던 추수감사제의 전례에 따른 문화를 지혜롭게 이용한 것에서 비롯된 것으로 사료된다. 의병설 유래는 강한 오랑캐가 물을 건너온다는 뜻의 강광

---

5) 『삼국지』는 서진(西晉) 사람인 진수(陳壽, 233-297)가 280-289년 사이에 편찬한 중국 삼국시대에 관한 정사(正史)이다. 부여(夫餘)·고구려(高句麗)·동옥저(東沃沮)·읍루(挹婁)·예(濊)·한(韓)·왜인(倭人)의 열전 등이 있다.

6) 중국의 남조(南朝) 양나라의 사서(史書)로서 고구려·백제·신라의 전(傳)이 실려 성읍국가시대의 사회문화가 담겨 있다.

7) 이윤선(2004), 앞의 논문, 372쪽.

8) 전남의 해안 지역으로 특히 진도 주변을 이야기함.

수월래(强洸水越來)의 해석에 따른 것으로 강강술래가 이순신이 고안해 의병술로 창안되었다가 민속놀이화되어 전승되었다는 것이다. 임진왜란 중 아낙네들이 노래를 부르며 춤을 추게 함으로써 전세를 과시했던 전략전술의 하나로 위장군사행렬이라는 설이 그것이다.

강강술래에 대한 명칭도 지역마다 다양하게 나타남을 볼 수 있어 고창에서는 '감감술네', 임자도에서는 '광광술래', 진도·무안·함평·해남·강진 등에서는 '강강술래', 동남해 지역인 거문도·초도·나로도·고흥 등에서는 '광광광수월래', 또는 '요광광광수월래', 영광 송이도에서는 '우광강강수월래' 등으로 다양하게 나타난다. 전남 화순에서는 '강강쉴네' 또 뛰는 놀이라 하여 뜀뛰기·뜀놀이·뜀돌이·뛴다 등으로 칭하기도 하며 술래·수월래·술래소리·술래놀이라고도 한다.

충북 음성에서도 강강술래를 '서로 손을 잡고 발을 구르며 뛰면서 노는 놀이'[9]라고 했으며 조선의 향토오락[10]에 의하면 강강술래가 호남뿐만 아니라 경기도 남부 일대, 경상도 영일과 의성, 황해도 연백 등에 분포하고 있다는 것으로 보아 강강술래는 전승 지역이 상당히 넓게 나타난다. 특히나 강강술래는 호남 해안 지방을 중심으로 집중적으로 나타나며 이러한 연유는 아마도 이순신에 의한 임진왜란 의병설의 영향에 의해 보다 확고히 자리하게 된 것으로 사료된다.

이렇게 긴 역사를 가진 강강술래가 오늘날까지 전승되어 온 것은 그 생존에 부합되는 다양한 방법들, 즉 나름대로의 생명력을 지니고 있었기 때문으로 보인다. 대체로 이것은 다양한 가창 방식과 비

---

9) 앞의 논문, 378쪽.
10) 村山智順 저, 박전렬 역(1992), 『조선의 향토오락』, 서울: 집문당.

교적 짧은 후렴의 반복, 그리고 춤과 놀이가 가미된 까닭에 있다고[11] 보는 견해가 많다. 그러나 그보다 더 큰 전승의 의의는 강강술래의 놀이에 깃든 노래와 춤이 열린 구조를 지향하고 있다는 점이다. 현재까지 이어지는 다양한 시대의 스펙트럼을 강강술래라는 적절한 틀 안에 수용할 수 있었던 것은 이러한 호혜적 평등의 원리에 깃들어 있는 열린 구조 때문이라는 것이다. 이 때문에 비록 강강술래의 일부 기능과 형태는 각 시대별 문화의 수용으로 변했을지라도 본질적인 맥락은 오늘날의 형태로 이어져왔다고 말할 수 있는 것이다.[12]

2. 강강술래의 구성 및 형태

1) 강강술래 춤의 구성

강강술래는 주로 원형으로 이루어져 있으며, 춤과 노래와 오락의 총체적인 춤으로 놀이성이 강하다. 하체 중심의 역동적인 율동으로 달 자체가 가지고 있는 재생력으로 말미암아 풍성한 수확을 기원하고자 하는 뜻에서 만월(滿月)을 의미하는 큰 원형을 이루면서 추어지며 의복은 따로 화려하게 갖춰 입거나 차려입지 않고 무구 또한 사용하지 않는다.

강강술래는 악기의 연주가 없이 민요만을 부르는 것으로서 선소리꾼의 노래가 춤의 반주라고 할 수 있으며 춤동작도 소리꾼의 노

---

11) 윤여송(1998), 『남도민속학의 진전』, 「강강술래의 가창방식」, 태학사, 756쪽.
12) 이윤선(2004), 앞의 논문, 371쪽.

래에 따라서 달라진다.[13] 강강술래의 연행 형태를 보면 수십 명의 무리가 한 조가 되어 서로 손에 손을 잡고 둥글게 원형을 이루며 빙글빙글 회무(回舞)를 지으며 시작되는데, 처음에는 느릿한 중중모리장단으로 시작하여 춤과 노래가 신명이 오르면서, 춤은 빠르게 돌고 노래는 자진굿거리로 숨이 가쁠 정도로 진행된다.[14]

어떤 강강술래든지 한 사람의 설소리꾼, 소리꾼, 메기는 사람이 있어야 하며 이 사람이 목청을 가다듬고 멋지게 아름답게 노래를 부르면 '강강술래' 하자는 신호로 알고 한 사람 두 사람 희망자가 나와서 손을 잡고 돌면서 시작을 한다. 이것이 20명 또는 30명 장소에 따라서는 백 명을 넘어 다수의 사람들이 함께하는 놀이가 가능하다. 강강술래 초입에 설소리·메김소리에 맞추어 일반은 '강강술래'라는 후렴구 소리만 내고 발을 맞추어 돈다. 얼마쯤 돌다 '설소리꾼이 가사가 바뀌고 메기는 속도가 바뀌면서 잡았던 손을 상하로 더 흔들면서 발에도 힘을 주어 돌면 뛴다는 신호로서 걷던 춤사위는 도무로 변모하게 된다. 설소리꾼이 뛰면 그다음으로 전원이 뛰고 놀이가 고조되며 숨이 가쁘고 땀에 흠뻑 젖을 정도로 도무에 의한 높은 운동 강도를 느낄 수 있다.

이처럼 강강술래는 놀이를 넘어선 강도 있는 신체 도약운동이다. 그러므로 많은 신체적 운동량을 가지게 한다. 그럼에도 불구하고 한 번 시작한 강강술래 놀이는 해산을 잘 하지 않으며 도로 시작하되 정히 피로한 사람은 빼고 새 사람이 들어오기도 하고 설소리꾼이 교대되기도 하고 같이 하면서 일구식(一句式)을 교대하기도 하고 그

---

13) 전미령(1999), 「강강술래의 미적 접근에 관한 연구」, 『한국문화학회』, 22쪽.
14) 김말복(2011), 앞의 책, 372쪽.

양태가 변화무쌍하다.15) 놀이를 통한 춤사위에서 달이 내려오게 하는 역할은 목청이 좋은 무녀나 소리꾼이 맡는다. 이들은 강강술래를 할 때 지휘를 담당하는 선도자로서 달과 사람들이 흥겹게 노래를 하고 춤을 출 수 있게 만드는 역할을 한다. 이들은 목청 좋은 소리로 강강술래를 천천히 부르며 달과 동네사람들을 불러들인다. 강강술래는 느린 강강술래, 중강강술래, 자진강강술래 등으로 점점 춤과 노래가 빨라지다가 절정에 이르러 집단적 춤 놀이로 끝이 난다.16)

강강술래에서 이루어지는 모형을 살펴보면 원진놀이와 태극모양으로 감았다 풀었다 하는 나선도식 등의 춤으로 추어진다. 나선형의 춤은 대체로 원형에서 시작되어 에스(S)자형으로 원형을 그렸다가 풀어내곤 하며 외형으로 보았을 때에 원무와 태극형의 나선원무는 하늘의 달을 지상에 옮겨놓은 모사의 춤17)인 것이다. 더불어 춤출 때 부르는 노래의 가사내용에서도 달과 여성들이 교감한 느낌을 얻을 수 있다.

또한 강강술래는 여러 놀이로 구성돼 있다. 원무 형태의 긴 강강술래와 중강강술래 그리고 자진강강술래를 기본 틀로 중심을 이루며 놀이성이 보다 강하다고 할 수 있는 부수적 놀이들이 첨가되는 형식으로 이루어져 있다. 이러한 놀이들은 지역에 따라 순서나 명칭이 다소 차이가 있기도 하며 원무 이외에 10여 개에 이르는 놀이들이 있다. 무형문화재로 지정된 진도 해남의 강강술래를 예로 보면 '진강강술래-중강강술래-자진강강술래-남생이-개고리타령-고사리꺾기-청어엮기, 풀기-덕석몰이, 풀기-기와밟기-대문열기-꼬리따기-술

---

15) 이윤선(2004), 앞의 논문, 378쪽.
16) 정병호(2004), 앞의 책, 76쪽, 88-89쪽.
17) 채희완(2000), 앞의 책, 51쪽.

래'로 구성되어 있고 특히나 중강강술래는 해남 우수영과 진도 지방에만 전해오고 있는 것이 특색이다.[18] 그러나 이 놀이들은 순서가 뒤바뀌기도 하고 생략되기도 한다.[19]

2) 강강술래에 나타나는 형태와 의미

강강술래 가락의 구성은 처음에는 느린 중모리로 시작하다 중중모리, 자진모리로 점점 빨라지며 강강술래의 춤동작 역시 여기에 따라 변한다. 주된 구성은 리듬의 느리고 빠르기에 따라 '긴강강술래', '중강강술래', '자진 강강술래'로서 원모양의 대형을 이루며 추어진다. 이러한 강강술래의 기본 바탕에 다양한 형태로 원을 변형시키며 <남생이 놀이> · <청어엮기, 풀기> · <기와 밟기> · <덕석 몰이> · <덕석 풀기> · <쥔쥐새끼 놀이> · <문 열기> · <가마등> · <도구대 당기기> 등의 춤 놀이가 가미되어 나타나며 지역에 따라 가사의 내용과 동작이 다소 차이가 있다. 그러나 보편적으로 강강술래의 기본적 틀을 형성하는 '긴강강술래', '중강강술래', '잦은 강강술래'에서는 손에 손을 맞잡고 원을 만들며 뛰어 노는 것으로 원무 형태가 이루어진다.

다음의 (그림 15)[20]에서와 같이 강강술래에서 볼 수 있는 원 모형은 강강술래의 주된 구성인 '긴강강술래', '중강강술래', '잦은 강강술래'에서 공통적으로 볼 수 있는 모형으로 긴강강술래와 중강강

---

18) 한국문예진흥원(1978), 『한국의 민속예술』, 제1집, 한국문화예술진흥원, 334쪽.

19) 이경엽(2009), 앞의 논문, 310-311쪽.

20) 그림 출처: 본 그림 이하 강강술래에 대한 모형 그림은 최범권 외 2인(2007), 「강강술래 활동이 다운증후군 아동의 이동운동기술에 미치는 영향」, 『한국특수체육학회지』, 제15권 제3호에 수록된 '표2, 강강술래 활동 내용의 동작 및 대형'에서 인용하였다.

술래의 경우 걸음사위로 나타나며 원이 작은 것이 특징이다. 그것은 강강술래의 시작이 느린 음악으로 시작되며 그러한 템포에 따라 춤사위 역시 도입부의 느린 형태로 진행되어 나타나게 된다.

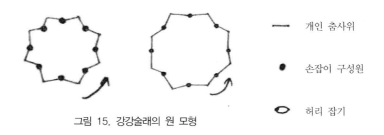

그림 15. 강강술래의 원 모형

───	개인 춤사위
●	손잡이 구성원
◯	허리 잡기

이와는 달리 잦은 강강술래의 경우 발사위는 뜀사위로 나타나고 손을 잡고 내리고 들거나 아래위로 흔드는 사위로 나타나며 원이 커지는 것으로 나타난다. 음악의 흐름이 빨라질수록 움직임이 커지면서 원의 모양 역시 커지는 것이다.

강강술래의 연행을 통해 다양하게 이루어지는 형태는 모형에 따른 의미를 내포하고 있다. 강강술래는 원형으로 이루어지다 점차 다양하게 연행되며 갈라졌다가 합쳐지고

그림 16. 우로보로스[21]

다시 갈라지는 형태로 이루어진다. 이것을 융은 불교 술어를 빌려서 만

21) 그림 출처: https://ko.wikipedia.org.

다라[22] 경지이며 윤회를 표현하고 있다고 하였다. 뱀이 제 꼬리를 물고 있는 모양으로 시작이 곧 끝이라는 우로보로스(oupoβópo)[23]와 같은 모양으로 이 모형이 내포하고 있는 삶과 죽음이 인생이라는 본체의 갈라질 수 없는 윤회되는 모습을 강강술래에서 손에 손을 맞잡고 도는 형태의 춤으로 형상화한 것으로 해석된다.

또한 강강술래의 동그라미를 그리는 부분과 푸는 부분은 융의 중요한 개념 중의 하나인 사이킥 에너지(Psychic Energy), 즉 심성적 힘 또는 정신적인 힘을 상징화한 것이라고 할 수 있다. 이에 따르면 인간의 심성은 늘 극과 극으로 갈라지려는 움직임이 있는가 하면 동시에 하나로 합쳐지려는 움직임을 갖고 있다고 했다. 이는 풍요의 3대 원리인 달과 물과 여자에 대하여 해석한 것으로 여자의 생리 주기, 밀물 썰물의 주기, 달의 주기가 서로 일치하는 것은 이러한 세 가지 사이에 어떤 의미 연관이 있다고 생각했기 때문이다. 그런 의미에서 볼 때, 강강술래는 대단히 종교성 짙고, 그러면서도 공동체로 이루어지는 특징으로 말미암아 통일감 있게 모형이 만들어져 매우 아름다운 춤이다.[24]

남생이놀이에서 나타나는 아래의 모형은 원 모양에서 나선 모양으로 도입되었다가 이내 매듭처럼 고사리 꺾기 모형으로 변모하기도 한다. 팔 동작은 서로 손을 잡고 들어 좌우치기를 하고, 하체의

---

22) 曼茶羅: *우주 법계(法界)의 온갖 덕을 망라한 진수(眞髓)를 그림으로 나타낸 불화(佛畵)의 하나로서 신앙현상을 단순히 다신교적인 현상으로만 받아들이지 않고, 통일되고 다양한 원리로 전개되는 것임을 상징적으로 나타낸 불화로서 만다라가 성립된 것이다. 따라서 만다라는 관념적인 밀교 미술품인 동시에 밀교의 이론을 체계화하여 설명한 것이기도 하다. 한민족대백과사전 참조.

23) 우로보로스: oupoβópoς- "꼬리를 삼키는 자"라는 뜻으로 고대의 상징으로 수세기에 걸쳐서 여러 문화권에서 나타나는 이 상징은 시작이 곧 끝이라는 윤회사상 또는 영원성의 상징이다. 칼 융을 비롯한 심리학자들에 의해 인간의 심성을 나타내는 상징으로 어느 특정한 종류의 생물을 가리키는 것이 아니라 어떤 개념을 뜻하는 것이라고 볼 수 있다.

24) 정병호(2004), 앞의 책, 134쪽.

동작은 엉덩이 흔들기사위, 외발사위 등이 뜀사위의 형태로 나타난다. 이렇게 원에서 풀어져 나선 구조를 보이던 모형은 이내 매듭의 형태처럼 아래와 같이 나타나는 것이다.

고사리꺾기 놀이에서 나타나는 고사리진 모형은 손을 잡고 흔들며 보통걸음, 앉음사위, 앉아돌기 등의 걸음사위가 나타난다.

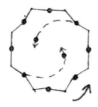 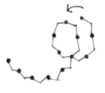

그림 17. 고사리진 모형

강강술래 놀이 중 엮기 풀기진에서 나타나는 모형은 뛰거나 돌고 얼러주는 사위를 하며 손사위는 흔들거나 엮어 풀림사위를 구사한다. 강강술래는 좌측에서 시작하여 우측으로 향하여 시계 반대방향으로 도는 대형이 대부분이다. 그것은 좌선회무에 대한 전통적으로 부정적인 의미에서 비롯된 것으로 사료된다.[25] 다만 청어 엮기, 풀기놀이 혹은 덕석몰이 풀기 등에서만큼은 방향의 전환이 이루어지며 시계방향으로 도는 모형을 나타낸다. 카를 케레니(Karl Kerenyi)에 의거하면 남성들 출입이 금지된 여성제의에서 춤추는 것으로 좌회전하는 나선무는 죽음의 방향을 상징하고, 우회의 경우는 탄생의 방향이라고 할 수

25) 이부영(2013), 앞의 책, 617쪽.

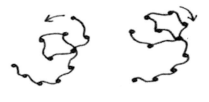

그림 18. 청어 엮어 풀기진 모형

있다고 하였다. 이에 대하여 "동유럽의 신화학자인 칼케링의 해석에 의하면 데자로스의 미로를 지상에 옮겨 춤추는 것이 바로 좌선회하는 나선형으로 춤으로 역사의식이 투철한 젊은이들이 이 미로를 뚫고 들어간 것을 죽음으로 보고, 뚫고 나온 것을 재생"이라고 본다는 것이다.26) 따라서 서구의 신화학계(神話學界)에서 해석한 나선형의 춤은 '죽음의 춤'인 동시에 '재생(再生)의 춤'으로 해석되며 생(生)과 사(死)가 합일된 하나의 선으로 생명의 무한성을 나타내는 것27)이라 말할 수 있다.

청어 엮어 풀기진 모형은 뜀사위로서 돌기사위·서서돌기·얼러주는 사위 등으로 하체의 동작이 이루어지며 팔 동작은 손을 잡고 흔들기 돌기 엮어 풀립사위 등으로 이루어진다.

채희완(2000)은 한국 춤의 정신은 무엇인가에서 강강술래의 종교성에 대해 이야기하며 인간이 자기 존재의 한계성, 일회성을 지양하고 영원히 살기 위한 소원을 담아 달을 지상에서 모방하여 달빛 아래서 좌선회하는 춤을 춘다고 하였다.

---

26) 채희완(2000), 『한국 춤의 정신은 무엇인가』, 서울: 도서출판 명경, 52쪽.
27) 정병호(1992), 앞의 책, 113-114쪽.

나선무에 대한 기원은 여
성의 자궁의 상징으로 보는
견해와 윤회관의 상징으로
보는 견해, 그리고 천지인의
조화를 보는 음양설 등이 있

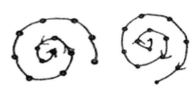

그림 19. 나선진 모형

다. 원을 바탕으로 한 나선무가 윤회관의 상징이라는 견해는 우리
나라 불교의식에 근거하고 있으며 탑돌이, 동량돌이 그리고 재식의
끝에 행한 원무와 나선무와 같은 수도 행렬 무용이 발견된다. 나선
형은 원이 절단되어 규칙적으로 선을 이탈하고 있는 형태이며 닫힌
공간에서 열린 공간으로 변형되었으며 곡선에 반복과 방향을 줌으
로써 동적인 형태와 공간감 그리고 질서 있는 리듬의 표현을 가져
온다.28) 나선형은 강강술래의 덕석몰이의 놀이에서 나타나며 나선
진으로 손을 잡고 돌며 뜀사위로 이루어진다.

문열기놀이에서는 굴곡이 지어진 굴진
의 모형으로 보통의 걸음사위가 나타나
며 팔 동작은 손잡기, 문잡기 좌우치리의
허리잡기 사위로 이루어진다.

느리게 시작한 강강술래는 진행될수록
그 템포가 빨라지며 형태는 둥근 원에서

그림 20. 굴진 모형

변화된 다양한 형태를 만들게 되는데 원을 절단하여 새롭게 갈라지
며 S자 곡선을 그리는 것은 두 개의 중심에 자유로운 운동성을 갖게
하는 형태로 정지 상태에서는 보일 수 없는 가장 동적인 형태이다.

서로 다른 방향에서 나오는 두 개의 중심에 운동성을 갖게 하는 꼬

---

28) 전미령, 앞의 논문, 26-27쪽.

그림 21. 태극진 모형

리따기형은 꼬리를 물고 끝없이 운동하는 것으로서 불멸과 생성의 의미를 지니고 있다. 이것은 S곡선의 형태로 불멸과 생성, 영원한 힘을 내포하고 있으며 이는 삶에 대한 번영과 풍요는 행복한 미래에 대한 기원으로 볼 수 있다. 또한 불규칙적인 운동으로 서로의 꼬리를 잡는 행위는 인간 생활 방식의 단편으로도 해석할 수 있는데 쥔쥐새끼놀이가 상징하는 것은 인간 삶에서 추구하는 절대적 풍요와 번성을 소원하는 것이라 할 수 있다. 즉 긴장과 이완, 집중과 분산, 조화와 부조화의 불규칙적인 변화는 공간적인 방향을 나타내며 이어지는 선과 끊어지는 선에서 느껴지는 힘의 방향은 연속적인 삶의 형태, 즉 끊임없이 추구하는 풍요의 기원인 것이다.[29]

S자 곡선을 뒤집어놓은 모양인 태극진 모양은 쥔쥐새끼놀이에서 나타나는 모형으로 걸음사위는 보통 또는 잦은 사위로 나타나며 허리잡기, 좌우치기춤사위로 나타난다.

쥔쥐새끼놀이는 번영과 풍요를 상징하는 것으로서 어미 쥐의 꼬리를 새끼 쥐가 물고 다니는 형상을 모의한 놀이로 꼬리를 잡기 위해 변화하는 일력의 형태에서 꼬리를 잡음으로써 하나의 선으로 이어짐을 볼 수 있다. 이는 잘라보면 태극의 형태로 에너지생성 원리이다. 즉 놀이를 통해 생성되는 에너지를 체험하게 되는 것이다.

전체적으로 강강술래 춤은 주로 원형을 이루어 처음엔 느리게 시작하여 점점 빠른 구조를 가지며 추어지는 춤으로 손에 손을 맞잡

---

29) 전미령, 앞의 논문, 29쪽.

고 뛰는 도무의 형태로 이루어져 있다. 상체의 움직임은 한정된 동작으로 표현되며 하체 중심의 역동적인 율동으로 이루어져 있다. 이러한 구성은 만월(滿月)을 의미하는 큰 원형을 이루며 추어지고[30] 이는 달 자체가 가지고 있는 재생력으로 풍성한 수확을 기원하며 삶의 윤회에 대한 철학을 이야기하는 것이다.

3. 강강술래의 치료적 의의

1) 춤사위

강강술래는 개인이 아닌 집단적 군무의 형태로서 무반주의 선창을 시작으로 춤이 곁들여지는 가무의 형태이다. 즉 살풀이처럼 개인 혼자서 소화할 수 있는 홀 춤이 아닌 타자와 어우러져 함께 해야 하는 공동체적 움직임이라 할 수 있다. 손에 손을 잡고 방향을 전환하거나 모형을 만들며 이루어지는 강강술래는 대부분 스텝과 도무로 이루어져 타자와 호흡을 맞추어 이루어지며 그 놀이 구조와 춤사위는 상황에 따라 변화하는 특징을 가지고 있다.

한국의 민속음악은 속도에 있어 처음엔 느리게 시작하나 점점 빠르게 진행되고 종국엔 다시 느려지는 특징을 가지고 있다. 민속음악을 바탕으로 이루어지는 민속춤 역시 이러한 특징을 고스란히 갖고 있다. 농악 혹은 살풀이 등이 느린 음악으로 시작하여 빠르게 진행됨에 따라 몰입으로 이루어지듯 강강술래 역시 처음엔 느린 음

---

30) 김말복(2011), 앞의 책, 372쪽.

악인 선창으로 시작되어 점점 빠르게 진행됨을 볼 수 있다. 강강술래의 시작은 원 모형을 이루며 느릿느릿한 걸음으로 시작되어 긴강강술래와 중강강술래의 경우 걸음사위로 나타나며 작은 원을 이루기에 걸음사위로도 충분한 모형을 만들 수 있다. 그러나 음악이 점점 빨라져 잦은 강강술래에 이르면 갑자기 스텝도 빨라지며 이에 맞춰 양손을 쭉 뻗치고 위아래로 손을 흔들며 뛰는 형태로 변화를 맞이하게 된다. 이러한 형태가 되면 손발은 유연해지고 놀이 대형의 원은 커지며 발놀림이 빨라져 흥이 절정에 이른다. 빨라진 스텝과 도무는 심폐운동으로 이어지고 유연해진 팔놀림은 어깨와 상체의 근육을 부드럽게 풀어주는 역할을 한다.

어깨 놀림이 가벼워진 상태가 되면 상체의 움직임은 손잡기·허리잡기·어깨 위에 두기·양팔 어르기·박수치기 등으로 변화하며 다양하게 나타난다. 손잡기·허리잡기의 경우 타자와의 호흡이 맞아야 원만하게 이루어지는 것으로서 타자를 이해하고 받아들여야만 가능한 동작이다. 강강술래의 연행에 따라 타자에 대한 경계심이 풀어짐을 유추할 수 있는 대목이다.

또한 강강술래는 하체 중심의 이동과 멈춤을 반복하며 이루어진다. 도무로 이루어짐에도 불구하고 혼자만의 연행이 아닌 집단에 의해 손에 손을 맞잡고 이루어지므로 동작이 안정되고 뛰는 사람뿐만 아니라 보는 사람으로 하여금 안정감과 역동성을 느끼게 해준다. 안정감 속에 이루어지는 역동적 도무는 의도하지 않고 표현하게 하여 신체의 유연함과 자유로움을 준다.

더불어 강강술래에 나타나는 춤은 비교적 단순하여 하체 동작이 보통의 발걸음과 같이 시작되어 지신밟기처럼 무릎을 약간 굽힌 상태에서 땅을 구르듯이 힘차게 내딛고 장단과 놀이의 형태 변화에 따라 제자리 앉기·엉덩이 흔들기·발차기 등으로 바뀌게 된다. 특히나 뜀뛰기 강강술래의 노래에는 '으샤으샤', '여차저차'라는 구호성 여음을 자주 사용하여 도무를 돕는다. 이러한 동작은 운동 경험의 유무와 관계없이 쉽게 접근하고 표현할 수 있는 것으로서 움직임에 대한 두려움을 없애줄 수 있다.

강강술래에서 연행되는 문 열기 놀이에서의 완만한 열형의 곡선은 긴장에서 이완 혹은 집중에서 분산되는 느낌을 주기도 하지만 다시 상승하는 의미를 나타내기도 한다. 곡선의 방향이 그 힘을 모아주어 점진적이고 완만한 곡선 형태로 전진의 의미를 지니는 것이다. 앞으로 나아가는 전진적 에너지는 사고의 개방과 확대된 시각에 대한 가치관을 수용하게 한다. 그러므로 삶의 활력에 도움으로 작용하며 새로운 에너지 추구라 할 수 있다. 강강술래에서 이루어지는 문열기놀이는 삶 속에서 끝없이 반복적으로 되풀이되는 문제점들을 맺었다 풀기를 반복하는 강강술래라는 영원 회귀적 놀이를 통하여 사람들과의 관계에서도 맺고 푸는 방법적 모색이 가능하게 한다.

또한 잦은 강강술래에서 볼 수 있는 뜀 사위는 손을 잡고 내리고 들거나 아래위로 흔드는 사위로서 원이 커지며 점점 빠르게 진행되는 형태로 신체 움직임에 몰입하게 하고 정신적 집중을 가져오게 한다. 집중은 굿춤이나 살풀이에도 말한 바와 같이 신명에 오르게 한다. 특히나 도무는 굿춤에서 강신했을 때 나타나는 현상과 같은 형태로서 홀 춤이 아닌 공동체가 함께 이루는 춤이기에 신명은 훨씬 더 증폭되어 나타나게 된다.

강강술래는 반복적 후렴구를 가지고 있는 놀이로서 계속 반복되는 후렴구에서 이루어지는 동작 역시 같은 형태로서 치료에 대한 암시성의 효과를 엿볼 수 있다. 키에브(A. Kiv)는 민간 정신의학의 치료기능을 좀 더 깊이 파고들어 원시적 민간 정신의학적 치료가 공동체의 가치체계와 연결되어 있음을 지적했다. 그 특징은 군무와 가창으로 유도된 암시는 치료의식에 대한 환자의 가치를 높여주고 불안을 감소시키는 데 있다고 하였다.[31] 즉 '강강술래'라는 군무와 가창으로 이루어지는 반복적 후렴구에 따른 동작은 유도된 암시에 따라 불안감을 해소시켜 주고 스스로의 가치를 높여준다고 할 수 있다. 중요한 것은 강강술래가 홀 춤이 아닌 공동체적 춤으로서 타자에 의해 함께 이끌려 추어지게 한다는 것이다. 이는 혼자 스스로의 운동 수행능력이 저하되었거나 부족한 사람에게는 이끌려 함께 할 수 있는 동기로 자리한다. 이는 공동체 움직임의 참여를 통하여 스스로의 가치를 높여주는 예라 할 수 있다.

강강술래에서 볼 수 있는 이동 운동기술은 균형성과 협응력이다. 신체의 발달과정에 영향을 미치는 기본 운동능력은 힘의 조절·균형·협응·리듬 등이 조합되어 시작, 기초, 성숙의 단계를 거쳐 더욱 세련된 동작으로 발전해나가는데 강강술래 놀이는 이러한 기본운동 능력배양에 호적의 조건을 갖춘 놀이라 할 수 있다.[32] 그것은 강강술래가 혼자만의 놀이가 아닌 손에 손을 잡고 이루어지는 연행형태에서 충분히 엿볼 수 있으며 타자와 호흡이나 조절 균형 등이 맞지 않았을 땐 대형의 이탈 또는 그 형태 자체가 흐트러지기 때문이다.

더불어 강강술래에서 긴강강술래, 중강강술래, 잦은 강강술래의 박

---

31) 이부영(2012), 앞의 책, 278-279쪽.
32) 최범권 외 2인(2007), 앞의 논문, 109쪽.

자 및 리듬변화, 스킵 동작이나 손치기, 발치기 동작 등 다양한 변화를 이루는 음악과 놀이는 단순한 타 이동 운동기술의 연습보다 훨씬 더 흥미를 유발시켜 달리기 수행 향상에 긍정적인 역할[33]을 한다고 연구되기도 하였다. 이는 강강술래에 내재되어 있는 박자개념의 인지로 인해 좌우 방향의 리드미컬한 움직임을 수행할 수 있음에서 비롯된 것이다.

결과적으로 강강술래에서 이동 운동기술은 하체 위주의 동작 및 스텝을 이용한 반복적인 신체 활동으로 달리기와 같이 비교적 빠르게 발달되는 이동 운동기술이 규칙적인 리듬을 통하여 이루어지는 것이다.

2) 호흡

강강술래 동작은 다양한 놀이가 연행됨에 따라 다르게 나타나기도 하나 주된 움직임은 뜀뛰기이다. 뜀뛰기는 유산소운동으로 강강술래에서 이루어지는 도무에 의한 호흡 역시 유산소운동이 주[34]를 이룬다. 유산소운동의 에너지 소비 수준은 전신의 움직임을 이용하여 호흡과 관련되기 때문에 심폐기능에 긍정적인 영향[35]이 있는 것으로 연구되었다.

살펴보면 유산소운동은 몸 안에 최대한 많은 양의 산소를 공급시킴으로써 심장과 폐의 기능을 향상시키고 강한 혈관조직을 갖게 하는 효과가 있는 것으로 연구되었다. 유산소운동의 종류로는 도구를

---

33) 앞의 논문, 91-118쪽.

34) 조남규(1999), 앞의 논문.

35) 폐활량의 증가를 말하는 것으로 폐활량은 폐에서 들이마시는 공기의 최대용량과 내뱉는 공기의 최대량과의 차이를 나타내는 것으로서 폐에서 가스교환 표면적의 크기를 말해주는 것이다.

사용하지 않는 걷기, 달리기, 댄스 등이 있으며 자전거 타기와 같이 도구를 이용하거나 물속에서 이루어지는 수영 등이 대표적이다. 강강술래는 춤으로 무구 등의 사용이 없이 오로지 가창과 움직임으로만 이루어져 후렴구를 따라 부르는 것 역시 호흡을 상시보다 더 많이 하게 유도할 뿐만 아니라 스텝과 도무는 숨이 가쁘고 땀이 차오를 정도 이상의 운동량을 제공한다.

심폐기능의 반응은 신체의 생리적 변화 가운데서 가장 중심적인 변화이고 운동의 효과와 한계를 규정한 조건이며, 개인의 특성, 운동의 형태, 단련정도 그리고 운동부하의 정도에 따라 다르게 나타난다.[36] 특히 운동의 지속으로 산소를 필요로 하는 유산소운동에 있어서는 에너지 생산을 위해서 산소 공급능력 및 산소 이용능력이 매우 중요[37]하다. 그러한 측면에서 보면 처음엔 느리게 시작하나 짧게 끝나는 놀이가 아닌 문열기, 꼬리잡기 등의 다양한 놀이로 이어지는 강강술래는 산소 이용능력을 팽대하게 한다.

강강술래의 빠른 음악에서 계속되는 도무는 상당한 운동성을 지니고 있다. 강강술래 놀이는 한번 시작하면 놀이를 넘어선 강도 있는 신체 도약운동으로 많은 신체적 운동량을 제공하기 때문이다.

정수진(2010)[38]은 강강술래 운동이 노인 여성의 심폐체력과 삶의 질 변화에 미치는 효과연구에서 연구결과 강강술래 운동 참여가 노인 여성의 체지방 및 심폐체력 그리고 건강관련 삶의 질 향상에

---

36) Fox, E. L. and D. K. Mathews, D. K(1981), The Physiological basis of physical and athletics. *Philadelphias W. B. Saunders College, Publishing,* 3rd, 623-629.

37) Belardinelli, R, Barstw, T. J., Porszasz, J. and Wasserman, K.(1995), Skeletal muscle oxygenation during constant work rate exercise. Med Sci. Sports. Exerc., 27, 512-519쪽.

38) 정수진(2010), 「강강술래 운동이 노인여성의 심폐체력과 삶의 질 변화에 미치는 효과연구」, 『한국체육학회지』, 제42호, 697-705, 703쪽.

긍정적인 효과가 있는 것으로 확인하며 강강술래의 신체적 운동으로서의 효과를 입증했다. 장기간의 지구성 트레이닝은 최대 심박출량과 산소 이용능력을 증가시켜 산소 운반능력의 향상을 초래한다고 연구되었다. 그것은 심실의 크기와 기능을 향상시켜 심박출량의 증가에 기여하고 모세혈관 수의 증가와 근육 속의 미오글로빈 농도를 증가시키는 것으로 골격근 조직의 이러한 변화는 확산면적을 증가시켜 근육과 혈액 사이의 물질교환을 원활하게 한다. 이러한 활동근에 대한 혈류 증가는 근육의 유산소 대사능력을 증대시킴과 동시에 말초순환의 개선으로 이어지게 한다. 이는 근육의 산소추출량을 증가시켜 최대 동정맥 산소 교차를 향상시키는 데 기여하는 것으로 알려져 있다.[39]

강강술래는 연행이 지속적 형태로 유지될 때 유산소운동으로서 지구력을 키워주는 하나의 트레이닝이며 이런 측면에서 보면 호흡과 함께 이루어지는 강강술래는 심폐력을 강화시킬 뿐만 아니라 운동능력도 배가되게 함을 알 수 있다.

3) 몰입과 신명

강강술래는 노래와 춤이 한층 두드러지는 가무를 통한 예술적 표현 놀이로써의 공동체적 신명을 예술적 흥취로 표현하는 놀이다. 이에 대해 홍성임(2010)의 연구에서 보면 강강술래 연희자들은 뜀뛰기 강강술래가 "흥겹다, 살맛난다, 재밌다, 성취감을 느낀다, 삶의 활력소가 된다"라고 했다. 이는 생활과 밀접하고 풍자적이거나

---

39) 하성(2000), 「지구성 트레이닝에 의한 40% MVC 등척성운동 시 국소활동근의 유산소능력 검토」, 『한국사회체육학회지』, 제14호, 723쪽.

모의적이어서 재미와 신명을 가져다줌을 이야기하는 것으로 그런 의미에서 강강술래는 노래, 춤, 놀이의 총합체이고 이면의 기능은 의례와 구애를 중심으로 단순한 흥취표현이 아닌 전승집단의 정체성을 표출하는 그릇40)이라고도 할 수 있다.

김미숙 외 2인(2008)은 강강술래의 연행으로 인한 '집단의 일체감 고양, 반복적 행위의 주술성, 원형(Circle)의 상징성과 시간성'이라는 내면적 의미의 확장을 통해 참여자들의 심리역도의 질적 고양을 돕는다고 하였다. 이에 관련하여 살펴보면 강강술래에서 이루어지는 도무는 반복적으로 연행된다. 반복의 행위는 그 행위 자체를 익숙하게 하며 몰입에 이르게 하는 역할을 한다. 쾌와 불쾌의 감정으로 삶과 죽음이 인생이라는 본체의 갈라질 수 없는 것41)인 영원회귀를42) 나타내는 사이킥 에너지(Psychic Energy)43)는 '손에 손을 잡고 뛰며 돈다'라는 반복적인 행위의 외연이 몰입과 신명으로 이르게 하는 것이다.

또한 공동체의 집단적 움직임은 살풀이에서와 같이 홀로 연행되어 자기중심적 행위가 주가 되어 발현되지 않고 손을 잡고 이루어 같은 동작으로 표현되므로 몰입이 더 용이하게 드러난다. 공동체적 움직임 속에서 함께 호흡하지 않을 경우 동작이 흐트러지고 대형이 깨어지기 때문에 더더욱 집중으로 이루어져야 하기 때문이다.

---

40) 이경엽(2009), 「단절 위기 공동체놀이의 전승현황과 계승 방향」, 『한국민속학』, 제49호, 302쪽.

41) 채희완(2000), 앞의 책, 54쪽.

42) 생은 원의 형상을 띠면서 영원히 반복되는 것이고, 피안의 생활에 이르는 것도, 환생하여 다음 세상에서 새로운 생활로 들어가는 것도 모두 부정하고 항상 동일한 것이 되풀이된다는 사상으로서 니체의 공상적 관념의 하나이다. 영겁회귀(永劫回歸)라고도 한다.

43) 신체적 에너지와 대비되는 가상적인 양적 에너지로서, 정신 기구를 활동하게 함으로써 모든 정신적 사건을 가능하게 하는 요인이다.

공동체문화 지향적이었던 우리 민족은 삶의 문제점들을 개인의 문제로 취급하여 단절의 문화로 만들지 않고 판을 벌여 한 사람의 슬픔을 모두의 슬픔으로 돌리고, 한 사람의 즐거움을 모두의 즐거움으로 돌리는 공동체적 정신생활을 추구해왔다.[44] 강강술래라는 민속무용으로서 손을 잡고 호흡을 맞추는 연행은 한국의 대표적 공동체 놀이로 이러한 놀이의 기능은 민중들의 생산 활동과 세시풍속의 여러 국면에서 축제적 신명과 종교적 축원을 담아내는 매개물로 전승되어 왔으며 창조적 생산성과 건강성[45]을 제공해왔다고 볼 수 있다.

4) 놀이

강강술래는 춤과 노래와 오락의 총체적인 놀이로서 노래와 춤으로 즐거움이나 애환 등의 내면적인 갈등을 과감하게 해소하는 감정교류의 적극적인 창구이다. 또한 강강술래는 일상에서 쉽게 연행할 수 있는 놀이적인 생활무용이며 민요와 함께 연행이 이루어지는 민요무용이다. 여성들의 한과 슬픔을 목청 높여 노래 부르고 뛰며 노는 가운데 환희로 승화시킨 정서정화의 경험을 유도하는 춤으로서 미적 가치를 갖는다. 더불어 명절 등 세시풍속에서 이루어져 축제적인 측면이 있다.

추석·대보름·설·백중·유두 등의 명절을 중심으로 한 축제에서 그리고 고대 제천 대회와 귀신제의(鬼神祭儀) 파제 후 음주가무에서 의식 후 서로 희락하는 것에 대해서는 신령의 효험을 획득하려는 음복(飮福) 의식으로 풀이할 수 있다. 이러한 의식 속에서 추어지는 것

---

44) 정병호(2004), 앞의 책, 134쪽.
45) 임재해(1986), 『민속문화론』, 「우리 민속놀이의 건강성과 오늘의 놀이」, 서울: 문학과 지성사, 118쪽.

이 강강술래였으며 이는 새로운 소망성취를 위한 축의이며 자아의 변이가 이루어지게 하는 재생의례의 뜻46)을 담고 있었던 것이다.

고대에는 현재의 양태처럼 놀이꾼들이 반드시 여인네에만 국한되지 않고 남자들도 함께 어울려 행해졌던 구애놀이의 형태로 초기엔 남녀 누구나 함께했음이 보인다.47) 전라남도 해남 우수영에서 과거에는 남자들이 술래 판에 끼어 같이 했다고 하며 진도에도 그 흔적이 남아 있다. 무정 정만조의 「은파유필」에 나오는 강강술래의 기록을 보면 "높고 낮은 소릴 내며 느릿느릿 돌고 돌아 한동안 서 있다가 이리저리 움직이고 여자들이 마음에 드는 사내 오길 기다린 것, 강강술래 부를 때 그대 역시 찾아오리"48)라는 대목이 그것이다. 강강술래가 단순한 여성들만의 놀이에 그치지 않고 일상에서 쉽지 않은 남녀의 만남의 장으로 청춘남녀가 한데 어울리는 까닭에 술래 판이 더 뜨겁게 달궈질 수 있었으며 평소 관심 있는 이성에게 다가가 놀이로서 접촉하고 흥겨움을 나누는 자연스러운 놀이판이었다. 그것은 일반적인 놀이에 그치지 않고 마음에 드는 상대방을 선택하고 교감하는 자리이기도 했던 것이다.

강강술래에서의 열형은 남성 또는 남성기를 상징하는 것이라 볼 수 있으며, 문열기에서 손을 올려 문을 만들고 서 있는 그 사이로 통과하는 것은 남녀의 결합을 형상화한 것으로, 새로운 생명을 맞이함을 나타내는 모의적인 형태49)이다. 이는 풍요로운 생산을 기원

---

46) 이윤선(2004), 앞의 논문, 372쪽.

47) 앞의 논문, 372-373쪽.

48) 정만조(1896-1907), 『恩波濡筆』, "高唱底應 緩緩回 一番延行 一徘徊 娘心只要 郎采得 强强采 時 亦是采", 이경엽(2009), 앞의 논문, 308쪽 재인용.

49) 김명자(1988), 「노래놀이의 연구」, 이화여자대학교대학원 미간행 석사학위 논문, 38, 28쪽.

하는 풍요기원의 유감주술[50]과 같은 것이다. 열형의 대표적인 부분은 '문열기'는 문지기의 모의적 춤으로 도적이나 액신을 막는 의미를 갖는데, 문을 열고 나간다는 행위는 새로운 세계의 추구와 새 생활 창조를 위한 전진의 의미를 내포하고 있다. 즉 문열기는 한 단계에서 다음 단계로 진출하기 위한 관문이며, 문을 열고 나가는 열형에서 사고의 개방과 확대된 시각과 가치관을 수용한다는 의미로 해석될 수 있다.

그래서 강강술래가 성의 난장판, 짝짓기의 놀음판으로 자연스럽게 확장될 수 있었다.[51] 이는 강강술래를 통해 노래하고 놀이하는 이면엔 이성과의 만남을 희구하는 절차[52]라고 말할 수 있고 이를 확대 해석하면 강강술래 놀이에 생산성 지향이 내재되었다고 말할 수 있다. 이성을 접할 수 있는 놀이로서 남성과 여성들 사이에 형성되는 긴밀한 긴장 혹은 이완을 유도하는 강강술래는 놀이 그 자체라 해도 과언이 아니다. 여성들이 유인하는 정적인 강강술래 판에 남성들이 참여하게 되고 이 분위기를 자연스럽고 원활하게 전개시켜 나가는 동적인 민속놀이[53]인 것이다. 따라서 이러한 해석으로 볼 때 강강술래는 춤과 어우러지는 하나의 놀이판으로 생활 속에서 문화적 편견이나 성에 대한 제약으로 분출하지 못했던 감정과 욕구가 해소되는 하나의 장이었을 것으로 사료된다.

---

50) 유감주술(homeopathic magic, 類感呪術)은 영국의 인류학자 J. 프레이저가 제창한 공감주술(共感呪術)의 2가지 형태 가운데 하나로 모방주술(模倣呪術)이라고도 한다. 어떠한 결과는 그 원인을 닮는다는 유사율(類似律)에 바탕을 두는 것으로서 기우제나 방술 등을 이른다.

51) 나승만(2001), 「비금도 강강술래의 사회사」, 『도서문화』, 제19집, 목포대학교 도서문화연구소, 403-404쪽.

52) 김재선 외(2000), 『한글동이전』, 서울: 서문문화사, 78쪽, 이윤선(2004), 389쪽, 재인용.

53) 이윤선(2004), 앞의 논문, 369-396쪽.

5) 공감

반복되는 표현이지만 강강술래는 홀 춤으로 연행되는 살풀이와는 달리 여러 사람이 손에 손을 잡고 원을 그리며 춤과 노래로 도무하며 행해지는 놀이를 말한다. 즉 강강술래는 사람과 사람이 어우러져야만 이루어질 수 있는 춤인 것이다. 그러므로 강강술래는 타자에 대한 인식과 공감이 필수적이라 할 수 있다.

또한 강강술래는 다른 민속춤들에 비해 단순한 동작이긴 하나 공동으로 이루어진다는 점에서 공동체적 일체감을 고양시키는 효과를 지닌 놀이이다. 강강술래의 춤사위는 비교적 단순하여 기술적인 신체훈련을 하지 않더라도 누구나 손쉽게 어우러져 함께 춤출 수 있고 한 개인에 의해서 춤이 끝내지는 것이 아니라 하나의 동작을 수행하기 위해서는 집단 전체가 한마음으로 합심하여 움직여야 한다. 이처럼 한국의 민중은 판을 벌여 한 사람의 슬픔을 모두의 슬픔으로 돌리고, 한 사람의 즐거움을 모두의 즐거움으로 돌리는 공동체적 정신생활을 한 것이다.[54]

공동체적인 기능을 가진 춤으로는 명절날에 남성들이 베풀었던 농악 판이나 탈춤 판, 그리고 여성들의 강강술래 판이 대표적이라 할 수 있다. 민속놀이로서 공동체의 사회적 통합과 연대의식을 강화해주며 노동을 위한 활력소로서 주민들의 삶 속에 스며들어 전승되어 온 강강술래는 놀이판을 벌여 난장을 이루는 가운데 춤을 춘 것으로 세시풍속의 명절에 흩어져 살던 사람들이 모여들기 때문에 가족들의 공동체나 마을의 공동체를 확인하는 데 좋은 기회를 제공하는 공동체적 기능의 춤의 역할을 해온 것이라고도 할 수 있다.[55]

---

54) 정병호(2004), 앞의 책, 134쪽.
55) 정병호(2004), 앞의 책, 133쪽.

또한 강강술래에서 볼 수 있는 원시 가무형태의 뛰고 밟는 춤사위는 마을 공동체 집단 놀이인 동시에 또래 집단인 청춘남녀가 함께하는 성적 자유가 보장되는 역동적이고 격정적인 에너지가 넘치는 술래 판이기도 했다. 남녀가 함께 어우러져 평등한 조건하에서 손을 잡고 신명나게 춤을 추다 보면 참여자들 간의 공동체적인 일체감과 끈끈한 유대감으로 승화하게 되는데 이는 마음과 마음을 이어주는 통합기능, 즉 공동체성을 의미한다.

강강술래의 춤사위 중 농경사회에서 노동에 대한 모의적 춤으로 엮고 푸는 형태인 덕석 몰고 풀기가 있다. 이는 일하는 즐거움을 표현한 의례적인 춤으로서 공동체적 삶의 결속력을 다지는 행위가 나선형의 형태로 나타난다. 안으로 시선을 두고 손에 손을 맞잡아 만들어지는 폐쇄된 공간의 원형과 더불어 이어지는 나선형의 열린 공간이 덕석을 몰고 푸는 행위를 상징화하며 닫고 밀고 맺고 푸는 장단의 다양성을 형태적 변화로 나타낸 것이다.

덕석몰이에서 표현되는 원은 시작과 끝이 서로 흡수되면서 한순간 흔적도 없이 사라져버리는 진리의 두 가지 본질적인 속성, 즉 영구불변의 항상성과 변화무상한 가변성을 함께 포함한 도형이다. 덕석을 몰아 폐쇄적 원을 만들다가도 이내 풀어 개방성을 가지는 상징적 놀이를 통한 연습은 원의 항상성과 가변성에 대한 인식을 갖게 하고 공동체적 삶 속에서 서로 다른 모습을 통하여 자신의 삶을 뒤돌아보는 동기를 가질 수 있게 한다. 이는 생활 속에 사람과의 관계에서 파생되는 문제점들을 풀어나감을 상징화하여 표현한 것이라 할 수 있으며 자신의 자아에 대한 자각으로 타자와의 삶에서 유대감과 결속력을 가질 수 있게 한다.

또한 방향전환 역시 군무의 특성으로 말미암아 한 사람의 마음만으로는 이루어지지 않고 공동의 마음으로 행해질 때 자연스럽게 이루어진다. 그러므로 강강술래는 집단 구성원들의 공동생활을 토대로 한 협동의식을 함양시키는 데 효과적이며[56] 개별적 현대사회에서의 관계개선 공감확대 등의 모티브가 될 수 있다.

강강술래에서 서로 손을 맞잡고 춤을 추는 행위는 집단원의 감정, 즉 가깝게는 손을 잡은 옆 사람과 넓게는 원을 이루는 전체의 행위를 눈으로는 보고 귀로는 강강술래 노래를 들으며 이를 바탕으로 상호적 춤사위가 이루어진다. 결과적으로 사람과 사람이 마주하고 서로 어우러져 배려와 공감으로 이루어지는 것으로서 역사 속에서 현세에서의 비애와 고됨, 절망 등을 노래와 춤을 통해 희망으로 전환시켜 나가는 지혜의 추구라 사료된다. 이러한 강강술래는 놀이 또는 예술작업을 통해 자신에 대한 객관화 작업이 가능해짐이 이루어질 수 있으며 타인과의 공감을 통하여 이루어지므로 자신이나 타인의 정서에 보다 효과적으로 접근할 수 있을 것이다.[57] 즉 강강술래 놀이 속에 행해지는 공동체적 치료의식으로 병들거나 장애를 가진 이들의 가치를 높여주고 불안감을 감소시켜 줄 수 있을 것으로 보인다.

6) 강강술래의 독창적 치료성

강강술래 춤은 주로 원형을 이루어 추어지는 춤으로 달 자체가 가지고 있는 재생력으로 말미암아 풍성한 수확을 기원하여 만월을 의미하는 큰 원형을 이루면서 추어진다.[58] 시작에서 끝까지 계

---

56) 전미령(1999), 앞의 논문, 24쪽.
57) 정명선(2010), 「청소년의 주의 집중 및 공감 향상을 위한 주제제시 형식의 집단미술치료효과」, 대구대학교대학원 미간행 박사학위 논문.
58) 김말복(2011), 앞의 책, 372쪽.

속적으로 다양한 모형으로 원을 만들며 이루어지는 강강술래의 완만한 열형의 곡선은 긴장에서 이완, 집중에서 분산되는 느낌을 주기도 하지만 다시 상승하는 곡선의 방향이 그 힘을 모아주어 점진적인 전진의 의미를 나타내준다.[59]

완만한 곡선 형태로 놀이 속에서 이루어지는 전진의 의미는 움직임을 통해 무엇인가를 표현하고자 하는 의지로 표명될 수 있다. 그것은 삶의 에너지이며 활력으로 작용한다. 강강술래의 춤사위에 내재되어 있는 신체적 도무 등은 신체 운동을 곁들인 예술적 움직임으로써 신명에 이르게 하여 운동을 의도하지 않고 하여도 절로 이루어지게 한다.

더불어 춤을 이끄는 음악의 진행은 한국 전통 민속무용의 진행이 그러하듯 초반에 느리게 시작하여 점점 빠르게 전개되는데 춤동작마저도 점점 빠르게 진행하게 한다. 그로 인하여 운동량은 배가되고 이에 따라 신체의 활성화를 가져온다. 무엇보다도 신체적 운동의 수행은 고통의 상황에서도 견딜 수 있는 힘을 제공하는 것이다.

하체 중심의 역동적 동작으로 이루어진 강강술래는 상체의 움직임은 단조롭게 나타나고 하체의 움직임이 많은 춤이다. 세시풍속의 놀이 속에서 전승되어 온 강강술래는 노동과 생활무용적인 요소, 민요무용적인 요소, 제의적 요소, 그리고 축제적 요소 등이 내재되어 있다. 특히나 강강술래는 타자와 손에 손을 맞잡고 도무 등으로 모형을 만들며 이루어지는 살풀이와는 달리 혼자서는 할 수 없는 공동체 놀이이다.

물론 살풀이 역시 군무로 추어짐을 볼 수 있으나 살풀이 춤 자체가 혼자서도 충분히 표현되는 것으로 대부분 혼자서 연행되는 살풀이에 대한 놀이성을 따지자면 혼자 노는 것이라 할 수 있다. 혼자

59) 앞의 글, 928쪽.

만의 놀이는 자칫 자신 안에서의 움직임으로 머물 수 있다. 설령 무대에 올라 관객을 대상으로 드러낸다 하여도 강강술래처럼 집단을 이루어야만 출 수 있는 것은 아니다. 그러나 강강술래는 이와는 전혀 다른 보다 확장적인 성격을 지닌다. 즉 혼자서가 아닌 타자와 손을 잡는다는 관계를 형성해야만 이루어지는 놀이다. 타자에 대한 인식은 정확한 거리감의 인지에서 가능하며 그것은 행위에 있어 드러나는 예의이기도 하다. 그러므로 강강술래에는 타자에 대한 배려와 공감을 필수적으로 필요로 한다. 이렇게 놀이를 통하여 자신을 넘어서 타자를 배려함에 대한 연습은 일상에서도 관계에 대하여 여유로 작용함을 유추할 수 있다. 이는 현대사회에서 자주 드러나는 무례함의 상황에서 관계 장애를 가진 이들에게는 그러한 행위를 연행함으로써 치유에 이르게 하는 동기로 작용할 것으로 사료된다.

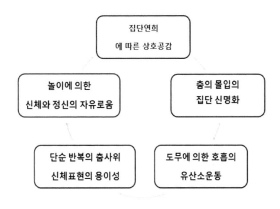

그림 22. 강강술래의 상호적 치료과정

참고문헌

강여주, 윤여탁(2003), 「살풀이 춤 이수자의 무용경험에 관한 질적 연구」, 『한국체육학회지』, 42(3).

강지우, 김보라 외 3명(2011), 『치료레크리에이션 이론과 실제』, 파주: 양서원.

강혜숙(1984), 「황해도 굿춤에 대한 연구」, 『한국무용연구』, 3.

경기도 박물관(2000), 『경기민속지: III세시풍속, 놀이, 예술편』, 용인: 경기도박물관.

고경희, 안용규, 이정자(2004), 「살풀이춤의 미적 탐색」, 『한국체육철학회지』, 12(호).

고병권(2013), 『니체의 위험한 책, 차라투스트라는 이렇게 말했다』, 서울: 그린비.

고희숙, 양명환(2004), 「강강술래 무용 프로그램 처치가 성인 여성의 정신건강 및 자아존중감에 미치는 영향」, 『한국체육교육학회지』, 9(3).

곽충로 외(1976), 『진도군지』, 광주: 진도군지편찬위원회.

곽현주(2013), 「예술치료 효과에 대한 메타회귀분석-음악치료, 미술치료, 무용동작치료, 통합예술치료를 중심으로」, 충북대학교대학원 미간행 박사학위 논문.

구우영, 강순광(2003), 「살풀이 춤사위가 중년기 여성들의 신체

조성 및 근관절기능, 심폐기능에 미치는 효과」, 『스포츠
　　과학연구학회지』, 2.

국역고려사, 동아대학교석당학술원 역(2014), 「고려사세기 초유
　　편」, 서울: 경인문화사.

권석만(2008), 『긍정심리학-행복의 과학적 탐구』, 서울: 학지사.

권윤방(2003), 『무용학개론』, 서울: 대한미디어.

김광웅, 유미숙, 유재령(2004), 『놀이치료학』, 서울: 학지사.

김관일(1985), 「음악치료의 의미와 역사적 고찰」, 『특수교육연구
　　학회지』, 12.

김말복(2005), 『우리 춤』, 서울: 이화여자대학교출판부.

김말복(2011), 『무용예술의 이해』, 서울: 이화여자대학교출판부.

김명숙(1990), 「굿춤의 기능에 관한 연구」, 『대한무용학회지』, 12.

김문애(1996), 『3인의 살풀이춤 탐구』, 서울: 홍경.

김미기(2006), 「현대무용에 나타난 니체 무용미학의 영향에 대한 분
　　석-덩컨과 커닝엄을 중심으로-」, 『한국니체학회지』, 제10집.

김선풍(1996), 『한국의 민속사상』, 서울: 집문당.

김선현(2006), 『마음을 읽는 미술치료』, 서울: 넥서스북스.

김열규(1982), 『한국무속신앙과 민속』, 서울: 고대민속문화연구소.

김열규(1982), 『한국인의 신명』, 서울: 주류.

김열규 외 5인(1998), 『한국의 무속문화』, 서울: 박이정.

김영란(2009), 「한국 실용무용의 발전과 현황분석에 따른 개념
　　연구」, 국민대학교 대학원 미간행 박사학위 논문.

김영희(1999), 『호흡창작기본』, 서울: 현대미학사.

김영희(2008), 『공연과 리뷰』 62호, 서울: 현대미학사.

김용복(2008), 「한국무용 구조의 역학적 해석」, 『유교사상연구학
　　회지』, 31.

김윤희, 신현군(2002), 「살풀이 춤 체험의 해석학적 현상화 연구」,
　　『한국체육철학학회지』, 10(6).

김온경(1997), 『한국민속무용연구』, 서울: 형설출판사.

김인숙(2012), 『무용 동작 심리치료의 이론과 실제』, 파주: 한국
　　학술정보.

김인회(1982), 『한국무속의 종합적 고찰』, 서울: 고려대학교민족
　　문화연구원.

김원호(1999), 『풍물굿 연구』, 서울: 학민사.

김은정(2005), 「한국무용 동작에서 호흡기본 훈련이 하지 관절에
　　미치는 영향」, 단국대학교 대학원 미간행 박사학위 논문.

김재선 외(2000), 『한글동이전』, 서울: 서문문화사.

김재숙(2005), 「신체동학: 심신 조율 그리고 예술치료」, 『철학연
　　구학회지』, 36.

김정녀(1984), 「굿춤의 구조고」, 『한국무용연구학회지』, 3.

김정하, 윤정수, 백승현(2013), 「한국무용 수행이 노인여성의 심
　　리적 지수 및 심혈관계 기능에 미치는 영향」, 『한국무용
　　과학회지』, 30(2).

김지원(2006), 「살풀이춤의 미적 특질에 관한 화쟁기호학적 연구」,
　　『대한무용학회지』, 47.

김진숙(1996), 『예술심리치료 이론과 실제』, 서울: 중앙적성출판사.

김태곤(1981), 『한국의 무속연구』, 서울: 집문당.

김태곤(1982), 『한국무속도록』, 서울: 집문당.

김현주(2006), 「영가무도를 통한 인간 심신회복의 효과」, 동덕여
　　자대학교대학원 체육학과 미간행 박사학위 논문.

김효분(1999), 「살풀이춤에 나타난 정서적 측면에 관한 고찰」,
　　『한국무용연구학회지』, 17.

나승만(2001), 「비금도 강강술래의 사회사」, 『도서문화』, 제19집,
　　목포대학교 도서문화연구소.

남택길, 김범수(2003), 「단기간의 등척성 운동 트레이닝의 cross-effect,
　　overflow-effect」, 『한국스포츠리서치』, 14(5).

노환홍(2007), 「예술 교육의 개방성과 치료」, 『한국독어독문학교
　　육학회지』, 38.

다리아 할프린 저, 김용량 외 2명 역(2006), 『동작중심 표현예술치
　　료 (움직임, 은유 그리고 의미의 세계)』, 서울: 시그마프레스.

대한임상노인의학회(2011), 『최신노인의학』, 서울: 한국의학.

로데릭 랑게 저, 최동현 역(1988), 『춤의 본질』, 서울: 문예출판사.

로제 카이와 저, 이상률 역(2004), 『놀이와 인간』, 서울: 문예출판사.

류분순(2004), 『춤동작치료』, 서울: 학지사.

리샤르 포레스티에 저, 김익진 역(2012), 『예술치료의 모든 것』,
　　춘천: 강원대학교출판부.

마루야마 도시아끼 저, 박희준 역(1989), 『기(氣)란 무엇인가－논
　　어에서 신과학까지』, 서울: 정신세계사.

메리 프리슬리 저, 권혜경 역(2006), 『분석적 음악치료』, 서울:
　　권혜경음악치료센터.

무라야마 지준 저, 박전렬 역(1992), 『조선의 향토오락』, 서울: 집문당.

무라이 야스지 외 3인 저, 대한음악저작연구회 역(1990), 『음악

심리요법요법』, 서울: 삼호출판사.

무라이 야스지(2003), 『음악요법의 기초』, 서울: 대한음악사.

미국정신분석학회 저, 이재훈 역(2002), 『정신분석용어사전』, 한
국심리치료연구소.

미하이 칙센트미하이 저, 이삼출 역(2000), 『몰입의 기술』, 서울:
더불어책.

미하이 칙센트미하이 저, 최인수 역(2009), 『Flow: the psychology
of optimal experience』, 서울: 한울림.

민경숙(1997), 「살풀이춤에 관한 연구-경기류를 중심으로-」, 『한
국여성체육학회지』, 11.

바실리 칸딘스키 저, 권영필 역(2004), 「예술에 있어 정신적인 것
에 대하여」, 서울: 열화당.

박계홍(1973), 『한국민속 연구』, 서울: 영운출판사.

박금슬(1982), 『춤동작』, 서울: 일지사.

박미영(2008), 「니체사상에서의 한국무용의 의미」, 『한국체육철
학학회지』, 16(3).

박미영, 박선영, 오율자(2010), 「필라테스와 한국무용의 호흡법 비교
탐색」, 『한국체육철학회지』, 18(1).

박병준(2014), 「'공감'과 철학상담-막스 셸러의 '공감' 개념을 중
심으로」, 서강대학교철학연구소, 『철학논집』, 36.

박범영, 왕석우, 신학수(2005), 「뇌파기술훈련이 골프선수의 경기
성과에 미치는 영향」, 『한국스포츠리서치학회지』, 16(2).

박선영, 유경숙(2010), 『춤테라피』, 서울: 학지사.

박인국(2004), 『생리학』, 서울: 라이프사이언스.

박은규(2002), 『무용치료를 통한 아동의 표현활동』, 서울: 조원사.

박주영, 민현주, 김남정(2008), 「26주간의 시니어 신체리듬 운동 프로그램이 폐경기 노인여성의 체력과 혈중지질 및 골밀도에 미치는 영향」, 『대한무용학회지』, 57.

박진태(1990), 『탈놀이의 기원과 구조』, 서울: 새문사.

박현옥(1996), 「무용요법이 정신장애자의 자아개념변화에 미치는 영향-무용창작과정을 중심으로-」, 한양대학교 대학원 미간행 박사학위 논문.

배소심, 김영아(2008), 『세계무용사』, 서울: 금강미디어.

성경린(1976), 『한국의 무용』, 교양국사총서 24, 서울: 세종대왕 기념사업회.

송문숙(1999), 「살풀이 특성과 장단 및 명칭에 관한 소고」, 『한국 여성체육학회지』, 13(2).

송미숙, 최태선(2006), 「미적 관점에서 본 살풀이춤과 즉흥무의 비교연구」, 『한국체육철학회지』, 14(2).

송방송(2012), 『한국음악대사전』, 서울: 보고사.

샐리 앳킨스 저, 최애나 외 1명 역(2008), 『통합적 표현예술치료 (예술과 삶의 창조적 과정)』, 파주: 푸른솔.

수잔 K. 랭거 저, 박용숙 역(1986), 『예술이란 무엇인가』, 서울: 문예출판사.

스티븐 나흐마노비치 저, 이상원 역(2008), 『놀이-마르지 않는 창조의 샘』, 서울: 에코의 서재.

신상철(1986), 「음악요법의 역사와 전망」, 『임상예술학회지』, 12.

심혜경(2004), 「전통 춤 호흡의 분류에 따른 특정 연구」, 『한국스포츠리서치학회지』, 15(4).

심재덕(1965), 「신락연구(神樂研究)」, 『예술논문집』, 서울: 대한민국예술원.

아리스토텔레스 저, 천병희 역(2011), 『시학』, 서울: 문예출판사.

알프레드 아들러 저, 라영균 역(2009), 『인간이해』, 서울: 일빛.

에리히 프롬 저, 차경아 역(2011), 『소유냐 존재냐』, 서울: 까치글방.

요한 호이징가 저, 이종인 역(2010), 『호모루덴스』, 고양: 연암서가.

오율자(1995), 「신명에 관한 연구」, 『대한무용학회지』, 18.

유경희(2004), 「굿춤의 주술성에 내포된 치유적 기능 연구」, 『한국예술교육학회지』.

유동식(1975), 『한국무교의 역사와 구조』, 서울: 연세대학교출판부.

육완순(1984), 『안무』, 서울: 이화여자대학교출판부.

윤미라(2011), 「음양오행에 근거한 한국무용의 치료적 기능에 관한 연구」, 『대한무용학회지』, 69.

윤여송(1998), 『남도민속학의 진전』, 서울: 태학사.

이경엽(2009), 「단절 위기 공동체놀이의 전승현황과 계승 방향-강강술래를 중심으로-」, 『한국민속학회지』, 49.

이경희, 김현남(2010), 「마리 뷔그만의 순수 무용(absolute dance)에 나타난 무용동작치료적 요소」, 『한국체육철학회지』, 18(4).

이규태(1991), 『한국인의 의식구조』, 서울: 신원문화사.

이근매, 정광조(2005), 『미술치료개론』, 서울: 학지사.

이근매(2013), 『미술치료 이론과 실제』, 파주: 양서원.

이금만(2000), 『발달심리와 신앙교육』, 크리스찬치유목회연구원.

이도흠(2003), 「한국예술의 심층구조로서 정과 한의 아우름」, 『한국미학예술학회지』, 17.

이미영(2002), 「살풀이춤을 이용한 무용창작 연구」, 『한국무용교육학회지』, 13.

이민수(1976), 『조선전』, 서울: 탐구당.

이병옥(2013), 『한국무용통사』, 서울: 민속원.

이보형(1971), 「시나위권의 무속음악」, 『한국문화인류학』, 4.

이보형(1982), 『한국무의식(韓國巫儀式)의 음악-한국무속의 종합적 고찰-』, 서울: 고려대학교민족문화연구소.

이보형(1983), 『경기도 도당굿』, 서울: 열화당.

이부영(1982), 『무속의 심리학적 고찰』, 서울: 고려대학교민속문화연구소.

이부영(2012), 『한국의 샤머니즘과 분석 심리학-고통과 치유의 상징을 찾아서-』, 파주: 한길사.

이상률(1994), 『놀이와 인간』, 서울: 문예출판사.

이상일(1977), 『세계의 문학』 제3호, 서울: 민음사.

이상일(1977), 「굿의 연극학과 사회적 기능」, 『세계의 문학』, 3.

이선옥(2011), 『선무기법과 선무치료예술』, 서울: 집문당.

이승용(2007), 『음양요가』, 서울: 홍익요가원.

이애주(2001), 「영가무도의 사상체계와 실제법도」, 『한국정신과학학회지』, 학술대회 논문집, 14.

이애주(2002), 「한국의 굿에 나타난 굿춤-경기도 당굿을 중심으로」, 『한국샤머니즘학회지』, 4.

이윤선(2004), 「강강술래의 역사와 놀이 구성에 관한 고찰」, 『한국민속학회지』, 40.

이정숙 외 2인(2013), 「한국의 무용치료 발전과정 및 연구동향」, 『한국체육사학회지』, 18(2).

이진수(2001), 『한국체육사상사』, 서울: 한양대학교출판부.

이지현(2006), 「동작 동시성 분석(SMP)과 동작 범위 측정(MRS) 분석을 통한 무용/동작치료 요인 비교」, 『한국무용기록학회』, 11.

이재훈(2002), 『정신분석용어사전』, 미국정신분석학회, 서울: 서울대상관계정신분석연구소.

이철수(2013), 『사회복지학사전』, 파주: 혜민북스.

이한숙, 유지훈(2012), 「스트레칭과 등척성 운동이 만성 경부통증환자의 근력과 통증에 미치는 영향」, 『대한물리의학회지』, 7(3).

이흥진(2008), 『신체훈련론』, 서울: 교학연구사.

윌리엄 데이비스, 케이트 그펠러, 마이클타트 저, 김수지 외 2인 역(2004), 『음악치료학개론 이론과 실제』, 서울: 권혜경음악치료센터.

임명주(1996), 「강강술래의 미학적 가치에 관한 연구」, 『대한무용학회지』, 19.

임재해(1986), 『민속문화론』, 서울: 문학과 지성사.

임학선(1997), 「한국민속춤의 구조에 관한 연구」, 『한국무용연구학회지』, 15.

임학선(1998), 「한국춤의 호흡구조에 따른 호흡유형 및 특성 연구」, 『대한무용학회지』, 35.

임학선(1998), 「춤 표기법에 관한 연구」, 『대한무용학회지』, 23.

장사훈(1984), 『한국무용개론』, 서울: 대광문화사.

전미령(1999), 「강강술래의 미적 접근에 관한 연구」, 『한국문화학회지』.

전현주(2011), 「뇌졸중 편마비 환자 통증의 JU 무용동작치료 프로그램 적용효과에 관한 연구」, 『한국무용과학회지』, 24.

정명선(2010), 「청소년의 주의 집중 및 공감 향상을 위한 주제제시 형식의 집단미술치료효과」, 대구대학교 대학원 미간행 박사학위 논문.

정병호(1980), 『무무의 예술적 구조, 창론(創論)』, 중앙대학교 예술대학 한국예술연구소.

정병호(1982), 「살풀이춤의 미적구조론」, 『한국예술원 논문집』, 21.

정병호(1987), 『무형문화재조사보고서』, 서울: 문화제연구소.

정병호(1991), 『한국의 민속춤』, 서울: 삼성출판사.

정병호(1999), 『한국의 전통춤』, 서울: 집문당.

정병호(2004), 『한국무용의 미학』, 서울: 집문당.

정수진(2010), 「강강술래 운동이 노인여성의 심폐체력과 삶의 질 변화에 미치는 효과연구」, 『한국체육학회지』, 42.

정숙희(1996), 「이사도라 덩컨의 무용사상에 관한 연구」, 『한국체육학회지』, 35.

정연태 외 4인(1994), 「구심성, 원심성, 등척성 운동방법에 따른 혈압과 심박수의 변화」, 『한국전문물리치료학회지』, 1(1).

정유창, 김영희(2014), 「영가무도에 대한 문헌고찰 및 대체의학에서의 연구방향」, 국제뇌교육종합대학원 국학연구원, 『선도문화』, 16.

정의숙, 반주은(2007), 『몸짓의 빛 그 한순간의 자유』, 서울: 성
균관대학교출판부.

정현주(2005), 『음악치료학의 이해와 적용』, 서울: 이화여자대학
교출판부.

정현주(2011), 『인간행동과 음악』, 서울: 학지사.

조남규(1999), 「살풀이춤과 한량무 수행 시 시간 흐름에 따른 심
폐기능 및 에너지 소비량의 변화」, 한양대학교 대학원
미간행 박사학위 논문.

조셉 G. 브렌넌 저, 곽강제 역(2007), 『철학의 의미』, 서울: 박영사.

조안 초도로우 저, 임용자 외 역(2003), 『춤동작치료와 심층심리
학』, 서울: 물병자리.

조윤용(1993), 『음악요법 백과』, 서울: 한성음악출판사.

조은숙, 이경희(2009), 「신체동작치료에서의 호흡에 관한 연구-바티니
에프 기본원리(Bartenieff Fundamentals), 필라테스(Pilates),
그리고 타프 테크닉(Topf Technique)을 중심으로-」, 『무용예
술학연구』, 36(3).

조은숙, 이경희(2009), 신체재교육을 위한 바티니에프 기본원리,
『무용예술학연구』, 27.

조흥윤(2001), 『한국문화론』, 서울: 동문선.

존 레이티 저, 이상헌 역(2009), 『운동화 신은 뇌』, 서울: 북섬.

주리애(2010), 『미술치료학』, 서울: 학지사.

천이두(1993), 『한의 구조연구』, 서울: 문학과 지성사.

채희완(1983), 「집단연희에 있어서 예술체험으로서의 신명」, 『한
국무용학회지』, 2.

채희완(1985), 『공동체의 춤 신명의 춤』, 서울: 한길사.

채희완(2000), 『한국춤의 정신은 무엇인가』, 서울: 도서출판 명경.

최남선(1946), 『조선상식문답』, 서울: 동명사.

최명선, 김광웅, 한현주(2005), 「치료자의 전문적 경험과 공감능력이 내담아동이 지각한 치료관계에 미치는 영향」, 『한국심리학회지』, 17(3).

최범권, 강유석, 김유진(2007), 「강강술래 활동이 다운증후군 아동의 이동운동기술에 미치는 영향」, 『한국특수체육학회지』, 15(3).

최병철(2011), 『음악치료학』, 서울: 학지사.

최상진(1993), 「한국인과 일본인의 '우리' 의식 비교」, 『한국심리학회지』, '93연차대회' 학술발표논문집.

최준식(2005), 『한국의 풍속 민간신앙』, 서울: 이화여자대학교출판부.

칼 구스타브 융(2007), 『무의식의 분석』, 서울: 홍신.

콜드웰 저, 김정명 역(2007), 『몸으로 떠나는 여행』, 파주: 한울.

트루디 숲 저, 류분순 역(2009), 『춤동작을 통한 마음치료』, 서울: 하나의학사.

FRAN J. LEVY, JUDITH PINES 외 1명 저, 최희아 외 2명 역(2009), 『무용 동작중심 표현예술치료 사례집』, 서울: 학지사.

하성(2000), 「지구성 트레이닝에 의한 40%MVC 등척성운동 시 국소활동근의 유산소능력 검토」, 『한국사회체육학회지』, 14.

한국무용교육학회(1999), 『한국무용교육학회논문집 심리, 치료분야 1989-1999』, 익산: 원광대학교출판부.

한국사전연구사 편집부(1998), 『종교학대사전』, 서울: 한국사전연구사.

한국학중앙연구원(1991), 『한민족대백과사전』, 한국정신문화연구원.

한민, 한성열(2009), 『신명의 심리학』, 서울: 21세기북스.

한병철 저, 김태환 역(2012), 『피로사회』, 서울: 문학과지성사.

홍양자(2007), 『무용요법을 이용한 치료레크리에이션의 실제』, 서울: 21세기교육사.

홍태한(2000), 「퇴송굿에 나타난 삶과 죽음의 문제」, 『한국샤머니즘학회지』, 2.

황농문(2011), 『몰입-두 번째 이야기』, 서울: 랜덤하우스코리아.

한국정신문화연구원(2001), 『한민족대백과사전』, 성남: 한국학중앙연구원.

한국문예진흥원(1978), 『한국의 민속예술 제1집』, 한국문화예술진흥원.

한국문화정책개발원(2002), 『문화진흥기금의 지원효과분석』, 서울: 한국문화정책개발원.

서울시립무용단(1982), 제12회 정기공연 '한국 명무전', 팸플릿.

Abraham, H. Maslow(1970), *Motivation And Personality*, Reprinted from the Edition by New York, Haper & Row, Publishers.

Nigel, Allenby. Jaffé(1990), *Folk dance of Europe*, West Yorkshire, England: Folk Dance Enterprises.

Atkins, Sally., & others(2007), *Expressive Arts Therapy Sourcebook*, Winston-Salem, NC, John F Blair Pub.

Belardinelli R., Barstow T. J., Porszasz J., and Wasserman K.(1995),

Skeletal muscle oxygenation during constant work rate exercise. Department of Medicine, Harbor-UCLA Medical Center, *Medicine and Science in Sports and Exercise,* 27(4).

Butcher, Samuel. Henry(1951), *Aristotle Poetics,* Aristotle's Theory of Poetry and Fine Art: With a Critical Text and Translation of the Poetics. With a Prefatory Essay, Aristotelian Literary Criticism. Courier Corporation.

Brooke, Stephanie. L.(2006), *Creative Arts Therapies Manual,* Springfield, IL, Charles C Thomas Publisher, LTD.

Bruscia, K.(1981), *Case studies in music therapy.* Phoenizville, Barcelona Publishers.

Carapetyan, A.(1948), *Music and medicine in the Renaissance and in the 17th and 18th centuries. in Music and medicine,* edited by D.M Schullian and M. Schoen NewYork: Wolff.

Csikszentmihalyi, Mihaly(1975), *Beyond Boredom and Anxiety,* San Francisco, CA, US: Jossey-Bass Publishers.

Darrow, A. A., Gibbons, A. C., & Heller, G. N.(1985), Music therapy past, present, and future. *The American Music Teacher.* September-October.

Davis, W. B.(1993), Keeping the dream alive: Profiles of three early twentieth century music therapists. *Journal to music therapy,* 30(1).

Davis, W. B., Gfeller, K. F., & Thaut, M.(1999), *An introduction* to *music therapy. Theory and practice*(2nd ed), Boston: Mcgraw-Hill College.

Dean, Carolyn(2004), *The Fragility of Empathy Afrer the Holocaust,* Ithaca, NY: Cornell Unicersity Press.

Dane, Rudhyar(1982), *The magic of tone and art of music.* Boulder: Shambhala.

Backman, Eugene. Louis(1977), *Religious Dances in the Christian Church and in Popular Medicine.* Westport, CT: Greenwood Press.

Espenak, Liljan(1981), *Dance Therapy: theory and application.* Springfield, IL: Charlies. C. Thomas.

Feder, E. and Feder, B.(1981), *The expressive arts implementations.* Cliffs, NJ: Prentice Hall.

Feder, E. & Feder, B., Tyson, F.(1981), *psychiatric music therapy, Origins and development.* New York: Creative Arts Rehabilitation Center.

Fox, E. L. & Mathews, D. K.(1981), *The Physiological basis of physical and athletics.* Philadelphias W. B. Saunders College, Publishing, 3rd.

Goldstein, A. P. & Michaels, G. Y.(1985), *Empathy: development, training, and consequences.* London: Lawrence Erlbaun Associates, Inc.

Hettinger, T. L., Muller, E. A.(1953), Muskelleistung and Muskel training. Int. Z. Angew, Physiol, 15.

Judith, Aron. Rubin(2001), *Approaches to Art Therapy*. New York: Brunner/Mazel Inc.

Kerb, D.(1975), Empathy and altruism. *Journal of Humanistic Psychology*, 21, 4.

Kohut, H.(1959), Introspection, empathy, and psychoanalysis, *Journal of the American Psychoanalytic Association*, 7.

Koestner, Franz. & Weinberger, J. & Franz, C.(1990), The family origins of enpathic concern: A 25-year longitudinal study. *Journal of personality and Social Psychology*, 58(4).

Levy, F.(1988), *Dance/movement therapy*: A healing art, Reston, VA: The American Alliance for Health, Physical Education, Recreation, and Dance.

McNiff, S.(1981), *The arts and psychotherapy*. Springfield, IL: Thomas.

McNiff. S.(1992), *Art and medicine*. Boston: Shambhala.

Merriam, Alan. P.(1964), *The anthropology of music*. Evanston, IL: Northwestern University Press.

Osler, W(1932), *Aequanimitas*, New York: McGraw-Hill.

Ready, A. E., Naimark, B., Ducas, J., Sawatzky, J. V., Boreskie, S. L., Drinkwater, D. T. & Oosterveen, S.(1996), Influence of walking volume on health benefits in women post-menopause. *Med. Sci. Sports. Exerc,* 28(9).

Robert, Burton(1651), *The anatomy of melancholy*, Oxford,

England: Henry Cripps, Printer.

Rudhyar, E.(1982), *The magic of tone and art of music*. Boulder: Shambhala.

Sandra, H. F.(1987), *Dance and the lived Body*. Pittsburgh: University of Pittsburgh Press.

Schoop, T.(2000), Motion and emotion. *America Journal of Dance Therapy*.

Stephanie L. Brooke(2006), *Creative Arts Therapies Manual*, Springfield, Illinois, Charles C Thomas Publisher, LTD.

Strunk, D.(1965), Source readings in music history. New York: Norton.

Aposhyan, Susan. M.(2004), *body-mind psychotherapy in Context*, W.W Norton & Company, N.Y.

Tyson, F.(1981), *Psychiatric music therapy, Origins and development*. New York: Creative Arts Rehabilitation Center.

Rosen, Elizabeth(1975), *Dance in Psychotherapy*, New York: Teachers College, Columbia University Publication.

Rubin, Judith. Aron(2001), *Approaches to Art Therapy*. New York: Brunner/Mazel Inc.

Weldin, C. & Eagle, C. T.(1991), An historical overview of music medicine. In C.Maranto-Dileo(Fd). *Applications of Music in Medicine* I. Silver Spring, MD: The National Association for Music Therapy.

색인목록

이정숙

전북대학교에서 사범대 학사와 예술대 석사, 체육학 박사학위를 받았다. 현재 전북대학교
와 우석대학교에서 강의하고 있으며, True Dance Company 움직임 치유연구소에서 춤
을 통한 치유활동을 하고 있다.
춤은 추는 것이 아닌 추어지는 것으로, 신체의 언어이며 움직임이라는 실천적 행위가 있
을 때 이루어지는 것이기에 삶에 강력한 실천의지의 중요함을 이야기하며 사람이 절로
추어지는 참 춤이 무엇인지를 찾는 길을 가고 있다.

한국무용치료의
　이해와 적용

초판인쇄　2018년 12월 2일
초판발행　2018년 12월 2일

지은이　이정숙
펴낸이　채종준
펴낸곳　한국학술정보㈜
주소　경기도 파주시 회동길 230(문발동)
전화　031) 908-3181(대표)
팩스　031) 908-3189
홈페이지　http://ebook.kstudy.com
전자우편　출판사업부　publish@kstudy.com
등록　제일산-115호(2000. 6. 19)

ISBN　978-89-268-8603-8　93180